日本語並列表現の体系

シリーズ 言語学と言語教育

第12巻 異文化間コミュニケーションからみた韓国高等学校の日本語教育
　　　　金賢信著

第13巻 日本語eラーニング教材設計モデルの基礎的研究
　　　　加藤由香里著

第14巻 第二言語としての日本語教室における「ピア内省」活動の研究
　　　　金孝卿著

第15巻 非母語話者日本語教師再教育における聴解指導に関する実証的研究
　　　　横山紀子著

第16巻 認知言語学から見た日本語格助詞の意味構造と習得
　　　　−日本語教育に生かすために　森山新著

第17巻 第二言語の音韻習得と音声言語理解に関与する言語的・社会的要因
　　　　山本富美子著

第18巻 日本語学習者の「から」にみる伝達能力の発達　木山三佳著

第19巻 日本語教育学研究への展望−柏崎雅世教授退職記念論集
　　　　藤森弘子，花薗悟，楠本徹也，宮城徹，鈴木智美編

第20巻 日本語教育からの音声研究　土岐哲著

第21巻 海外短期英語研修と第2言語習得　吉村紀子，中山峰治著

第22巻 児童の英語音声知覚メカニズム−L2学習過程において　西尾由里著

第23巻 学習者オートノミー−日本語教育と外国語教育の未来のために
　　　　青木直子，中田賀之編

第24巻 日本語教育のためのプログラム評価　札野寛子著

第25巻 インターアクション能力を育てる日本語の会話教育
　　　　中井陽子著

第26巻 第二言語習得における心理的不安の研究　王玲静著

第27巻 接触場面における三者会話の研究　大場美和子著

第28巻 現代日本語のとりたて助詞と習得　中西久実子著

第29巻 学習者の自律をめざす協働学習−中学校英語授業における実践と分析
　　　　津田ひろみ著

第30巻 日本語教育の新しい地平を開く−牧野成一教授退官記念論集
　　　　筒井通雄，鎌田修，ウェスリー・M・ヤコブセン編

第31巻 国際英語としての「日本英語」のコーパス研究
　　　　−日本の英語教育の目標　藤原康弘著

第32巻 比喩の理解　東眞須美著

第33巻 日本語並列表現の体系　中俣尚己著

第34巻 日本の英語教育における文学教材の可能性　髙橋和子著

シリーズ 言語学と言語教育 33

日本語並列表現の体系

中俣尚己 著

ひつじ書房

はじめに

1. 本研究の目的

　本研究の目的は、日本語の並列表現を包括的かつ体系的に記述することである。

　並列とは何かという問題については**第1章**で改めて定義するとして、素朴な直感に従っても、日本語は並列表現が豊富な言語であるといえよう。例えば名詞句と名詞句の並列には「りんご<u>と</u>みかん」「りんご<u>も</u>みかん<u>も</u>」「りんご<u>や</u>みかん」「りんご<u>とか</u>みかん」のようなバリエーションがあり、述語と述語の並列には「時間もなく<u>て</u>お金もない」「時間もなけれ<u>ば</u>お金もない」「時間もない<u>し</u>お金もない」「時間がなかっ<u>たり</u>お金がなかっ<u>たり</u>」のようなバリエーションがある。さらに、文と文を接続する際に使われる接続詞の中にも「この店は安い。<u>そして</u>おいしい」「この店は安い。<u>それから</u>おいしい」「この店は安い。<u>また</u>おいしい」「この店は安い。<u>さらに</u>おいしい」「この店は安い。<u>しかも</u>おいしい」「この店は安い。<u>それに</u>おいしい」のように並列関係を表すものがたくさんある。

　これらを英語に翻訳しようとするならば、基本的には等位接続マーカーである and か or を用い、後は副詞でその他のニュアンスを補うということになる。and と or の二形式で間に合うということは、論理的なレベルでは日本語のような多様な並列マーカーは必要ではないということである。それでは、なぜこれほど多くの形式が日本語には存在するのか。本研究はこの疑問に答えるものである。結論を述べれば、日本語の並列表現は単に論理的な等位接続関係を表すだけでなく、要素間の意味的な関係をも示すことで、等位接続であることを示しているといえる。複数の要素の意味的な関係は極めて複雑であり、それ故に多彩な表現が可能となるのである。

　続いて、本研究の特徴について述べる。日本語の多様な並列表現につい

て、日本語教育の立場から2つ3つの形式を取り上げて記述する研究は今までにも多くあった。しかし、そのあまりの豊富さからか、すべての形式の意味・機能を包括的かつ体系的に記述した研究はこれまでにはなかった。よって、先行研究と比較して本研究が有している特徴は「包括的」であるということと「体系的」であるということの2つである。以下、この2つの特徴についてもう少し詳しく述べる。

「包括的」とは並列助詞、接続助詞、接続詞のそれぞれのカテゴリーの中で、できるだけ多くの形式について詳細な記述を行うということである。これは一見、狭い範囲から研究を進めていくという研究の定石から外れるようにみえるかもしれない。しかしながら、広範囲を見渡すことで初めてみえてくるものもあると考える。特に、二次元的・三次元的な分布を示す体系を明らかにしようとする場合に、2つの形式の比較だけでは難しいこともある。「包括的」であることは次に述べる「体系的」な研究のためにも必要となる。

次に、「体系的」とは統一的な方法で首尾一貫した説明を行うということである。ある形式の説明にはAという道具を使い、ある形式の説明にはBという道具を使うのでは体系的な説明とはいえない。

本研究では、各形式ごとに議論を統語レベル・意味レベル・語用レベルに分け、それぞれのレベルにおいて統一した用語のもとに議論を進める。統語レベルでは各形式について、主に論理的な側面から記述する。このレベルではマーカーの出現位置や主語・主題をもつかといった統語的な関係が問題になる。意味レベルでは並列される要素自体の意味について議論し、並列された要素に類似性がみられるか否か、といったことが問題になる。語用レベルではいわゆる文外の要素についてグライスの協調の原則などに基づいて議論する。

2. 本研究の主張

ここで、本研究で主張する内容を端的にまとめると次のようになる。

従来の先行研究では「並列された要素以外の要素があるかないか」という「全部列挙」「一部列挙」という区別が支配的であった。本研究ではこれは語

用論的な「排他的推意」にすぎないことを指摘する。

　その代わりに本研究では統語的な素性である「網羅性」と集合の形成動機に着目することが並列表現の体系的分析に有効であることを主張する。

　網羅性とは並列された複数の要素が、文内の他の要素と網羅的に結びつくかどうか、という問題であり、本研究ではモノレベルの並列では「−網羅性」が、コトレベルの並列では「＋網羅性」がデフォルトであることを主張する。

　集合の形成動機としては、日本語の並列表現は「隣接性」を契機にするものと、「類似性」を契機にするものの大きく2つにグループ分けできること、類似性には更なる下位分類があることを主張する。

3.　本書の構成

　ここでは、これ以降の本書の構成について述べる。

　第1部は「本研究の理論的前提」で、ここでは本研究の方法論について詳しく述べる。先行研究を批判し、本研究で用いる「排他的推意」「網羅性」「集合の形成動機」といった理論的道具立てについて説明を行う。

　続く第2部から第4部までは各論にあたる。各部ごとにそれぞれ並列助詞、接続助詞、接続詞の記述を行う。第2部は「並列助詞の体系的記述」であり、第3部は「並列を表す接続助詞の体系的記述」であり、第4部は「並列を表す接続詞の体系的記述」である。第2部から第4部ではそれぞれ、まず、各形式について統語レベル、意味レベル、語用レベルの順で形式の特性を記述する。また、第2部から第4部では各形式ごとに章を立てているが、読者が必要な途中の章から読んでも議論を理解できるように、重要な定義などは繰り返し掲載している。各形式について記述が終わったら、各形式の特性を集約し、一般化を行い、そのレベルの並列表現の体系を提示する。

　第5部は「本研究の理論的総括」で日本語並列表現全体の体系をまとめる。そのうえで、本研究の理論への貢献を述べ、今後の課題について検討する。

目　次

はじめに ……………………………………………………………… v
1. 本研究の目的 …………………………………………………… v
2. 本研究の主張 …………………………………………………… vi
2. 本書の構成 ……………………………………………………… vii

第 1 部
本研究の理論的前提

第 1 章　本研究の方法論 ─────────────── 3

1. 本研究で扱う形式 ……………………………………………… 3
2. 並列の定義 ……………………………………………………… 5
   2.1. 宣言的定義 ………………………………………………… 5
   2.2. モノの並列の操作的定義 ………………………………… 8
   2.3. コトの並列の操作的定義 ………………………………… 9
3. 先行研究の問題点 ……………………………………………… 11
   3.1. 先行研究の全体的な問題点 ……………………………… 12
   3.2. 先行研究でよく使われる概念の問題点 ………………… 14
4. 本研究で用いる概念 …………………………………………… 21
   4.1. 統語レベル・意味レベル・語用レベル ………………… 21
   4.2. 統語レベルで用いる概念 ………………………………… 22
   4.3. 意味レベルで用いる概念 ………………………………… 26
   4.4. 語用レベルで用いる概念 ………………………………… 32

- 4.5. 本書で用いる概念のまとめと並列表現の体系 ……………………… 33
- 5. 具体的な方法論 …………………………………………………………… 34
- 6. 本研究の方法論のまとめ ………………………………………………… 35

第 2 部
並列助詞の体系的記述

第 2 章 「と」 ———————————————————————— 41

- 1. 「と」の統語レベルの議論 ……………………………………………… 41
  - 1.1. 「＋網羅性」 ……………………………………………………… 41
  - 1.2. 名詞句内非網羅性制約 …………………………………………… 42
  - 1.3. 連結数量詞における「合計読み」と「分配読み」 …………… 43
- 2. 「と」の意味レベルの議論 ……………………………………………… 45
  - 2.1. 「と」の意味的な使用条件 ……………………………………… 45
  - 2.2. 名詞句内非網羅性制約が課す「と」の意味的制約 …………… 48
- 3. 「と」の語用レベルの議論 ……………………………………………… 49
- 4. 「と」のまとめ …………………………………………………………… 49

第 3 章 「や」 ———————————————————————— 51

- 1. 「や」の統語レベルの議論 ……………………………………………… 51
  - 1.1. 「－網羅性」 ……………………………………………………… 51
  - 1.2. 主題部網羅性制約 ………………………………………………… 53
- 2. 「や」の意味レベルの議論 ……………………………………………… 55
  - 2.1. 「や」の使用条件 ………………………………………………… 55
  - 2.2. 調査 1 「や」の許容度判定と同集合判定 …………………… 56
  - 2.3. 調査 2 並列助詞の産出 ………………………………………… 60
  - 2.4. 「や」の本質 ……………………………………………………… 62

| 3. 「や」の語用レベルの議論 ……………………………………… 64
| 4. 「や」のまとめ ……………………………………………………… 68

第4章 「も」——————————————————————— 71

  1. 「も」の統語レベルの議論 ……………………………………… 71
  2. 「も」の意味レベルの議論 ……………………………………… 74
    2.1. 「も」の使用条件 …………………………………………… 74
    2.2. 「も」が使いにくい場合と必須となる場合 ……………… 76
  3. 「も」の語用レベルの議論 ……………………………………… 78
  4. 「も」のまとめ ……………………………………………………… 79

第5章 「、」——————————————————————— 81

  1. 「、」の統語レベルの議論 ……………………………………… 81
  2. 「、」の意味レベルの議論 ……………………………………… 84
  3. 「、」の語用レベルの議論 ……………………………………… 88
  4. 「、」のまとめ ……………………………………………………… 89

第6章 「か」——————————————————————— 91

  1. 「か」の統語レベルの議論 ……………………………………… 91
  2. 「か」の意味レベルの議論 ……………………………………… 96
  3. 「か」の語用レベルの議論 ……………………………………… 99
  4. 「か」と「、」 …………………………………………………… 99
  5. 「か」のまとめ ……………………………………………………… 100

第7章　その他の並列助詞 ——— 103

1. 「とか」 ……………………………………………… 103
   1.1. 「とか」の諸特性 ……………………………… 103
   1.2. 「とか」と「や」の違い ……………………… 107
2. 「やら」 ……………………………………………… 111
   2.1. 「やら」の機能 ………………………………… 111
   2.2. 「やら」と「や」の違い ……………………… 112
3. 「だの」 ……………………………………………… 114
   3.1. 「だの」の機能 ………………………………… 114
   3.2. 並列表現と低評価 ……………………………… 115
4. 「だか」 ……………………………………………… 118
5. 「なり」 ……………………………………………… 123
6. 「に」 ………………………………………………… 126
7. その他の並列助詞のまとめ ……………………… 129

第8章　並列助詞の体系 ——— 131

1. 並列助詞の特性の集約 …………………………… 131
2. 並列助詞の特性の傾斜 …………………………… 133
3. 並列助詞の体系 …………………………………… 136
4. 並列助詞の体系のまとめ ………………………… 137

第 3 部
並列を表す接続助詞の体系的記述

第 9 章　コーパスからみる並列を表す接続助詞の全体的な傾向 ——— 141

1. 調査の方法 ·· 141
   1.1. 使用したコーパス ·· 141
   1.2. 収集した形式 ·· 142
2. コーパスにおける出現数 ··· 145
3. 付与したタグ ·· 147
4. タグ付与の結果 ··· 151
5. 「コーパスからみる全体的な傾向」のまとめ ······························ 153

第 10 章　「ば」——— 155

1. 「ば」の統語レベルの議論 ·· 155
   1.1. 「も－も」型の「ば」並列と非「も－も」型の「ば」並列 ········ 155
   1.2. 「ば」の網羅性 ··· 158
   1.3. 事態の提示方法 ··· 160
2. 「ば」の意味レベルの議論 ·· 162
3. 「ば」の語用レベルの議論 ·· 165
4. 「ば」のまとめ ·· 166

第 11 章　「し」——— 169

1. 「し」の統語レベルの議論 ·· 169
   1.1. 「し」の網羅性 ··· 169

1.2. 「し」の事態の提示方法 ································· 170
  1.3. 「し」と主題 ································· 171
  1.4. 「し」の連体修飾節内における使用制限 ································· 175
 2. 「し」の意味レベルの議論 ································· 176
 3. 「し」の語用レベルの議論 ································· 178
 4. 「し」のまとめ ································· 179

第 12 章　「て」 ——————————————— 181

 1. 「て」の統語レベルの議論 ································· 181
  1.1. 「て」の網羅性 ································· 181
  1.2. 「て」の事態の提示方法 ································· 182
 2. 「て」の意味レベルの議論 ································· 184
 3. 「て」の語用レベルの議論 ································· 189
 4. 「て」のまとめ ································· 190

第 13 章　「連用形」 ——————————————— 193

 1. 「連用形」の統語レベルの議論 ································· 193
  1.1. 「連用形」の網羅性 ································· 193
  1.2. 「連用形」の事態の提示方法 ································· 194
 2. 「連用形」の意味レベルの議論 ································· 196
 3. 「連用形」の語用レベルの議論 ································· 199
 4. 「連用形」のまとめ ································· 200

第 14 章　「たり」—————————— 201

- 1. 「たり」の統語レベルの議論 ································ 201
  - 1.1. 網羅性 ·· 201
  - 1.2. 名詞句内非網羅性制約からの帰結 ··················· 209
  - 1.3. 事態の提示方法 ··· 211
- 2. 「たり」の意味レベルの議論 ································ 213
  - 2.1. 出現可能性を元にした並列 ······························ 213
  - 2.2. 終助詞用法としての「たり」 ·························· 216
- 3. 「たり」の語用レベルの議論 ································ 218
- 5. 「たり」のまとめ ··· 219

第 15 章　その他の並列を表す接続助詞—————— 221

- 1. 「−網羅性」と名詞句内非網羅性制約 ················· 221
- 2. 「とか」 ·· 224
  - 2.1. 先行研究とコーパスに出現した例 ··················· 224
  - 2.2. 統語レベルの議論 ·· 227
  - 2.3. 意味レベルの議論 ·· 229
  - 2.4. 語用レベルの議論 ·· 232
- 3. 「やら」 ·· 232
- 4. 「だの」 ·· 234
- 5. 「か」 ·· 236
- 6. 「だか」 ·· 238
- 7. 「なり」 ·· 240
- 8. 「わ」 ·· 242
- 9. 「その他の並列を表す接続助詞」のまとめ ········· 246

第 16 章　並列を表す接続助詞の体系 ——————— 249

1. 並列を表す接続助詞の特性の集約 …………………………………… 249
2. 傾斜 ……………………………………………………………………… 251
3. 並列を表す接続助詞の体系 …………………………………………… 253
5. 結論 ……………………………………………………………………… 255

第 4 部
並列を表す接続詞の体系的記述

第 17 章　コーパスからみる並列を表す接続詞の全体的な傾向
——————— 259

1. 調査の方法 ……………………………………………………………… 259
   - 1.1. 使用したコーパス ……………………………………………… 259
   - 1.2. 収集した形式 …………………………………………………… 260
2. コーパスにおける出現数 ……………………………………………… 263
3. 付与したタグ …………………………………………………………… 266
4. タグ付与の結果 ………………………………………………………… 270
5. 「コーパスからみる全体の傾向」のまとめ ………………………… 273

第 18 章　「それから」 ——————— 275

1. 「それから」の特性 …………………………………………………… 275
   - 1.1. 節・文レベルの並列に使われる「それから」 ……………… 275
   - 1.2. 段落レベルの並列に使われる「それから」 ………………… 278
   - 1.3. 名詞句レベルの並列に使われる「それから」 ……………… 280
2. 文のタイプと談話機能 ………………………………………………… 281
3. 「それから」のまとめ ………………………………………………… 284

第 19 章　「そして」 ——————————— 287

1. 「そして」の特性 ……………………………………………… 287
1.1. 節・文レベルの並列に使われる「そして」 ……………… 287
1.2. 名詞句レベルの並列に使われる「そして」 ……………… 292
2. 文のタイプと談話機能 …………………………………………… 293
3. 「そして」のまとめ ………………………………………………… 295

第 20 章　「また」 ——————————— 297

1. 「また」の特性 ……………………………………………………… 297
1.1. 節・文レベルの並列に使われる「また」 ………………… 297
1.2. 名詞句レベルの並列に使われる「また」 ………………… 303
2. 文のタイプと談話機能 …………………………………………… 304
3. 「また」のまとめ …………………………………………………… 305

第 21 章　「さらに」 ——————————— 307

1. 「さらに」の特性 …………………………………………………… 307
1.1. 節・文レベルの並列に使われる「さらに」 ……………… 307
1.2. 名詞句レベルの並列に使われる「さらに」 ……………… 311
2. 文のタイプと談話機能 …………………………………………… 311
3. 「さらに」のまとめ ………………………………………………… 313

第 22 章　「しかも」 ——————————— 315

1. 「しかも」の特性 …………………………………………………… 315

  1.1. 節・文レベルの並列に使われる「しかも」……………………… 315
  1.2. 事態の捉え直しと情報量 ……………………………………… 321
  1.3. 名詞句レベルの並列に使われる「しかも」……………………… 323
 2. 文のタイプと談話機能 …………………………………………………… 324
 3. 「しかも」のまとめ ……………………………………………………… 325

第23章 「それに」 — 327

 1. 「それに」の特性 …………………………………………………………… 327
  1.1. 節・文レベルの並列に使われる「それに」……………………… 327
  1.2. 付加用法の「それに$_2$」………………………………………… 330
  1.3. 名詞句レベルの並列に使われる「それに」……………………… 332
 2. 文のタイプと談話機能 …………………………………………………… 333
 3. 「それに」のまとめ ……………………………………………………… 336

第24章 「そのうえ」 — 337

 1. 「そのうえ」の特性 ……………………………………………………… 337
 2. 文のタイプと談話機能 …………………………………………………… 339
 3. 「そのうえ」のまとめ …………………………………………………… 341

第25章 「φ」 — 343

 1. 「φ」の特性 ……………………………………………………………… 343
 2. 文のタイプと談話機能 …………………………………………………… 348
 3. 「φ」のまとめ …………………………………………………………… 351

第 26 章　その他の並列を表す接続詞 ── 353

1. 「一方」 ── 353
    1.1. コーパス調査の結果 ── 353
    1.2. 「一方」の統語的な諸特性 ── 354
    1.3. 「一方」の集合形成動機 ── 355
2. 「次に」 ── 358
3. 「なお」 ── 360
4. 「その他の並列を表す接続詞」のまとめ ── 363

第 27 章　選択型の接続詞 ── 365

1. 選択型の接続詞の統語的特性 ── 365
2. 「または」 ── 369
    2.1. コーパス調査の結果 ── 369
    2.2. 節・文レベルの並列に使われる「または」── 370
    2.3. 名詞句レベルの並列に使われる「または」── 372
3. 「あるいは」 ── 374
    3.1. コーパス調査の結果 ── 374
    3.2. 節・文レベルの並列に使われる「あるいは」── 375
    3.3. 名詞句レベルの並列に使われる「あるいは」── 377
    3.4. 「または」と「あるいは」の違い ── 378
4. 「もしくは」 ── 381
    4.1. コーパス調査の結果 ── 381
    4.2. 節・文レベルの並列に使われる「もしくは」── 382
    4.3. 名詞句レベルの並列に使われる「もしくは」── 385
5. 「ないし」 ── 387
6. 「それとも」 ── 388
7. 「選択型の接続詞」のまとめ ── 390

第 28 章　並列を表す接続詞の体系 ―――― 391

1. 並列を表す接続助詞の特性の集約 ………………………………… 391
2. 傾斜 …………………………………………………………………… 394
3. 並列を表す接続詞の体系のまとめ …………………………………… 396
4. 結論 …………………………………………………………………… 398

第 5 部
本研究の理論的総括

第 29 章　日本語並列表現の体系 ―――― 403

1. 品詞別にみる各形式の特性のまとめ ………………………………… 403
   - 1.1. 並列助詞のまとめ ……………………………………………… 403
   - 1.2. 接続助詞のまとめ ……………………………………………… 405
   - 1.3. 接続詞のまとめ ………………………………………………… 407
2. 日本語並列節の体系 …………………………………………………… 409
   - 2.1. 集合の形成動機による分類 …………………………………… 409
   - 2.2. 網羅性による分類 ……………………………………………… 411
   - 2.3. 事態の提示方法による分類 …………………………………… 413
   - 2.4. 排他的推意の有無による分類 ………………………………… 413
   - 2.5. 体系化 …………………………………………………………… 414
3. 今後の課題 ……………………………………………………………… 417

参考文献 …………………………………………………………………… 421
あとがき …………………………………………………………………… 425
索引 ………………………………………………………………………… 429

第1部
本研究の理論的前提

第 1 章
本研究の方法論

　第 1 章では理論的前提として、本研究の範囲を明確にし、使用する道具立てについて説明する。**1.** では本研究で扱う形式を挙げる。**2.** では「並列」という術語の定義を明らかにする。**3.** では先行研究の問題点を指摘し、**4.** ではそれに代えて本研究で使用する概念について説明を行う。**5.** では具体的な方法論について述べる。

1.　本研究で扱う形式

　ここでは本研究で扱う形式を示す。本研究では以下に挙げるように多くの形式を扱うが、それらは 3 つの品詞カテゴリーに分類することができる。

- **A：並列助詞**……「と」「も」「や」「、」「か」「とか」「やら」「なり」「だの」「だか」「に」「といい」「にしろ」
- **B：並列を表す接続助詞**……「ば」「し」「て」「連用形」「たり」
- **C：並列を表す接続詞**……「そして」「それから」「また」「さらに」「しかも」「それに」「そのうえ」「ϕ」「一方」「次に」「なお」「または」「あるいは」「もしくは」「ないし」「それとも」

　この分類は並列される要素が名詞句か、節か、文かという文法的な資格に注目したものである。伝統的な分類に従えば、「も」は厳密には並列助詞ではないが、名詞句と名詞句を接続するという文法的な資格に注目し、並列助詞の中に含める。同様に、「、」「連用形」「ϕ」などは並列助詞、接続助詞、接続詞ということはできないが、本研究では並列される要素の文法的な資格に注目し、それぞれのグループに含めることにする。

一方、並列される要素の意味的な資格に注目すると、大きく「モノの並列」と「コトの並列」に二分することができる。本研究では、Langacker, R. (2008) に従い、名詞の形で表現される存在 (entity) をモノと捉える。モノとは典型的には物質であるが、より広くはグループ化 (grouping) と具象化 (reification) という認知操作によって捉えられるものを指す[1]。一方、動詞などの述語で表される関係 (relation) や過程 (process) をコトと捉える[2]。

　この観点からみれば、A「並列助詞」は名詞句と名詞句の並列なので、モノの並列である。B「並列を表す接続助詞」は述語と述語ないし節と節の並列なので、コトの並列である。C「並列を表す接続詞」は普通は文と文の並列であり、その場合においてはコトの並列であるが、「佐藤氏そして鈴木氏が出席した」のように名詞句と名詞句を接続する場合もあり、その場合はモノの並列である。つまり、C「並列を表す接続詞」はモノの並列にもコトの並列にも使われる。よって、品詞による分類と並列される存在がモノかコトかという分類は一致しない。この不一致を図にすると**図1.1**のようになる。

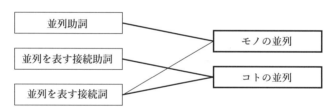

図1.1　並列を表す形式の品詞と、並列の種類のミスマッチ

　図1.1をみれば明らかなように、2つの分け方は対応していない。このうち、より本質的な分け方は認知的基盤に基づく右側のモノの並列かコトの並列かという分け方である。

　しかしながら、右側の分類で記述を進めると、特に接続詞の記述に際して不便である。接続詞はモノの並列にもコトの並列にも使われるが、当然、各形式の特徴は両者に共通するものがある。そういった特徴を記述するには左側の分類にしたほうがよい。また、日本語教育への応用可能性の面からも左側の分類の方が好ましいと判断した。

　よって本研究では、議論の流れとしてはA「並列助詞」、B「並列を表す

接続助詞」、C「並列を表す接続詞」の3つに分けて並列表現を論じていくが、「モノの並列」、「コトの並列」といった分類も説明においては使用する。

　ここでは本研究で扱う形式について述べたが、上述の形式が文に出現したからといってそれらがすべて並列であるとは限らない。例えば、「そして」には継起を表す用法もあるが、本研究ではこれを扱わず、並列を表す用法の「そして」だけを扱う。そのためには並列の用法と継起の用法を区別する必要がある。

2. 並列の定義

2.1. 宣言的定義

　ここでは、「並列とは何か」という問題について述べる。ここで行う定義は宣言的(declarative)なもので、「並列」という関係がもつ特性、内包について述べる。どのような条件をそなえれば「並列」とみなせるかという操作的(operational)な定義は **2.2.** で行う。

　ここでは、一般言語学の観点から並列関係とは範列的関係が統合的関係の中に表れたものであるということを論じたい。そのことから、並列表現がもつ「非現実性」という特性についての説明も導き出せるからである。

　一般言語学においては、言語の要素間の関係については統合的関係(syntagmatic relation)と範列的関係(paradigmatic relation)がある。

　まず、統合的関係とは言語の線条性と並行的な、以下のようなものである。

（１）　太郎が　　ボールを　　蹴った。
　　　動作主格　　対象格　　　述語

　(1)では「太郎」に「が」が付与されることによって「蹴った」の動作主(つまり蹴る側)であることが明示され、「ボール」に「を」が付与されることによって「蹴った」の対象(つまり蹴られる側)であることが明示されている。このような文中に現れた要素どうしの関係を総称して統合的関係と呼ぶので

ある。
　これに対して、範列的関係とは言語の線条性と並行的でない、以下のようなものである。

（2）　太郎　が　ボールを　蹴った。
　　　良夫
　　　和久

「太郎」「良夫」「和久」は「蹴った」の動作主格（ガ格）に入りうる名詞の候補であり、「太郎」と何らかの共通点をもった名詞句の集合である。
　範列的関係は、従来の研究ではよく、とりたて助詞の働きを説明する時に使われてきた。これは、例えば(3)のような文が与えられた時に、太郎以外の存在がボールを蹴ったことが連想され、そういった要素はまさしく太郎と範列的関係にあたるからである。

（3）　太郎もボールを蹴った。

　(3)の発話に際して実際には(4)のように太郎以外の要素が暗示されているのである。

（4）　太郎　も　ボールを　蹴った。
　　　(良夫)

　では、これがもし明示されたとするならば、どのような形になるだろうか。

（5）　太郎
　　　　　　　　がボールを蹴った。
　　　良夫

　(4)との対比でいうならば、(5)になるはずであるが、これは実際には発話

不可能である。言語には線条性が存在し、ヒトは2つ以上の語（音）を同時に発声することはできないからである。そこで例えば(6)のような形として発話されるに違いない。

(6) 太郎と良夫がボールを蹴った。

ここでの太郎と良夫は線条性に沿って配置されているため、定義からいえば統合的関係である。しかし、意味的には範列的関係と変わらない。ここで、並列について以下のように述べることができる。

並列関係
並列関係とは、元来範列的関係にあった要素を、言語の線条性に従って統合的に並べなおした関係である。

この意味合いの違いは統語現象としても現れる。

(7) a. 太郎は花子に手紙とプレゼントを渡した。
　　b. 太郎は手紙とプレゼントを渡した。花子に。
　　c. 太郎は花子に渡した。手紙とプレゼントを。
　　d. 太郎は花子に手紙を渡した。*プレゼントと。

日本語の格助詞は比較的自由に後置できるが(b,c)、並列助詞を後置することはできない(d)[3]。このことからも並列関係が通常の統合的関係とは異なることがわかる。
　また、(4)〜(6)の例では、ボールに向かう力の流れは太郎と良夫が合体したものから生まれるのではなく、太郎、良夫それぞれから生まれている。「太郎と良夫」という集合は、話し手が発話時に作り上げたいわばかりそめの集合である。そのために非現実性を帯びることがある。これを示す言語現象は以下のようなものがある。

（8） 私は毎日ビールやワインを飲む。

ここで、「私」と「ビール」は必ず同じ空間になければならない。私が離れたところにあるビールを飲むことはできないからである。また、「私」と「飲む」も同じ空間にあると考えられる。飲むという行為の動作主は私であり、私が存在するその場で「飲む」という行為が行われているのである。しかし、ビールとワインの関係はそうではない。つまり、(8)は「ある日はビールを飲み、ある日はワインを飲む」という解釈も考えられる。この時、ビールとワインが同じ空間に存在するとはいえない。もちろん、ビールとワインは何らかのつながりをもっているのだがそれは決して空間的なつながりではない。ビールとワインは元来範列的な関係であり、この２つが同時にあるというのは理想化の結果なのである。つまり、現実には同じ場所にない２つのものをまとめあげるという意味において、ある種の非現実性が生まれるのである。

本節では並列関係が範列的関係であることを述べた。並列表現を使うことで統合的関係のみで構成される文の中に範列的関係を取り込むことができる。(9)のような文には統合的関係と範列的関係が混在しているといえる。実線が統合的関係、破線が範列的関係である。

（9）　太郎と良夫　が　ボールを　蹴った。
　　　　主格　　　　　対象格　　述語

本節で述べたことは操作的な定義ではなく、単に並列の特性について述べただけであるが、並列表現が非現実性をもちうるという現象を説明するのに役に立つ。以下、この大原則を踏まえて、本研究における並列の定義を行う。まず、**2.2.**でモノの並列の定義を行い、**2.3.**でコトの並列の定義を行う。

2.2. モノの並列の操作的定義

2.1. では並列関係が本質的には範列的関係であることをみた。以下、モノ

の並列とコトの並列の2つに分けて操作的な定義を行うことにする。
　まず、モノの並列であるが、範列的関係にあるという以上、異なる格を付与されることはできない。格が異なればそれぞれ違った意味役割を与えられ、統合的関係によって結びつけられるからである。そこで、本研究ではモノの並列を以下のように規定する。

モノの並列の定義
　2つ以上の異なる名詞句が同じ1つの述語と結びつきうる時、さらに共通の格を付与されうる時、その名詞句は並列関係にある。

ただし、上記の規定では(10)のような表現も含まれる。同じ格助詞を2つ並べて並列関係を表す方法である[4]。

(10)　バウシュは性のみならず年齢を、人間の時間を、主題にしはじめたのである。　　　　　　　　　　　　　（『毎日新聞』2002年5月27日夕刊）

本研究ではこれも並列表現と認めるが、並列を表すマーカーとはいえないため、考察・記述の対象からは外すことにする。

2.3.　コトの並列の操作的定義

　次に、コトの並列について考えてみたい。範列的関係にあるモノは考えやすかったが、範列的関係にあるコトというものはどのようなものだろうか。ここで、範列的関係にある要素の前後関係は、現実の前後関係ではないということに注目したい。つまり、以下の(11)において「太郎」と「良夫」の前後関係は範列的関係にあったものを統合的関係に変換した際に生じたものであり、現実に太郎が前で良夫が後ということは含意しない。

(11)　太郎と良夫がボールを蹴った。

　同様のことをコトレベルでも考える。例えば、継起的に起こったイベント

は基本的に類像性を保持していると解釈される。

(12) 大学に来て、昼食を食べました。
(13) 大学に来る → 昼食を食べる 。

　(12)の文が続けて発話された時、それは実際にものごとが起こった順(13)と同じ順番であると解釈される。
　一方、(14)の文は類像性はそれほど問題にならない。

(14) おじいさんは山へ行き、おばあさんは川へ行きました。
(15) おじいさんが山へ行く 。
　　 おばあさんが川へ行く 。

　(14)は実際には(15)のように同時に起こった2つの事態を述べたいわけだが、言語の線条性の制約により、同時に2つの事態を述べることができないため、類像性を破って、一方の事態を先に発話しただけである。よって、どちらの事態が先かということは解釈の際に問題にならない。本研究ではコトの並列を以下のように規定する。

コトの並列の定義
2つ以上の異なる事態の時間的前後関係が解釈の際に問題にならない時、その事態は並列関係にある。

「異なる事態の時間的前後関係が解釈の際に問題にならない」に当てはまるのは(16)のような単一主体の動的事態や(17)のような静的事態である。

(16) 暇な時は家でテレビを見たり、インターネットをしたりします。
(17) この店は安くて、おいしい。

　(16)は実際には前後関係はあるが、問題にならない例であり、(17)はそ

もそも時間的前後関係が存在しないような例である。
　一方、時間的前後関係が解釈の際に問題になるのは(18)や(19)である。

(18)　太郎が出発した。それから次郎が出発した。
(19)　音楽を聞きながら勉強した。

　(18)は太郎→次郎という前後関係が含意される。また、(19)は前件と後件に時間的前後関係がなく、同時であることが含意される。
　本研究における定義は一般的に使われている「前件と後件を入れ替えても構わない」という定義よりもかなり広い。結果、(20)のような文も並列に含むことになる。

(20)　二日後に病院に電話いたしましたら、何か、気管支炎だったということででしかも何かとても悪いと言われまして
（『日本語話し言葉コーパス』S00F0230）

　(20)は前件と後件を入れ替えることはできない。よって、一般的には並列とはいえないかもしれない。しかし、「しかも」は「それに」など他の並列形式との違いが問題になることも多い。その際に「しかも」の特徴ともいえるのが(20)のような前後の入れ替えがきかないケースである。このような周辺的な例に、各形式の特徴がみられることも多く、そのため本研究では典型的な用法に対象を絞って(20)のような例を切り捨てるよりも、(20)のような例も含んで広く並列表現を対象とし、様々な現象を記述することを選んだ。本研究の定義であれば、「気管支炎である」ということと「とても悪い」ことの時間的前後関係は問題にならないため、並列として扱うことができる。

3.　先行研究の問題点

　ここでは、先行研究を批判的に概観し、その問題点について述べる。ただ

し、本研究で扱う形式は多く、当然その先行研究も膨大な数になる。そこで、各形式についての個別的な先行研究については第2部以降の各形式についての章で適宜紹介することにし、ここでは個々の先行研究についての批判ではなく、全体として並列の研究に何が欠けていたのかを明らかにすることにする。**3.1.** では全体的な問題点について述べ、**3.2.** では個別の概念として「全部列挙・一部列挙」と「集合」という概念の問題点について述べる。

3.1. 先行研究の全体的な問題点

はじめにで述べたように、本研究の特徴は「包括的」であるということと、「体系的」であるということである。これは裏を返せばこれまでの研究は「包括的」、「体系的」なものではなかったということであり、それが先行研究の全体的な問題点である。

先行研究で異なる品詞に属する形式を包括的・体系的に記述しようとした試みは寺村秀夫(1984, 1991)の研究が挙げられる程度である。

寺村秀夫(1991)は非常に多くの形式を扱っており名詞の並列だけでも「ト」、「ヤ」、コンマ、「ニ」、「モ」、「カ」、「トカ」、「ヤラ」、「ダノ」、「ニシロ」、「トイイ」、「ナリ」、「ダカ」という形式が並んでいる。まさに包括的と呼ぶにふさわしい研究であるが、著者の逝去により内容については未完成となってしまっている。また、寺村秀夫(1991)はこれら名詞の並列と述語の並列の間の対応についても触れており、先見的である。文と文の並列については一連の『日本語のシンタクスと意味』の中では触れられてはいないが、それが研究の射程に入っていたことは寺村秀夫(1984)などからもわかる。

寺村秀夫(1984)では「も」「し」「しかも」に通じるところがあるとしているが、本研究の結論としてはそれほど単純ではないということになる。各形式はいくつかの側面を合わせもち、ある側面においては形式Aと形式Bは対応するけれど、ある側面においては形式Aは形式Cと対応する。本研究の結論を述べると、「し」は他の要素があるかとか、要素がすべて揃っているかという点では「も」と対応するが、集合の作り方はむしろ「や」に近い。また、「し」と最も諸特性が近い接続詞は「それに」であり、「しかも」は集合を作る際の認知プロセスが異なっているということになる。寺村秀夫

の考えた対応関係はあくまで直感的なものである。本研究では各形式について統語レベル、意味レベル、語用レベルで分けて議論を行い、各レベルの共通性によって体系を描いていく。

　安藤淑子(1995)も日本語の並列表現には「と」「て」のような「開いた系」と「や」「たり」のような「閉じた系」の2種類が体系をなしているとしている。この分類自体は寺村秀夫(1991)が示した全部列挙と一部例示の関係と同じであるが、そこから並列される要素の意味に注目し、「と」「て」が質的に非限定的で、「や」「たり」は質的に限定的であるとしたところに特色がある。限定的である「や」や「たり」は集合イメージを作り上げる働きをもつとしている。この「集合」という概念については、**3.2.** で詳しく論じる。

　その他の研究は基本的に並列助詞、接続助詞、接続詞といった同じ品詞の中での研究である。さらにその多くは、例えば「と」と「や」の違い、「て」と「し」の違い、「そして」と「それから」の違いのように、1形式か2形式の違いについて述べているだけである。

　ある程度の範囲の形式について、使い分けを明らかにした研究としては森山卓郎(1995, 2006)と中俣尚己(2007b)が挙げられる。ただし、森山卓郎(1995)の主眼はあくまでも「〜たり〜たりする」と「〜とか〜とかする」、「〜か〜かする」などの違いであり、森山卓郎(2006)の主眼はあくまでも「そして」と「それから」の違いである。よって他の形式の記述については疑問が残る点もある。中俣尚己(2007b)はいわゆる並列を表す接続助詞のうち「ば」「し」「て」「連用形」を取り上げ、それを「類似性」「事態の提示方法」という2つの特性によって体系化した。本研究も中俣尚己(2007b)の延長線上にあるものであるが、より多くの形式の記述を使うためには使用する素性も綿密に吟味する必要がある。

　接続詞については並列に限らず多くの形式を扱った研究もある。市川孝(1976)、林謙太郎(1986)、伊藤俊一・阿部純一(1991)などがそうであるが、これらは「順接」「逆接」といったカテゴリーに各接続詞を分類したのみであり、当然のことながら各形式の使い分けには触れておらず日本語教育などへの応用には不十分である。日本語教育で問題になりやすいのは、同じ順接の中で例えば「それから」と「そして」はどう違うかというような問題だか

らである。

　このように、これまでの多くの研究は限定された範囲についての研究であり、これが体系性の欠落を生み出してきた。つまり、研究者がそれぞれ異なる角度から個別の形式を記述していたため、統一的な視点が欠けていたのである。その結果は例えば用語の不統一という形で表れてくる。これは例えば研究の成果を日本語教育に応用しようとする時に障害になると考えられる。

3.2. 先行研究でよく使われる概念の問題点

　従来の並列表現の研究で最もよく利用されてきた概念が「全部列挙・一部列挙」の区別であろう。これは、モノの並列にもコトの並列にも関わることであり、その問題点も同じである。よって、ここではモノの並列である並列助詞に焦点を当てて議論する。

　「全部列挙・一部列挙」の違いは簡単にいえば「挙げられている要素の他に要素があるかないか」である。挙げられている要素の他に要素がなければ全部列挙、他に要素があれば一部列挙である。このようにとてもシンプルでわかりやすい説明であり、また寺村秀夫（1991）でも述べられているということもあってか、日本語教育でも初級で最初に並列助詞の「と」と「や」が導入される時に説明の道具として使われることが多い。

(21) a. 机の上にりんごとみかんしかない場合
　　　　「りんごとみかんがあります」＝全部列挙
　　b. 机の上にりんご・みかん・ぶどう・なしがある場合
　　　　「りんごやみかんがあります」＝一部列挙

　これは、「と」と「や」の特徴を大まかに捉えたわかりやすい説明であり、本研究も導入段階でこのような指導をすることを否定するものではない。しかし、この概念だけでは「と」と「や」の機能を捉えきることはできない。「全部列挙・一部列挙」という説明に対する反例は市川保子（1991）がすでに示している。

(22)　日本人は正月には神社やお寺に行く。　　　（市川保子 1991: 62）

　(22)は他に何かあるわけではないが、「や」が使われているとしている。このような現象の存在を指摘したことは重要であるが、(22)が本当に「全部列挙」といえるのかは疑問である。より確実に他の要素はないと言い切れる例は以下のようなものである。

(23)　光の 3 原色のうち、赤や緑の発光ダイオード（LED）は 20 年以上前に製品化されていた。青色 LED の発明で、ようやく 3 原色がそろった。
　　　　　　　　　　　　　　　　　　　　（『毎日新聞』2002 年 1 月 1 日朝刊）
(24)　自治体職員が本来、昼間に取得すべき休息時間を、勤務時間の開始直後または終了前に設定している自治体が全国の 3 割近くに上ることがわかった。一部の職員はこれを悪用して日常的に遅刻や早退している。　　　　　　　　　　　　　　　　（『毎日新聞』2002 年 1 月 4 日夕刊）

　(23)においては製品化されていたのは赤と緑だけであるため、上記の「や」は現実的には全部列挙としか考えられない。また、(24)において休息時間を開始直後に設定すれば遅刻に、終了前に設定すれば早退である。文脈から悪用できる設定は 2 通りしかなく、よって、上記の「や」は現実的には全部列挙としか考えられない。つまり、「や」の「他に何かある」という意味はキャンセルされる場合もある。語用論ではキャンセル可能性をもつ文の意味を一般に推意（implicature）と呼ぶ。つまり、「他に何かある」という意味は推意である。
　一方、全部列挙の「と」を使った場合は「他の要素はない」という推意が生まれる。(25)は他には何も飲んでいないと解釈されるであろう。

(25)　私はビールとワインを飲んだ。

　しかし、「と」の推意も場合によってはキャンセルされることもある。

(26)　180センチ、90キロと体格も豪快な五味淵と、4盗塁を記録した近内をはじめ、二松学舎打線も、5人が打率4割を超える。

(『毎日新聞』2002年2月18日朝刊)

　(26)では「はじめ」という他にも要素があることを表す形式と「と」が共起している。キャンセルできる、すなわち推意にすぎないという点で「全部列挙」「一部列挙」というのは語用的な特性である。この特性だけをもって並列表現の記述を行うと、当然それに当てはまらないケースも出てくるのである。
　また、すべて列挙の「や」については渡邊ゆかり(2003)が以下のような指摘をしている。

　　「すべて列挙」の「と」は、並立要素の総和集合に、並立要素と「と」
　　からなる成分の構文的意味を付与する。
　　「すべて列挙」の「や」は、並立要素をすべての具体例とする類包含
　　カテゴリーに、並立要素と「や」からなる成分の構文的意味を付与する。

(渡邊ゆかり 2003: 6)

　ややわかりにくいが、これは各要素と述語や他の要素がどう結びつくかという問題である。「と」は並列された要素すべてが常に他の要素すべてと結びつく。「や」は並列された要素すべてが他の要素すべてと結びつくわけではない。言い方を変えれば「と」はいついかなる場合でも並列された要素がセットとなって存在する。「や」は時には要素のうちの1例だけが存在することもある。
　これはキャンセルできない本質的な問題である。(27)の2文が矛盾しているように感じられるのは「ビールだけ」とすると要素が揃っていないことになるからである。

(27)　私は毎日ビールとワインを飲む。だから、昨日はビールだけを飲んだ。

逆に、毎日ビールとワインの両方を飲んでいるといいたい時に(28)のようにはいわないのではないだろうか。

(28)　私は毎日ビールやワインを飲んでいます。食事の時はビールで、寝る
　　　 前にワインです。

　従来の研究では「他に要素があるかないか」という問題ばかりがクローズアップされ、より本質的な「要素が常にセットかどうか」という問題はあまりクローズアップされていなかったのではないだろうか。本研究では「他に要素があるかないか」という問題を語用的な「排他的推意」の有無として、「要素が常にセットかどうか」という問題を統語的な「網羅性」の有無として捉え直す。
　このことのメリットは次の通りである。まず、「も」のように、従来の「全部列挙・一部列挙」の枠組みでは記述しきれなかった形式も記述できる。また、安藤淑子(2001)、渡邊ゆかり(2003)などは全部列挙の「や」と一部列挙の「や」の2種類があるように記述しているが、本研究の枠組みでは「や」は「排他的推意を生まない」というように一括して記述する。これは「他に要素があってもなくても構わない」という意味である。この方法であれば全部列挙の「や」と一部列挙の「や」のように2種類に分ける必要はなくなる。実際、渡邊ゆかり(2003)も「「すべて列挙」の「や」として解されるか「一部列挙」の「や」として解されるかもやはり文脈、場面、聞き手の背景知識などの影響を受ける」(p.13)としており、両者は解釈上の問題であることを認めている。また、森山卓郎(2005)は以下のように述べている。

　　つまり、「や」の本質的な性質は、もともと同類のものからいくつかの例が例示されるという意味を構成する点にあり、他にもあるという意味、すなわち、別要素暗示という意味はそこから出てくるといえる。
　　　　　　　　　　　　　　　　　　　　　　（森山卓郎 2005: 5）

　本研究でも排他的推意を語用的な推意とみなし、他にもあるという意味が

どうして生まれてくるのか、そのメカニズムについても明らかにする。

　上で引用した森山卓郎(2005)には「同類のもの」という表現がある。このような集合・セットという概念も寺村秀夫(1991)をはじめ、並列表現の研究ではよく用いられるものである。以下、寺村秀夫(1991)から引用する。

　　　いくつかの名詞をつないで、1つの名詞句を形成するのは、話し手がそのいくつかの名詞を、或る集合の構成員、メンバーと捉える見方から生まれるものである。そのセットというのは、目の前のテーブルの上にあるもの、という単純な、可視的な特徴で括られるものもあれば、「或る大学にいる留学生の出身国」とか、あるいは「すきやきに入れる材料」のような或る文化のなかでセットと認められているようなものまで、さまざまである。　　　　　　　　　　　　　　（寺村秀夫 1991: 198）

並列表現の背後に集合が存在するという考えは間違っていないと考える。しかし、単に集合というだけでは各形式の間の使い分けは明らかにならない。
　例えば寺村秀夫(1991)は「と」のセットについては以下のように述べる。

　　　その二者は話し手がその発話をするにあたって主観的にセットとして列挙したものである。　　　　　　　　　（寺村秀夫 1991: 200–201）

「や」のセットについては以下のように述べる。

　　　2つ以上の名詞を並立的に結びつけるのに「ヤ」が用いられる時は、それらの名詞が、あるセットの具体例として、そのメンバーの一部として取り上げられていることを示す。　　　　　　（寺村秀夫 1991: 201）

「も」のセットについては以下のように述べる。

　　　<u>「モ」の特徴は、その発話に先立って、話し手が聞き手とある関心を</u>

<u>共有しているという意識があるところにある。</u>（中略）「モ」は、このように、〈あるセットを構成するメンバーが揃っている〉という意図で使われるものである。そのセットをどういうメンバーが構成するかということは、しばしば話し手・聞き手の共通の知識、特定の社会の常識、文化的背景に依存している。　　　　（寺村秀夫 1991: 209　下線は筆者）

「も」のセットについては詳しい説明がなされているが、これだけでは他の形式との違いを説明しきることはできない。以下に例文を挙げる。

(29)（研究室の自己紹介で）
　a.　初めまして。佐藤といいます。スキー<u>と</u>スノボが大好きです。
　b.　初めまして。佐藤といいます。スキー<u>や</u>スノボが大好きです。
　c.　*初めまして。佐藤といいます。スキー<u>も</u>スノボ<u>も</u>大好きです。
(30)（研究室の自己紹介で）
　a.　初めまして。佐藤といいます。研究<u>と</u>ビールが大好きです。
　b.　*初めまして。佐藤といいます。研究<u>や</u>ビールが大好きです。
　c.　初めまして。佐藤といいます。研究<u>も</u>ビール<u>も</u>大好きです。

　スキーとスノボのセットはおそらく社会的な常識によって結びつけられていると考えられるが、「も」は使用しにくい。一方、研究とビールはいかなる共通の知識によっても結びつきにくいと考えられる。これは単純に話し手が好きだという主観的な結びつきであるが、この時は「も」が使用できる。ここで、上で引用した部分のうち下線を引いた「話し手が聞き手とある関心を共有している」という部分が重要になってくると考えられる。一方で、「や」はスキーとスノボの組み合わせには使えるが、研究とビールの組み合わせには使えない。更に、「と」はどのような場合にも使える。セットの作り方が各形式によって異なっていると考えられるのである。
　また、安藤淑子(1996)は以下のような例を挙げて、「や」の本質を「一部列挙」ではなく「集合」から考えるべきであるとしている。

（1）　あなたと私の言うことを真に受ける人などいないでしょう。
（2）　あなたや私の言うことを真に受ける人などいないでしょう。
　ここでは、「ヤ」は、「あなた、私」以外の何者かを暗示するためではなく、両者を1つの集合として提示するために、用いられているのである。
　以上のように「ヤ」の一時的な文法機能は、集合イメージの提示であり、それが同じ集合内の他の存在を暗示するという機能を、二次的に果たしているといえる。
　　　　　　　　　　　　　　　　　　　　　（安藤淑子 1996: 12）

　引用した例文では本当に他に要素はないのか、という疑問を退けることができないと思われるが、主張内容には賛同できる。「同じ集合内の他の存在を暗示するという機能を、二次的に果たしている」というのは、その機能は語用論的な推意であるからだともいえる。しかし、引用部の記述だけでは、「や」の集合がどのようなものかはわからない。寺村秀夫(1991)が述べるように、「と」もまた複数の要素を1つの集合として提示していると考えられる。上記の例文で「と」と「や」が違うことは何となくわかるが、その違いは明らかになっておらず、寺村秀夫(1991)と同じ問題を抱えた記述である。その後の安藤淑子(2001)、森山卓郎(2005)も「同類の」という言葉で説明がなされているが、その内実は明らかではない。
　ここまでは、名詞句の並列において「集合」の内実が問題にされていないということをみてきたが、接続詞の研究ではより混乱した状況がみられる。
　例えば、森山卓郎(2006)は「そして」と「それから」を「同類異項目性」をもつとしている。この同類性については以下のように説明される。

　　（中学校で先生が生徒に）担任の先生はどこですか。それから、君、シャツを入れなさい。だらしないですよ。
　のように、違ったタイプの文を連続させる場合、いわば、「一連の談話の連続の中で発話をする」という最も根底的なところでの最低限の同類性によって「それから」が使えると言っていいであろう。
　　　　　　　　　　　　　　　　　　　　　（森山卓郎 2006: 192）

このように同類性はかなり緩い概念である。この同類性と「や」の同類性が同じものといえるだろうか。また一方で、「また、一方、次に」を「異類異項目性」と記述している。上記のような緩いものまでも同類性と認めるならば、この異類性がどのようなものか想像するのは難しい。森山卓郎 (2006)の主眼は「そして」「それから」にあるので、詳しくは述べられていないが、一応の根拠として「また」「次に」などは基本的に段落など大きな単位での追加を表すとしている (p.204)。しかし、コーパス調査の結果はこの逆であり、「それから」が段落レベルの並列に使われることが多い[5]。さらに、森山卓郎 (2006) ではすべての添加の接続詞に共通する属性として「共通性」も挙げられている。ここまでくると、「同類性」「共通性」の内実ある説明が欲しいと感じるのは当然であろう。複数の形式の記述を行うには、1つの視点から首尾一貫した説明をしていく必要がある。

　本研究では、「各並列形式の意味の違いとは、集合の作られ方の違いである」という仮説を立て、各形式がどのように集合を作り上げているのかを明らかにしていく。全部列挙か一部列挙か（本研究の用語では排他的推意があるかないか）という問題も基本的に集合の作り方の違いから導き出せることを主張する。4. でこの仮説について詳しく述べる。

4. 本研究で用いる概念

4.1. 統語レベル・意味レベル・語用レベル[6]

　3.2. では、先行研究で並列の研究によく使われていた「全部列挙」「一部列挙」とはキャンセル可能な推意であり、語用レベルの議論であると批判した。この点に限らず、先行研究では形式がもつ様々な性質が統語・意味・語用レベルのどのレベルに属するかということが明確にはされてこなかったといえる。本研究では各形式ごとに統語・意味・語用の 3 つのレベルを区別して論じる。

　統語レベルで論じるのはそれぞれの並列マーカーが要素と要素をどのように結びつけるか、ということである。並列された要素と並列外の要素との関係を表す「網羅性」や事態と事態のつながりの強さを表す「事態の提示方法」

がこのレベルで論じられる。

　意味レベルで論じるのは、並列マーカーとは独立に、並列される要素にどのような意味的関係があるのかということであり、「集合の形成動機」である。本研究での「意味」には百科事典的知識、あるいは聞き手がその要素を知っているか否かといった情報も含まれる。論者によっては、これは語用レベルと捉えられるかもしれないが、本研究の立場ではこれも意味に含める[7]。

　語用レベルで論じるのは文に出現していない要素についての「排他的推意」などについての議論である。

　具体的な例を挙げて、この3つのレベルの違いを明確にしておく。「りんごやみかんを食べる」という例の場合、「や」がどのように要素を結びつけるのか、常にりんごとみかんは一緒なのか、述語と結びつく時、ある時はりんご、ある時はみかん、という解釈は許されるのか、といった問題が統語レベルの問題である。一方、並列助詞を抜きにして、「りんご」と「みかん」自体にどのような意味関係がみられるのか、同じカテゴリーに属しているのか、当該談話において新情報なのか旧情報なのか、といった問題が意味レベルの問題である。そして、文中に出現していない要素、ぶどうやなしについての議論が語用レベルの問題である。

　以下、**4.2.** で統語レベル、**4.3.** で意味レベル、**4.4.** で語用レベルにおいて使用する概念について解説する。

4.2. 統語レベルで用いる概念

　本研究における統語レベルの議論とはそれぞれの並列マーカーが要素と要素をどのように結びつけるか、ということである。

　まず、すでに渡邊ゆかり（2003）も指摘している通り、「と」と「や」には要素と述語の結びつき方において対立をみせるケースがある。

(31)　私は毎日ビールとワインを飲む。
(32)　私は毎日ビールやワインを飲む。

　(31)は毎日、ビールとワインの両方を飲むという解釈になるのに対し、

(32)はある日はビール、ある日はワインというようになってもよい。本研究ではこの違いを表すのに以下のような方法を用いる。

網羅性の定義
a. どのような場合でも並列されたすべての要素がセットとして扱われ、述語ならびに他の要素すべてと結びつくという性質を「網羅性」と名付ける。
b. 網羅性がある場合には「＋網羅性」、網羅性がない場合には「−網羅性」と表示する。

(31)の「と」は「＋網羅性」、(32)の「や」は「−網羅性」である。言い換えれば「＋網羅性」は挙げられた要素がセットとして必ず揃っ**ていなければならない**という性質であり、「−網羅性」は挙げられた要素がセットとして必ずしも揃っ**ていなくてもよい**という性質である。以下に図で示す。

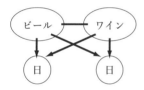
「ビールとワインを毎日飲む」（＋網羅性）

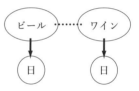
「ビールやワインを毎日飲む」（−網羅性）

図 1.2　網羅性

これはすなわちビールとワインが常にセットになり、分離した解釈を許さないのか、あるいはゆるやかな繋がりで、分離した解釈を許すのかという違いであり、各形式が2つの要素を「結びつける」力の強さに関わる性質である。

この「網羅性」は「モノの並列」と「コトの並列」の両方に関わる根源的な性質であるが、これを元に形式を分類すると**表 1.1**のようになる。各形式の細かい議論は第2部以降で行うので、ここでは結果だけを示す。

この表からわかることは上段の並列助詞は「−網羅性」が無標であり、中

表 1.1　並列表現と網羅性

	＋網羅性	－網羅性
並列助詞 （－網羅性が無標）	と・も・に	や・、・とか・やら・だの・なり・か・だか
並列を表す接続助詞 （＋網羅性が無標）	ば・し・て・連用形・わ	たり・とか・やら・だの・なり・か・だか
並列を表す接続詞 （＋網羅性が無標）	φ・それから・次に・そして・また・一方・なお・さらに・しかも・それに・そのうえ	または・あるいは・もしくは・ないし・それとも

断の接続助詞と下段の接続詞では「＋網羅性」が無標であるということである。接続助詞は一見、「－網羅性」の形式が多そうにみえるが、そのほとんどが並列助詞の転用であり、純粋に「－網羅性」を表せるのは「たり」1形式しかない。また、いわゆるゼロ形式にあたるものがどちらの解釈になるのかをみても、並列助詞の「、」は「－網羅性」であるのに対し、接続助詞の「連用形」と接続詞の「φ」は「＋網羅性」になる。

よって、「モノの並列」は「－網羅性」が基本であり、「コトの並列」は「＋網羅性」が基本であるといえる。では、なぜ「モノの並列」は「－網羅性」が基本なのだろうか。それは、先にも述べたように、例えば、ビールとワインを飲むといってもこの2つを全く同時に飲むという行為ではないからである。すなわち、ビールとワインは現実には同じ場にはないのであり、あくまでも話し手の頭の中でまとめ上げた事態の中でのみ共存する。この点で非現実性を帯び、「－網羅性」の解釈が基本になると考えられる。そこで「＋網羅性」の解釈を行うためには有標的なマーカーである「と」などを用いるしかない。

ただし、非現実性に由来する「－網羅性」が無標であるという性質は名詞句にのみみられるもので、接続助詞や接続詞では単に複数の事態を述べているだけなので、「＋網羅性」が無標となる。反対に、「コトの並列」で「－網羅性」の解釈を行うためには、「～たり～たりする」のように一度事態を名詞句扱いし、「－網羅性」が無標であるという名詞句の力を借りて表現することになる。

ここまで議論した「網羅性」はどちらが無標であるかは異なるとはいえ、

「モノの並列」「コトの並列」のどちらにも関わる根本的な特性である。これに加えて、本研究では「コトの並列」である接続助詞・接続詞においてはもう1つ「**事態の提示方法**」についても考える。

事態の提示方法には「**結合提示**」と「**分離提示**」が存在する。これは中俣尚己 (2007b) で用いた「同一場面性」という考えを推し進めたものである。以下に2種類の提示方法の定義を示す。

事態の提示方法の定義
a. 「結合提示」とは2つの事態を結合して、1つの事態として提示する方式である。この時、結合できるのは同一場面に存在する事態どうしだけである。
b. 「分離提示」とは2つの事態を結合せず、2つの事態としてそのまま提示する方式である。同一場面に存在しない事態であっても並列できる。

これは、2つの事態が同じ場面にあり、全体として1つの事態として提示されるか否かということであり、以下の例文の比較が参考になる。

(33) a. 太郎は八百屋で大根を買い、次郎は家にいた。
 b. ?太郎は八百屋で大根を買って、次郎は家にいた。

この2つの事態は別々の場所で行われているため、同一場面とはいえない。よって、(33a) の述語連用形は「分離提示」であるため使用できるが、(33a) の「て」は「結合提示」であるため使用できない。(33b) では、太郎が八百屋で大根を買うという動的事態と次郎が家にいるという静的事態を1つの動作としてまとめることが困難であるため、「て」が使えないのである。
(34) のような文では「て」が使用できる。

(34) 太郎は八百屋に行って、次郎は薬局に行った。

(34)は確かに「行く」という動詞が2つ並列されているが、実際には「2人が○○に行った」という1つの事態にまとめて表しているからである。

「結合提示」「分離提示」という考え方は例えば「て」の先行研究において生越直樹(1988)が「一体性を表す」としたり、言語学研究会のメンバーによる一連の研究(言語学研究会・構文論グループ1989, 1989b, 新川忠1990)においても「て」は述語連用形と比較して、「1つの複合動作を表す」としているのと同じ方向性である。そして、「事態の提示方法」もまた、2つの要素(ここでは事態)をどれだけ強く「結びつける」かに関わる概念である。

この「事態の提示方法」が統語レベルの議論であると考える根拠は中俣尚己(2006a, 2007b)でも示した通り、モダリティ形式やテンス形式といった他の文法カテゴリーとの共起と深く関わっているからである。ここでは一例として異なるテンスの事態の並列を挙げる。

(35) a. *この美術館は今までも多くの人が訪れれば、これからも訪れる。
　　 b. *この美術館は今までも多くの人が訪れて、これからも訪れる。
　　 c. *この美術館は今までも多くの人が訪れたり、これからも訪れたりする。
　　 d. 　この美術館は今までも多くの人が訪れ、これからも訪れる。
　　 e. 　この美術館は今までも多くの人が訪れたし、これからも訪れる。

異なるテンスの事態は時空間も異なり、同一事態としてまとめることはできないと考えられる。つまり、a、b、cの「ば」「て」「たり」は「結合提示」であり、d、eの「述語連用形」「し」は「分離提示」であると考えられる。

これに基づいて、形式を分類すると**表1.2**のようになる。

接続助詞では「結合提示」が多く、接続詞では「分離提示」が多い。接続詞の方がより緩やかに2つの事態を接続する傾向がある。

4.3. 意味レベルで用いる概念

本研究における意味レベルの議論とは集合の形成動機を考えることである。並列される要素にどのような意味的関係があるのか、また、どのような

表1.2　並列表現と事態の提示方法

	結合提示	分離提示
接続助詞	ば・て・わ たり・とか・やら・だの・なり	連用形・し
接続詞	そして・さらに しかも・そのうえ	φ・それから・次に・ また・一方・なお・それに または・あるいは・もしくは ないし・それとも

意味的関係があれば、その並列マーカーが使用できるのかということである。これは、**我々がどのようにものごとをグループ化しているか**という問題と直結する。

そこで本研究では以下の仮説に基づいて研究を進めていくことにする。

本研究の仮説
ヒトはものごとを様々な方法でグループ化することができる。
日本語の並列表現のバリエーションは人間のグループ化の方法、ものごとの捉え方の違いを反映している。

これは認知言語学的な考えにも通じるものであり、ひとまずの妥当性はあると考える。これに加えて、もう1つ作業仮説を立てる。

グループ化に関する作業仮説
ヒトがものごとをグループ化する時の方法には**隣接性**によるものと**類似性**によるものの2種類しかない。類似性によるものとは**長期記憶**にアクセスするものである。隣接性によるものとは、要素が同じ「場」にあると観察できるものである。長期記憶にアクセスしない場合は、必ず隣接性によるグループ化となる。

具体的な例文を挙げる。

(36) a.　芝生の上では男と猫が眠っていた。
　　 b. *芝生の上では男や猫が眠っていた。
　　 c. *芝生の上では男も猫も眠っていた。

「と」は長期記憶にアクセスせず、隣接性に基づく並列である。そのため、(36a)のように全く関連のない新情報であっても、同一場面に存在するという動機で「と」で並列することができるのである。一方、「や」と「も」はともに長期記憶にアクセスするため、(36)の文には使えない。

ここで、本研究で扱う形式を隣接性と類似性のどちらに基づいて集合を作るかという観点で分類すると、**表 1.3** のようになる。

表 1.3　隣接性に基づく形式と類似性に基づく形式

隣接性に基づく形式	類似性に基づく形式
と	や・も・、・とか・やら・だの・なり・か・だか・に
連用形・て	し・ば・たり・とか・やら・だの・なり・か・だか・わ
φ・それから・次に・そして	また・一方・なお・さらに・しかも・それに・そのうえ・または・あるいは・もしくは・ないし・それとも

　一見して、隣接性に基づく形式が少ないことがわかる。隣接性に基づく形式は2つのものが同じ場に存在するという一点のみが集合の形成動機であり、基本的にいかなる要素の並列にも使用できるものである。何にでも使えるため、複数の形式は必要ない。「コトの並列」においては先に述べた「分離提示」「結合提示」という違いによって複数の形式が存在しているのである。

　それに対して、長期記憶を参照する方の類似性に基づく形式は多数の形式が含まれる。これは、長期記憶を参照して集合を作る際に、どの点に注目しているかによって形式が使い分けられているためであり、これが日本語に豊かな並列表現が存在する大きな理由である。

　本研究では、類似性における集合の作り方をさらに4つに下位分類する。

類似性と隣接性というのは人間の認知能力に動機を求めることができる演繹的な分類法であるが、この下位分類はむしろ帰納的な分類法であり、多数の並列形式の使用条件を調べた結果、4種類に収まったということである。
　類似性の1つ目は「共通の構造・属性」である。

(37)　（研究室の自己紹介で）
　　a.　初めまして。佐藤といいます。スキーやスノボが大好きです。
　　b.　?初めまして。佐藤といいます。スキーもスノボも大好きです。

　例えばこの例文においてスキーとスノボは明らかに共通の属性をもっている。「や」は要素が「共通の構造・属性」をもつ場合に使用可能となるのである。これはカテゴリーとは違う概念であり、そのことは以下の例からわかる。

(38)　今からぞうきんかけるから机の上のティッシュやクッキーを片付けて。

　(38)の例でティッシュとクッキーは同じカテゴリーに入るというよりはむしろ文脈から「邪魔」という共通の属性をアド・ホックにもっていると考えられる。
　一方、「も」は必ずしも共通の属性があれば使えるとは言えない。「も」は2つ目の類似性、「出現可能性」によって集合を形成する。

(39)　（研究室の自己紹介で）
　　a.　*初めまして。佐藤といいます。研究やビールが大好きです。
　　b.　初めまして。佐藤といいます。研究もビールも大好きです。

　この出現可能性は類似性の中でも最も緩やかなもので、テーマや話題といったものに近い。「も」に関していえば、一度談話に出現した要素には必須的に使われることもある。

類似性の3つ目は「同一のカテゴリー」である。これは「、」や「なり」などがあてはまる。「共通の構造・属性」との違いは以下の例がわかりやすい。

(40) a. 田中はギョーザ {、／や} シューマイが好きだった。
   b. 初めての一人ぐらしだったが、ホームシック {?、／や} 寂しさはなかった。

(40a)のギョーザとシューマイはどちらも料理名というカテゴリーであるため「、」が使えるが、(40b)ではホームシックという病名と寂しさという感情ではカテゴリーが異なるため「、」は使えない。ただし、もちろん共通の属性はもっているため、「や」を使うことはできるのである。

類似性の4つ目は「共通の指示対象」である。「だか」と「それとも」がこれに当てはまる。

(41) （部屋に落ちているロボットのプラモデルを指して）
   母親「掃除機かけるから、その<u>ガンガル</u>だか<u>ガルタン</u>だかを片付けなさい」
   子供「違うよ！これは「<u>ガンダム</u>」だよ！」

この例においては2つのものがあるわけではなく、指示対象は落ちているロボットのプラモデル1つである。それに当てはまる音声表現の候補を並列するやや特殊な例であるといえる。

ここまで、日本語の並列表現が集合の形成動機によって隣接性によるものと類似性によるものに二分できること、また、類似性は4つに下位分類されることをみた。これに基づいて日本語の並列表現を分類すると以下のようになる。

「網羅性」と「集合の形成動機」が並列形式が要素を「結びつける力」であるとするなら、「集合の形成動機」は要素間が並列形式に抜きにどれだけ意味的に似通っているかを表すいわば「結びつく力」であるといえる。この

「結びつく力」は**表 1.4** の左が最も弱く、右に行くほど強いと考えられる。

　ここでは、日本語の並列表現は隣接性と類似性のどちらを集合の形成動機にしているかによって大きく二分できること、類似性を形成動機にする場合には更に 4 種類に下位分類できることを示した。それでは、類似性・隣接性以外を契機にする並列はないのであろうか。これについては、人間は同じ場にあるわけでもなく、隣接性ももたないような複数のものを複数と認識することはできないと考える。例えば目の前にあるコーヒーカップとお菓子を 2 つの物体と捉えることはできるし、家にあるパソコンと会社にあるパソコンを 2 台と捉えることはできる。しかし、家の食器棚の中のコーヒーカップと会社のパソコンを 2 つの物体と捉えることは難しいのではないだろうか。もちろん、ブログの記事のタイトルとして「家のコーヒーカップと会社のパソコン」などという表現は可能である。しかし、この場合にはこの 2 つのものがテクストという擬似的な場面に同時に存在しているということが契機になっていると考えられる。そうでない場合に、家のコーヒーカップと会社のパソコンのようなものがグループ化されるとは考えにくい。

　隣接性と類似性という 2 つの概念は認知言語学の比喩研究における隠喩（メタファー）と換喩（メトニミー）の区分や民俗学の分野でフレイザー（1966）が行った類感呪術（imitative magic）と感染呪術（contagious magic）の分類にも使用されている[8]。

表 1.4　並列表現と集合の形成動機

隣接性	類似性			
	出現可能性	カテゴリーに関する知識	共通の構造・属性	共通の指示対象
と	も	、・なり・か	に・や とか・やら・だの	だか
連用形 て	たり	なり・か	ば・し とか・やら・だの	だか
φ それから 次に そして	また・一方 なお さらに または あるいは	しかも	それに そのうえ もしくは ないし	それとも

これらが示すのはメタファーあるいは呪術といった現象・行為の根底に、我々の認知活動の一端として隣接性と類似性が潜んでいるということである。隣接性と類似性は我々の営みに深く関わっている。「並列」という文法現象の根底にも隣接性と類似性が存在していたとしても何ら不思議ではない。

4.4. 語用レベルで用いる概念

従来、先行研究でいわれてきた「全部列挙・一部列挙」は語用的な推意であることはすでに 3.2. で指摘した。推意であるというのは(42)の「と」の「他にいない」という意味、(43)の「や」の「他にもいる」という意味は以下のようにキャンセルできるからである。

(42) 昨日は佐藤と田中が手伝ってくれた。他にも、山本も手伝ってくれた。
(43) 昨日は佐藤や田中が手伝ってくれた。来てくれたのはその2人だけど。

しかしながら、キャンセルできるとしても、「と」が他にはないという推意、「や」が他にもあるという推意を発生させるのは紛れもない事実である。本研究では「他にはない」という推意を**排他的推意**と名付け、排他的推意をもつか否かを語用レベルで議論していく。

「排他的推意あり」はいわゆる全部列挙にあたり、「排他的推意無し」はいわゆる一部列挙にあたる。(42)の「と」は「排他的推意あり」、(43)の「や」は「排他的推意なし」である。

しかしながら、文を並列する接続詞の場合、「他にはない」という排他的推意を生むことがまれである。

(44) 太郎がいた。それから、次郎がいた。
(45) 私はコーヒーを飲んだ。それに、ミルクも飲んだ。

(44)(45)ともに「他にはない」という推論は生まない。これは、「φ」を

使った場合によりはっきりする。

(46) 太郎がいた。φ次郎がいた[9]。

(46)はその後に「三郎がいた」と続けることも可能だし、続けないことも可能である。少なくとも、「他にはない」という推論を発生させることはない。よって、本書では文と文の並列では排他的推意の有無については議論しない。

この排他的推意の有無によっても並列マーカーを分類することはできるが、体系化においてさして意味のあるものではないため、終章でのみ示す。

4.5. 本書で用いる概念のまとめと並列表現の体系

本書で用いる概念をまとめると、**表 1.5** のようになる。

表 1.5 本書で用いる概念

統語レベル	網羅性（＋網羅性／－網羅性）
	事態の提示方法（結合提示／分離提示）【接続助詞・接続詞のみ】
意味レベル	集合の形成動機（類似性／隣接性）
語用レベル	※排他的推意（あり／なし）【並列助詞・接続助詞のみ】

このうち、統語レベルの概念は「結びつける力」と呼ぶべきものであり、意味レベルの概念は「結びつく力」と呼ぶべきものである。本研究では並列表現の体系化に主にこの２つのレベルを用い、語用レベルの概念はキャンセル可能な推意であるため、重視しない。

この後、各形式の記述を行い、レベルごとに体系化を行い、最後に３つのレベルをまとめて体系化を行うのが本研究の目的であるが、前もって日本語の並列表現に関する重要な関係性を示しておく。それは、**隣接性を継起とする形式は全て「＋網羅性」である**という関係である。これは言い換えると、「結びつく力」が弱い場合には「結びつける力が強い」形式を使わなければ

ならないということである。つまり、大雑把にいってしまえば日本語には「意味的な類似性がない要素を強固に結びつける」ものと「意味的な類似性のある要素を緩やかに結びつける」ものがあるということであり、どちらか一方が強いものが多数派を占める。これが日本語の並列表現の体系の根本となっている。

もちろん、この両者には連続性があるし、例外もある。例えば、「＋網羅性」「結合提示」「共通の構造・属性による並列」という「結びつける力」も「結びつく力」も非常に強い形式には「〜も…ば、〜も…」や「〜わ〜わ」、「そのうえ」などが存在する。しかし、これらは文型に制約のある固定的な表現であったり、使用数が非常に少ないなど、少数派としての特性をもっている。また、その反対の「－網羅性」「隣接性」という「結びつける力」も「結びつく力」も弱い形式は存在しない。そのような条件では物事を並列することはできないのである。

各形式を示した厳密な体系は終章に示すが、体系のおおまかな姿を提示すると以下のようになる。

表 1.6　日本語並列表現のおおまかな体系

	（意味レベル）結びつく力・強	（意味レベル）結びつく力・弱
（統語レベル）結びつける力・強	「ば」「わ」「それとも」 使用数：少 種類：少	「と」「て」「そして」等 使用数：多 種類：やや少
（統語レベル）結びつける力・弱	「や」「たり」「または」 使用数：やや少 種類：多	存在しない

5. 具体的な方法論

ここでは本研究における具体的な方法論について述べる。本書ではモノの並列とコトの並列の研究に異なるアプローチを用いる。

一般に、語や句といった小さな単位については「規則」としてどのような場合にも当てはまる記述をしやすいのに対し、節や文といった大きな単位

についてはある程度の例外も含む「傾向」として記述しやすいと考えられる[10]。

　第2部で扱う並列助詞は名詞句と名詞句の並列であり、小さな単位である。よって、基本的には「規則」として記述していきやすいと予測され、（文の並列などと比較して相対的に）文法性判断を利用しやすいと考えられるため、アンケート調査などを証拠としながら論を進めていく。

　一方、第3部と第4部で扱う接続助詞、接続詞は節と節、文と文のような大きな単位である。そのため、単純な規則で記述しきれないような用法の広がりがあり、「規則」というよりも「傾向」として記述しやすいと考えられる。一方で、並列される要素の関係は手がかりが多い分、語と語の関係よりは判断しやすい（例えば、「から」という形式があればその節は理由節であると判断できる）。そこで、第3部と第4部ではコーパスを用いた調査を行い、規則と傾向の両方を記述する。「傾向」というからには例外も含まれるが、日本語教育への応用を念頭に置いた場合、十分に記述に値する。例えば、「それに」は実際には44%が共通の評価的意味をもつ述語を並列する時に、また24%が理由を並列する時に使われるというのは日本語学習者にとっては十分役に立つ情報であろう。

　アンケート調査とコーパス調査という2種類の調査を使って言語現象を明らかにし、そのうえで**2.**で示したヒトのものごとの捉え方の違いが各形式の特性に反映されているという考えに従って、隣接性・類似性といった概念を用いて各形式の説明を行っていく。

6.　本研究の方法論のまとめ

　第1章で述べたことをまとめると、以下のAからJのようになる。

A　本研究では日本語並列を表す表現「並列助詞」「並列を表す接続助詞」「並列を表す接続詞」の3つのグループにわけて記述を行う。

B　並列関係とは元来範列的関係であったものを言語の線条性の要請に従って統合的関係に変換したものである。そのために非現実性を帯び

る。

C 本研究ではモノの並列は「2つ以上の異なる名詞句が1つの述語から共通の格を付与されうる時」と定義する。

D 本研究ではコトの並列は「2つ以上の異なる事態の前後関係が解釈の際に問題にならない時」と定義する。

E 従来の先行研究では、「全部列挙・一部列挙」という概念が並列表現の説明によく用いられていたが、これは語用的な推意にすぎず、これだけで各形式の機能を完全に説明することはできない。また、集合という概念が並列表現の説明によく用いられていたが、その内実は明らかでなかった。

F 本研究では統語レベル・意味レベル・語用レベルの議論を分ける。

G 統語レベルではどのような場合でも並列されたすべての要素がセットとして扱われ、述語ならびに他の要素すべてと結びつくという性質を「網羅性」と名付け、「＋網羅性」「－網羅性」のように表示する。また、事態の提示方法として「結合提示」「分離提示」を考える。

H 意味レベルでは集合の形成動機を長期記憶の参照の有無から「隣接性」と「類似性」に求める。

I 語用レベルでは並列された以外の要素がないという推意を「排他的推意」と名付け、この推意の有無に注目する。

J 体系化には統語レベルの概念と意味レベルの概念を用いる。これらは「結びつける力」と「結びつく力」として捉えられ、日本語においてはどちらかが強い形式が多数を占める。

K モノの並列を扱う第2部では文法性判断を使って規則を明らかにする。コトの並列を扱う第3部と第4部ではコーパスを使って規則と傾向を明らかにする。

注

1 例えば英語の moment という単語は、時間の隣接性によって時点がグループ化され、

そこから時間的経験に基づいて、ごく短い単位がそこから具象化されたものと説明されている。
2　Langacker, R.(2008)はモノは概念的に自立的で、コトは概念的に依存的であるとしている。モノは単独でもモノであるが、コトはモノである参与者を必要とするからである。このことが「モノ」は単語レベルで並列されることも多いが、「コト」は一単語というよりも格成分や他の文法マーカーなどを含む、節・文といった単位で並列されるということにつながる。
3　「も」は格助詞の機能も兼務するため、例外的に後置できる。
　　　太郎は花子に手紙を渡した。プレゼントも。
4　(10)のような表現は格助詞がついた形が「φ」で接続されたものと考えることができる。ただし、(10)のような言い方は基本的には修辞的で、通常の会話には出現しないと考えられるが、「西へ東へ飛び回る」のように慣用化して通常の会話で使用されるものもある。
5　本書の**第 23 章 1.2.** で詳しく述べる。
6　「語用レベル」「語用的」という用語はまだ馴染みが薄いかもしれない。しかし、本研究において「統語論的」という用語ではなく「統語的」という用語を用いるのは、特定の理論が念頭にあるわけではなく、単に「語と語の関係に関する」という意味を表したいからである。同様に「意味論的」という用語ではなく「意味的」という用語を用いるのは、特定の理論が念頭にあるわけではなく、単に「意味に関する」という意味を表したいからである。よって、特定の理論が念頭にあるわけでなく、もっぱら「語の使用に応じて問題になる」という意味を表すために「語用」という用語を用いる。
7　仮に百科辞典的知識を語用レベルと考えたとしても、それと推意の有無はまた別次元の問題であり、いずれにせよ、3つのレベルに分ける必要性は生じる。また、百科辞典的知識と語義との間に境界線を引くことは事実上不可能であり、本研究の調査結果も様々な知識・属性が「意味」として捉えられうることを示している。
8　類感呪術は雨乞いの儀式に、雨と同じ液体という性質をもつ動物の血を撒いたりするようなものであり、感染呪術とは対象の爪や毛髪など、かつて対象に接触していたものを使って、呪いをかけたりするようなものである。フレイザー(1966)はすべての呪術は類感か感染のどちらか、あるいは両方の性質をもつとしている。類感呪術は類似性を、感染呪術は隣接性を利用しているといえる。
　　認知言語学者 Sweetser, E.(2000)も遂行行為(Performatives)という概念の元、様々な呪術や儀式を発話行為と連続するものと捉え、ブレンディング理論による分析を試みている。
9　(46)はここで談話が終了するには不適切であり、この後に何か内容が続くと予想させ

る。しかし、後続文が「〜がいた」という内容である必要性はないし、そのような期待も生まない。
10 野田尚史(2006)は語・成分・文の語順について同様のことを述べている。

第2部
並列助詞の体系的記述

第 2 章
「と」

　第 2 章では「と」について記述する。「と」は並列助詞の中では唯一隣接性を継起にする、すなわち並列される要素について意味的制約をもたない形式であり、その点では大変有標的である。**1.** では統語レベルの網羅性について、**2.** では意味レベルの集合の形成動機について、**3.** では語用レベルの排他的推意について述べる。

1. 「と」の統語レベルの議論
1.1. 「＋網羅性」
　ここでは「と」について、まず統語レベルの議論を行う。**第 1 章**で述べたように、本研究では統語レベルの議論として並列された要素が常にセットとなるかどうかという網羅性という素性を考える。以下に網羅性の定義を再掲する。

網羅性の定義
a. どのような場合でも並列されたすべての要素がセットとして扱われ、述語ならびに他の要素すべてと結びつくという性質を「網羅性」と名付ける。
b. 網羅性がある場合には「＋網羅性」、網羅性がない場合には「－網羅性」と表示する。

　この定義に従えば「と」は網羅性をもち、「＋網羅性」と表示できる。(1) のように習慣を表す文においても、毎日ビールとワインを飲むという意味になる。つまり、ビールもワインも「毎日」と結びついている。

（1） 私は毎日ビールとワインを飲む。

　これは換言すれば、「毎日」のように複数解釈できる要素があった場合、その個々の要素すべてと結びつくということである。また、(2)のように補語（ここでは動作主）が複数解釈できる名詞の場合もそのすべての個体（ここでは日本人）が他の要素と結びつくという解釈である。(2)はすべての日本人が正月になると、神社とお寺の両方に行くという解釈をもつ。

（2） 日本人は正月になると神社とお寺に行く。

1.2.　名詞句内非網羅性制約

　ただし、「と」を用いても、並列された要素が網羅的に結びつかない場合もある。(2)はすべての日本人が神社とお寺の両方に結びついている。一方、(3)はすべての「学生」が1組と2組の両方に結びついているわけではない。ある学生は1組、ある学生は2組である。

（3）　1組と2組の学生は校庭に集合してください。

　以下に実例も挙げる。

（4）　また、製造・販売の自粛期間について、農水省は「雪印食品が決めること」としており、開始と解除の時期はともに未定。
　　　　　　　　　　　　　　　　　（『毎日新聞』2002年1月9日夕刊）
（5）　食事と就寝以外の時間のほとんどをアトリエで過ごす。
　　　　　　　　　　　　　　　　　（『毎日新聞』2002年1月9日夕刊）

　(4)は開始と解除を同時に行うわけではなく、「開始の時期」と「解除の時期」であり、(5)は「食事と就寝を同時に行う以外の時間」ではなく、「食事の時間と就寝の時間以外」である。このように、「AとBのN」という形の場合には、A∩BのNという積集合ではなく、AのN∪BのNのような和

集合を形成する場合がある。また、「NのAとB」という形でも同様のことが起こることがある。

（6）　1年生の男子と女子は校庭に集合してください。

　この場合も、ある1年生は男子、ある1年生は女子であり、すべての1年生が男子と女子両方と網羅的に結びついているわけではない。この規則は以下のように一般化できる。

名詞句内非網羅性制約
同一名詞句内では網羅性はキャンセルされる。

名詞句に動詞が含まれる場合には両義的な解釈が生まれる。

（7）　数学と英語を受験する学生は、残ってください。

　（7）は数学と英語の両方を受験するという解釈も可能であるが、どちらか一方だけという解釈もかろうじて可能である。これは「と」がすべての要素や述語と網羅的に結びつくという特性と、同一名詞句内ではその網羅性がキャンセルされるという名詞句内非網羅性制約の両方が同時に働くためであると考えられる。これを（8）のようにすると、非網羅性制約は働かなくなるため、両義性は解消し、すべての学生が2科目を受験したという網羅的な解釈に固定される。

（8）　学生たちは、数学と英語を受験した。

1.3.　連結数量詞における「合計読み」と「分配読み」

　さらに名詞句内非網羅性制約で説明できると考えられるのが（9）のような文に対する「合計読み」の解釈である。

(9) この商品にはビタミンAとビタミンCが 50mg 含まれている。

　(9)はビタミンAとビタミンCが合計で 50mg という「合計読み」の解釈と、それぞれ 50mg という「分配読み」の解釈との両方が可能である。合計読みでは、「ビタミンAとビタミンC」が一体化して解釈されており、ビタミンAとビタミンCのそれぞれが 50mg と網羅的に結びついているわけではない。合計読みと分配読みの2種類の読みが存在する理由を、連結数量詞に対する過去の分析と名詞句内非網羅性制約によって説明したい[1]。
　三原健一(2004)は連結数量詞には(10a)のように NP 内に存在する場合と(10b)のように VP 内に存在する場合があるとしている[2]。/は音声の切れ目で、(10)はaとbの2通りの切り方が可能である。

(10) a. [NP 学生が 3 人] / [VP 教室に入ってきた。]
　　 b. [NP 学生が] / [VP 3 人教室に入ってきた。]

　aとbは表層的には同一の文で、意味の違いも存在しないが、連結数量詞の位置に関して2通りの解釈が可能であるということである。ここで、連結数量詞が NP 内に存在する場合にのみ、本研究の名詞句内非網羅性制約が適用されると考えると、(9)が2通りの読みをもつことをうまく説明できる。(9)は以下のような2通りの解釈が可能である(便宜上、「この商品には」は省略する)。

(11) a. [NP ビタミンAとビタミンCが 50mg] / [VP 含まれている。]
　　 b. [NP ビタミンAとビタミンCが] / [VP 50mg 含まれている。]

　(11a)では 50mg が NP 内にあるため、名詞句内非網羅性制約が働き、網羅的に結びつかない。そのため、50mg のある部分はビタミンA、ある部分はビタミンCという解釈であり、「合計読み」となる。一方、(11b)では 50mg が VP 内になるため同一名詞句内制約は働かない。そのため、ビタミンAとビタミンCが網羅的に 50mg と結びつき、「それぞれ」という「分配

読み」となる。

また、三原健一 (2004) は数量詞が VP 内にあるとしか解釈できない例として (12) を挙げる。

(12) 灘高と洛南高の学生は東大を 50 人受験した。(三原健一 2004 を改変)

(12) は「合計読み」の解釈はかなり困難である。合計読みは名詞句内非網羅性制約によって「と」の網羅性がキャンセルされた結果生じるものであり、(12) の 50 人は「と」の同一名詞句内に存在しないからである。

連結数量詞に「合計読み」と「個別読み」の 2 通りの解釈が可能であることは本研究が主張する名詞句内非網羅性制約と連結数量詞に NP 内にあるものと VP 内にあるものの 2 通りがあるという分析の両方を支持するものと思われる。

2. 「と」の意味レベルの議論

2.1. 「と」の意味的な使用条件

ここでは「と」について、意味レベルの議論を行う。意味レベルの議論とは並列される要素どうしにどのような意味関係が存在し、どのような動機によって集合を作り上げているのかということである。

まず、「と」は内容に全く共通点がないような要素も並列できる。

(13) 初めまして。山本といいます。好きなものはワインとサッカーです。

共通点がなくてもよいということは、「と」は聞き手に長期記憶の参照を要求しないということである。「と」を用いた並列の使用や解釈に意味や文脈は関与しない。よって、「と」は「類似性」を元にした並列ではない。そこで、本研究では「と」は 2 つの要素が隣接しているという「隣接性」によって集合が作られていると主張する。これは要素が同じ場面に存在するということである。

隣接性の最も原始的な例は実際の空間に、物体が複数あるという関係である。

(14)　机の上にりんご<u>と</u>みかんがある。

　(14)の文では同一場面にりんごとみかんの2つがある、ということが使用の動機になっていると考えられる。この隣接性は実際に観察可能である。これがもう少し抽象的になると(15)のような文になる。場面は「買取の査定」という現実であるが、並列されている要素は物体ではなく抽象的な名詞である。

(15)　買取の査定はここが勝負どころなのだ。商品のすべてを見たいと思わない買い手はいないが、商品のすべてを見せたいと思う売り手もいない。ここは見栄<u>と</u>礼儀<u>と</u>欲望の十字路だ。
　　　　　　　　　　　　　　（支倉凍砂『狼と香辛料』p.124）

　(15)も並列されたすべての要素が同一場面に存在しているということである。
　さらに場面も抽象化されると、先ほどの(13)のような文になる。以下に(16)として再掲する。

(16)　初めまして。山本といいます。好きなものはワイン<u>と</u>サッカーです。
　　　（＝(13)）

　ここでは「好きなもの」として話し手が勝手に作り上げたセットの中にワインとサッカーの両方が含まれているという隣接性が動機になっている。ここまでの例では、「と」で並列された要素を結びつけているのは単にその要素が共通の述語から同じ格を付与されているという事実のみであるともいえる。
　しかし、述語さえもたない最も抽象的な隣接性としては書物のタイトルに

用いられる「と」が挙げられる。寺村秀夫(1991)は「と」は本や映画のタイトルに使われることが多いと興味深い指摘をしている(p.201)。寺村秀夫(1991)はこのことを「と」が「全部列挙」であることに求めているが、本研究では「と」が意味的関係を特に必要としないことに注目したい。本のタイトルには『菊と刀』『世界の終りとハードボイルド・ワンダーランド』『ハリー・ポッターと賢者の石』など未読の読者にとっては全く関係性がわからないようなものもあり、それがかえって人々の想像を喚起させる。このような効果も「と」が並列する名詞句の意味に関して何ら制限をもたないからこそ可能なのである。そして、意味的には共通点のない項目が書物(＝テクスト)という一種の場面の中に同時に存在しているということが「と」が使われる動機となっているのである。

　「と」は引用、同伴、条件など多くの場合に使われる形式である。隣接性、同一場面という考えはこれらの用法にも通じる説明である。

(17)　太郎は「おはよう」と言った。
(18)　太郎は「おはよう」と入ってきた。
(19)　太郎は次郎と出かけた。
(20)　太郎は花子と結婚した。
(21)　雨が降ると、地盤がゆるむ。
(22)　振り返ると、花子が手を振っていた。

　(17)は引用の例であり、これだけでは隣接性との関係はわかりづらいが、(18)のような周辺的な引用の例を考えると、これが「発話内容」と「行為」の隣接性のマーカーであると考えることができる[3]。(19)と(20)の「と」は格助詞で、(19)は任意格、(20)は必須格であるが、ともに太郎と花子が同じ場面にいることを示している。(21)は条件の「と」であるが、一般に「と」を用いた条件文は法則的な関係を表すといわれている。つまり、Pということが起これば、常にQということが起こるといった関係であり、これはPとQが同一場面に存在するといえるであろう。(22)は条件の「と」から派生したと考えられる発見の「と」であるが、これも2つの事態が同一空間に

存在することを表したものである[4]。

このように、他の用法の「と」も何らかの形で隣接性、同一場面性という概念と関わっていることも、「と」が隣接性を元にした並列であることの傍証となる。

2.2. 名詞句内非網羅性制約が課す「と」の意味的制約

2.1. では「と」で並列される要素に、意味的な制約はないことを主張したが、例外的に意味的な制約が課せられる状況がある。それは、**1.2.** で議論したような「と」が別の名詞句の中に出現するような場合である。

(23) 【ハリー】と【ロン】の部屋
(24) 【ハリー】と【秘密の部屋】

 (23)と(24)は表面上は「AとBのN」という形になっているが、その構造は違っている。(23)で並列されているのは「ハリー」と「ロン」であるのに対し、(24)では「ハリー」と「秘密の部屋」が並列されている。(23)では「ハリー」と「ロン」は人名という共通のカテゴリーの名詞であるために、ともに名詞句内に入ることができるが、(24)では「ハリー」と「秘密」のカテゴリーが異なり、類似性をもたないために、ともに名詞句内に入ることはできないのである。

「と」に名詞句内非網羅性制約が適用される場合には、要素に類似性がなければならないという制約が存在するといえる。このことは、さらに以下のように一般化できる。

 網羅性と類似性に関する一般化
 「−網羅性」であれば、なんらかの類似性を必要とする。

 この関係については名詞句の並列表現をまとめる**第8章**でもう一度論じる。

3. 「と」の語用レベルの議論

　ここでは、「と」について語用レベルの議論を行う。語用レベルの議論とは文に出現した要素以外についての議論である。
　(25)のような文は、ビールとワイン以外は何も飲まなかった、という推意を発生させる。こういった他には何もないという推意を本研究では「排他的推意」と呼ぶ。「と」は「排他的推意あり」である。

(25)　昨日は、ビールとワインを飲んだ。

　これが語用的な推意だというのは(26)のようにキャンセルしても特に矛盾は生じないからである。

(26)　昨日は、ビールとワインを飲んだ。他にもカクテルを少し飲んだ。

　また、語用的な推意だと考えられるもう1つの根拠はこれが「と」の集合形成動機である「隣接性」から導き出されるからである。「と」は同一場面に要素が存在するということを動機に集合を作り上げる。ここで仮に、目の前にAとBとCがある時に「AとBがある」と言えば、Grice (1989)の「量の公理」に反することになってしまう。よって、聞き手はそのようなことはないという見込みを立て、「AとB」と言ったからにはCはないだろうと考える。ここから、「他にはない」という推論が発生するのである。しかし、これはあくまでも聞き手が行う推論にすぎないため、(26)のようにキャンセルされることもあるのである。

4. 「と」のまとめ

　第2章で述べたことをまとめると、次のAからDのようになる。

A　統語的には「と」は「＋網羅性」と表示される。これは「と」で並列

された要素1つ1つが常に他の要素すべてと結びつくことを意味する。
B　ただし、並列された要素は同一名詞句内の複数解釈を受ける名詞とは網羅的に結びつかない。これを「名詞句内非網羅性制約」とよぶ。
C　意味的には「と」は隣接性をもとに集合を作り上げる。意味や文脈とは関係なく、聞き手は長期記憶を参照する必要はない。
D　語用的には「と」は「排他的推意」を発生させる。これは隣接性をもとにした集合であるということから聞き手が行う推論である。

注

1　(9)のような文の50mgは一般に「遊離数量詞」と呼ばれることが多いが、三原健一(2004)ではその場所に基底生成されるという考えから「連結数量詞」と呼ぶ。本研究においては、数量詞が移動したものか基底生成されたものかは論点ではないが、三原健一(2004)の分析に従うため、用語もそれにあわせておく。
2　Yasuo Ishii(1996)も日本語の遊離数量詞にNPに存在するものとVPに存在するものがあるとしている。
3　藤田保幸(2000)は(18)のような「と」を「同一場面共存」を表すとしている(p.74)。また、この同一場面性は隣接性に基づくこと、(17)のような通常の引用の「と」の背景にも同一場面性がみられることも述べている(p.141)。
4　益岡隆志(1997)は「ト形式の文の基本は、前件と後件で表される二つの事態の一体性を表す点にある」(p.60)とし、その一体性は「二つの事態が時間的、空間的に近接するものであるということに起因する」(p.61)としている。なお、(22)のような実際に起こった事態を述べる文が中心で、(21)のような仮定的な用法は派生したとしている。また、(22)は同じ契機を表す「てから」「た後で」とは置き換えにくい。これは「と」が「てから」「た後で」よりも2つの動作に隣接性があり、時間的断絶なしに滑らかに行われることを表すからであると考えられる。

第 3 章
「や」

　第 3 章では「や」について記述する。「や」は論理的には「と」と同じく AND を表すが、網羅性、集合の形成動機、排他的推意の有無の面において「と」と対立する形式であり、「や」類と呼ぶ他の並列助詞と特性を共有する、非常に典型的な並列助詞である。**1.** では統語レベルの網羅性について、**2.** では意味レベルの集合の形成動機について、**3.** では語用レベルの排他的推意について述べる。

1. 「や」の統語レベルの議論

1.1. 「−網羅性」

　ここでは「や」について、まず統語レベルの議論を行う。**第 1 章**で述べたように、本研究では統語レベルの議論として並列された要素が常にセットとなるかどうかという網羅性という素性を考える。以下に網羅性の定義を再掲する。

　網羅性の定義
　a.　どのような場合でも並列されたすべての要素がセットとして扱われ、述語ならびに他の要素すべてと結びつくという性質を「網羅性」と名付ける。
　b.　網羅性がある場合には「＋網羅性」、網羅性がない場合には「−網羅性」と表示する。

　この定義に従えば、「や」は網羅性をもたず「−網羅性」と表示できる。(1)のように習慣を表す文では私は毎日ビールとワインの両方をセットで飲む必

要はなく、ある日はビール、ある日はワインという解釈になる。

（1）　私は毎日ビールやワインを飲む。

　これは換言すれば、「毎日」のように複数解釈できる要素があった場合、その個々の要素のあるものは前件と、あるものは後件と結びつくということでもある。以下、この「−網羅性」という素性は実際には様々な形で解釈されることがあるということを示す。まず、(2)のように主語が複数の場合、ある日本人は神社に行き、ある日本人はお寺に行くという解釈が成り立つ。このような解釈を「**複数個体読み**」と呼ぶ。ある日本人は神社と結びつき、ある日本人はお寺と結びついているので網羅的ではない。

（2）　日本人は正月には神社やお寺に行く。　　　　（市川保子 1991: 62）

　しかし、(3)のように主語が単数の場合、ある時は神社に行き、ある時はお寺に行くという解釈が成り立つ。このような解釈を「**別時間読み**」と呼ぶ[1]。(1)も別時間読みである。ある場合には神社と結びつき、ある場合には寺と結びついているので網羅的ではない。

（3）　私は正月はよく神社やお寺に行く。

　また、主語が単数の場合は事態の特定性によって、微妙な違いが生じる。

（4）　同僚や施主から面と向かってよく言われた。
　　　　　　　　　　　　　　　　　　　（『毎日新聞』2002 年 1 月 1 日朝刊）
（5）　昨日、現場で同僚や施主から面と向かって言われた。

　(4)のように時間が特定されない習慣を描写するような文では「同僚に言われる場合もあれば施主に言われる場合もある」という別時間読みの解釈が許されるのに対し、(5)のように特定の時空間における事態について述べる

文では、同僚と施主の両方から言われるという解釈になる。このような解釈を「**単純並列読み**」と呼びたい。

また、(4)と(5)では(5)の方が「他の人からも言われた」という推意がやや強く働くように感じられる。この推意は語用的なものであるが、「−網羅性」を実現させるために、語用的な推意を利用しているのである。この場合には、他に要素があるために網羅的になっていないということである。

「や」は網羅性をもたないが、そのことを積極的に意味として示すわけではないため、複数の方法で解釈されうるといえる。複数の解釈を合わせもつこともある。

「−網羅性」を解釈する様々な方法
a. 項のあるものは並列された要素Xと結びつき、項のあるものは並列された要素Yと結びつくため、網羅的ではない。
b. ある場合には並列された要素Xと結びつき、ある場合には並列された要素Yと結びつくため、網羅的ではない。
c. 並列された要素XとY以外にも要素が存在し、それと結びつくことがあるため、網羅的ではない。

1.2. 主題部網羅性制約

「＋網羅性」の「と」は同一名詞句内の要素に対しては網羅的に結びつかない「名詞句内非網羅性制約」をもっていた。その反対に、「−網羅性」の「や」は主題化された時に、すべての要素が他の要素と結びつく、いわば「主題部網羅性制約」と呼ぶべき現象が存在する。

主題部網羅性制約
並列された要素が主題化された時は、他の要素と網羅的に結びつく。

以下の二文の比較をみる。

(6) 太郎や花子は毎日この部屋を掃除している。

(7) 太郎や花子が毎日この部屋を掃除している。

　(6)と(7)の文は表れている要素は同じで「太郎や花子」はいずれにおいても動作主である。違いは、(6)では「太郎や花子」が主題化され、(7)では「太郎や花子」は主題化されていないところにある。そして、(6)では太郎と花子の両方が毎日掃除をするという解釈になるのに対して、(7)ではある日は太郎、ある日は花子、となってもよい。「や」の本来の解釈は(7)のように非網羅的なものであるが、(6)では主題化されたために、網羅的な解釈が強制されるのである。もう1つ例を挙げる。

(8)　良子や宮子は1階の部屋を見て回った。
(9)　良子や宮子が1階の部屋を見て回った。

　主題化された(8)ではある部屋は良子、ある部屋は宮子という解釈はしにくい。一方、本来の「−網羅性」をもつ(9)はある部屋は良子、ある部屋は宮子という解釈も可能である。
　「と」と「や」の網羅性に注目すると、格と格、格と副詞といった文内の関係においては網羅的な場合も非網羅的な場合もある。一方、名詞句内という文よりも小さな関係では「＋網羅性」のものでも「−網羅性」に偏る。逆に、主題は「ピリオド越え」とも呼ばれるように、文を越えて働くこともある要素である。このように、文よりも大きな関係では「−網羅性」のものでも「＋網羅性」に偏る。この2つの偏りは対称的であり、(10)のようにまとめられる。

(10)　**要素の位置と網羅性の関係**
　　　文よりも小さな単位　　文内の単位　　文よりも大きな単位
　　　「−網羅」◀━━━━━━━━━━━━━━━▶「＋網羅」

2. 「や」の意味レベルの議論
2.1. 「や」の使用条件
　ここでは「や」について、意味レベルの議論を行う。意味レベルの議論とは並列される要素どうしにどのような意味関係が存在し、どのような動機によって集合を作り上げているのかということである。

　従来の研究では「や」は集合を意識させるとされてきたが、ここでの集合を単に「いくつかの要素を含むグループ」と規定するだけでは「や」の性質を説明しきれないことはすでに**第1章**で述べた。ここでもう一度確認しておく。

(11)　今からぞうきんかけるから、机の上の<u>ティッシュの箱やクッキー</u>を片付けて。

　(11)においてティッシュの箱とクッキーがアリストテレス以来の古典的カテゴリー観において同一のカテゴリーに属しているとは考え難い。しかしながら、(11)は全く問題ない文である。

　集合という概念を用いて(11)を説明するためには、アド・ホックな集合が形成されたと考えることができる。しかし、そうすると、今度はなぜ(12)のような文で「や」が使いにくいのかという問題が生じる。(12)でも「私の好きなこと」「大学生がすること」といったアド・ホックな集合はいくらでも考えられるからである。

(12)??初めまして。<u>ボランティアや遊び</u>が大好きです。よろしくお願いします。

　つまり、単に「集合に属している否か」というだけでは、「や」の振る舞いを説明できない。

　そこで、本研究では「聞き手に共通の構造・属性を発見させる」という点に注目する。(11)では両者が「邪魔」であることは一目瞭然であるが、(12)

で両者が「大好き」であることは聞き手には知り得ない情報であるからである。本研究では以下の提案を行う。

「や」の機能と使用条件
「や」は聞き手に会話以前から長期記憶に蓄えられている様々な知識を利用して、並列される名詞句に共通の構造または属性を発見させる機能をもつ。よって、聞き手が共通の構造・属性を発見できそうにない時には使用できない。

本研究ではこの条件を確認するため2つの調査を行った。以下、その調査の手順と結果を述べる。

2.2. 調査1 「や」の許容度判定と同集合判定

ここでは、調査1の手順と結果について説明する。調査1では108名の日本語母語話者を54名ずつ2グループにわけ、別の調査紙を用いて調査を行った。グループAに行ったのは「「や」の許容度判定調査」で、「や」を使った例文を文脈とともに与え、その許容度を「0. とても不自然」から「3. とても自然」まで4段階で判定してもらった。許容度の最小値は0で、最大値は3である。参考までに、先ほどの(11)と(12)の例文の許容度を以下に示す。

(13) a. 今からぞうきんかけるから、机の上のティッシュの箱<u>や</u>クッキーを片付けて。(2.61)(( )内の数字は許容度の平均点。以下同様)
　　 b. ??初めまして。ボランティア<u>や</u>遊びが大好きです。よろしくお願いします。(1.28)

一方、グループBに行ったのは「同集合判定調査」で、「「や」の許容度判定調査」で用いた文の中で「や」で並列された2つの名詞句をコンテクスト抜きに抜き出し、「それが同じグループに入ると思うか」を「0. とてもそう思う～3. 全くそう思わない」まで4段階で判定してもらった。この時、グループということを意識させるために、そのグループの名前も書いても

らった。参考までに、先ほどの(11)と(12)の同集合判定の数値を挙げると、クッキーとティッシュの箱が 0.33、ボランティアと遊びが 0.87 であった。

以下に、すべての例文の調査結果と、両調査の関係を表す散布図を挙げる。

表 3.1　調査結果

	調　査　文	「や」許容度判定平均	同集合判定平均
ア	**中村さん**って人や**山下さん**って人が来てたよ。	1.35	1.89
イ	**タカムラさん**という人や**ワカムラさん**という人はいますけど。	1.61	2.20
ウ	**サイクリング**や**ケーキ**が大好きです。	1.44	0.72
エ	**唐揚げ**や**焼き鳥**です。	2.30	2.48
オ	**ボランティア**や**遊び**が大好きです。	1.28	0.87
カ	**ノートパソコン**や**花瓶**があった。	2.35	0.24
キ	**山田一郎**って人や**山田花子**って人が来てたよ。	2.00	2.61
ク	あなたの**弟**や**鈴木**って人が来てたよ。	1.28	0.50
ケ	**国語**や**体育**です。	1.69	2.30
コ	**ギョーザ**や**ぶどう**です。	1.96	1.15
サ	机の上の**ティッシュの箱**や**クッキー**を片付けて。	2.61	0.33
シ	**数学**や**理科**です。	1.96	2.70

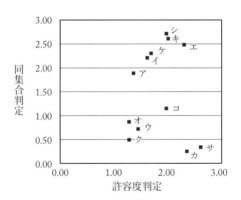

図 3.1　許容度判定と同集合判定の関係

図 3.1 をみると、同集合に入っていれば許容度が高い、という関係にはなっていない。許容度判定と同集合判定の相関係数は r=-0.01 であり、相関

関係はないといえる。
　次に、個々の例文に注目すると「共通の構造・属性」が許容度に関わっていることがわかる。

(14)　（好きな食べ物は何ですかと聞かれて）
　　a.　唐揚げや焼き鳥です。(2.30)
　　b.　ギョーザやぶどうです。(1.96)
(15)　（アルバイトの面接で得意な教科は何ですかと聞かれて）
　　a.　数学や理科です。(1.96)
　　b.　国語や体育です。(1.69)

　いずれも「鳥料理」「理系科目」という共通点をもつaの方が許容度が高かった。
　ここでの共通点は「共通の構造」「構造的類似性」と呼ぶべきものである。つまり、唐揚げと焼き鳥はどちらも「鳥」というものをベースに作られている。数学や理科もどちらも数字や法則といったものから構成されている科目である。よって共通の構造をもたない「ギョーザやぶどう」や「国語や体育」よりも許容度が高いのである。
　t検定の結果、(14)では1%水準で有意差がみられた。(15)では5%水準で有意差がみられた。なお、同集合判定でも共通点をもつaの方がスコアが高いという結果がでている。これは、共通の構造をもつ方が同じグループに入ると考えられやすいということであろう。
　また、すでに述べたが、状況に応じて、アド・ホックな共通の属性が読み込まれることもある。(16)は同集合判定の結果では0.33とほぼ同じグループとは考えられなかったにもかかわらず、「や」許容度判定での文の許容度は2.61と最も高かった例である。

(16)　（同じ部屋にいる友達にむかって）
　　　今からぞうきんかけるから、机の上のティッシュの箱やクッキーを片付けて。(2.61)(=(13a))

これは「邪魔なもの」という共通点があるが、これは構造ではなく人間の価値判断によって照らした結果の「共通の属性」「評価的類似性」と呼ぶべきものである。「や」の集合形成動機となる類似性には構造的なものと評価的なものの2種類がある[2]。

　ここで注意したいのはティッシュの箱とクッキーが同一場面に存在するということに関しては長期記憶を参照する必要はないが、ティッシュとクッキーが掃除をする上では「邪魔になる」という情報、つまり、「邪魔」という属性をこの2つから読み取る際には、談話以前からもっている長期記憶内の知識を参照する必要があるということである。アド・ホックな共通の属性も長期記憶に関係しているのである。

　この談話が始まる前から長期記憶に蓄えられている知識でなければならないということを示すのが以下の2つの例である。

(17)　（中村さんも山下さんも知らない友達にむかって）
　　　この前のパーティーに中村さんって人や山下さんって人が来てたよ。(1.35)
(18)　（鈴木さんを知らない友達にむかって）
　　　この前のパーティーにあなたの弟や鈴木って人が来てたよ。(1.28)

　(17)と(18)には「って」という形式が使われており、そのために「や」が使いにくくなっていると考えられる。「という」「って」は新規情報を談話に導入する際に用いられ、聞き手にとっては未知の情報であることを示す。このような場合、話し手には共通の属性がわかるかもしれないが、聞き手にとっては共通の属性がわからない。そして、そのような場合には「や」は使用しにくい。しかしながら、新情報であっても「や」が使用できる場合もある。

(19)　（見知らぬ人に「この学科にナカムラさんという人はいますか？」と聞かれて）
　　　いや、ちょっといませんね。タカムラさんという人やワカムラさんと

いう人はいますけど。(1.61)
(20) (山田さんという友達にむかって)
この前のパーティーに山田一郎って人や山田花子って人が来てたよ。
(2.00)

　(19)から(20)までの4つの例文の許容度については分散分析を行った結果、5％水準で有意差がみられた。また、フィッシャーのLSD法では(17)と(20)、(18)と(20)、(19)と(20)の間に1％水準で、(17)と(19)の間に5％水準で有意差がみられた。つまり、(17)(18)よりも(19)の方が許容度が高く、それよりもさらに(20)の方が許容度が高い。

　この原因は音声的なものである。(19)では「_akamura」という音声的な共通点がある[3]。(20)では音声的な共通点に加えて同じ苗字であるという意味的な共通点も発見できる。そして音声的な情報はレキシコンとして長期記憶内に蓄えられていると考えられる。つまり、(19)と(20)は長期記憶を参照し、共通の構造・属性を発見するという作業を聞き手が行えるため、「や」が比較的使用しやすいのである。**重要なのは情報そのものの新旧ではなく、共通の構造・属性を発見できるかどうかということである**。類似性、共通の属性とは客観的に世界に存在するものではなく、会話参与者が能動的に発見するものである。

　調査1の結果から「聞き手が共通の構造・属性を発見できるか」が「や」の許容度に影響を与えていることが確認できた。

2.3. 調査2　並列助詞の産出

　調査1では「や」の受容を調べたが、調査2では「や」の産出を調べるため、日本語母語話者30人に質問紙を使って空欄補充問題を解く調査を行った。まず、属性に注目するような文の産出をみるために、「健、隆史、真之介は三人兄弟です」という指示の後、以下の文の空欄を埋めてもらった。

(21) 「あの三人の中で誰が一番身長が高かった？」
　　 「隆史は健（　　　）真之介よりもちょっとだけ背が高いよ」

(結果： と = 64%　や = 32%)

(22) 「あの三人って成績は同じぐらいだっけ？」
「他の科目はだいたい同じだけど、真之介は健（　　）隆史と違って英語がペラペラだよ」
(結果： と = 28%　や = 72%)

「あの三人」という聞き方をしているので他の要素があるとは考えられないにもかかわらず、「や」の使用がみられた。これは健と真之介を「身長が低い」「英語が不得意」という属性に注目してグループ化を行っているためであると考えられる。(22)の方が「や」の使用率が高いのは「健と隆史と違って」というように「と」が続くことを嫌った調査協力者がいたせいかもしれないが、28%が「と」を使用していることからこの形が非文法的であるとはいえない。(22)で「と」を使用した調査協力者数名に尋ねてみても「～と～と違って」という形は特に気にならないとのことであった。統語的制約以外に、(21)は実際には健と真之介の身長がどれほどかはわからないが、(22)は「真之介と違う」「英語がペラペラでない」という形でよりはっきりとグループ化されており、それが「や」の使用につながったとも考えられる。

「背が低い」「英語がペラペラだ」というのは長期記憶を参照する情報であると考えられるが、長期記憶を参照しない情報であればどうなるかを調べたのが(23)から(25)である。これは実際に図を見てもらい、その状況を表す文の空欄を埋めてもらった。

(23) 愛はゆき（　　）春美より左にいる。
(結果： と = 56%　や = 44%)

(24) 愛はゆき（　　）春美より前にいる。
　　　（結果：　と＝92％　や＝8％）

(25) 愛はゆき（　　）春美の右にいる。
　　　（結果：　と＝96％　や＝4％）

　位置情報は状況をみただけで把握でき、長期記憶内の知識を参照する必要はないと考えられる。このような場合には全般的に「と」が多く使用される。ただし、(23)では「や」も多く選択されたことから別要素の存在もまた「や」の使用動機であると考えられる。このことについては **3.** で詳しく述べる。

2.4.「や」の本質

　ここまでみてきたように、「や」の使用条件は聞き手が要素間に共通の構造・属性を発見できることである。「や」は**集合の外延ではなく、集合の内包に注目する形式**であるといえる。このことを示す例を3点指摘する。
　1点目は、「や」と数を用いた以下のような表現である。

(26)　今後 10 年や 20 年は、国連軍は絵に描いた餅にすぎない。
　　　　　　　　　　　　　　（『毎日新聞』2002 年 1 月 31 日朝刊）

「10年や20年」で伝達したいのは、具体的な数字ではなく、その数字からイメージされる「当分の間」ということである[4]。

2点目は、**第2章**でも少し触れたが、「と」は書物のタイトルなどに使われるのに対して、「や」は書物のタイトルに使われることはないということである。「罪と罰」はタイトルになりうるが「罪や罰」はタイトルになりにくい。

同様に、メールの件名などにも「や」は用いにくい。例えば、印刷室と資料室に関する内容のメールであれば、その件名は「印刷室と資料室」が考えられる。あるいは、くだけたスタイルであれば「印刷室とか資料室とか」も可能であろう。しかし、「印刷室や資料室」のように「や」を用いると、それだけでは件名としては物足りない感じがする。

これらの例から、以下のような一般化が考えられる。

「や」と文成分
「や」は並列される要素以外の文成分を必要とする。

つまり、「と」はそれだけで複合的な名詞句を構成することができるが、「や」は他の要素の助けなしでは複合的な名詞句を構成することはできないということである。(27)のように述語があれば、メールの件名であっても、「や」が使用できる。あるいは(28)のように連体修飾構造であってもよい。

(27)　件名：印刷室や資料室を使う人へ
(28)　件名：印刷室や資料室の鍵

これは「や」で伝達したいのは具体例よりも共通の属性や共通点であるため、具体例はいわば背景化されてしまっているからであると考えられる。「や」は具体例に着目させる形式ではないため、それ単独では使用しにくくなるのである。

最後に、「や」に一部列挙の例と全部列挙の例があるのも、「や」が共通点（＝内包）に注目しており、具体例（＝外延）の数については注目していないた

めと説明できる。

3.「や」の語用レベルの議論

　ここでは「や」について、語用レベルの議論を行う。語用レベルの議論とは、文に出現した要素以外についての議論である。
　(29)のような文は、ビールとワイン以外にも何かを飲んだという推意を発生させる。反対に「他には何も飲んでいない」という排他的推意は生まない。「や」は「排他的推意なし」である。

(29)　昨日は、ビールやワインを飲んだ。

　ただし、これが語用的な推意だというのは(30)のようにキャンセルしても特に矛盾は生じないからである。

(30)　昨日は、ビールやワインを飲んだが、他には何も飲んでいない。

　また、この章の **1.1.** で「や」が未実現文に使われた場合、選択的な意味が生まれるとしたが、それは「か」のようにどちらかを選ばないといけないというニュアンスではない。

(31) a.　水やアルコールで拭いてください。
　　 b.　水かアルコールで拭いてください。　　　　　（森山卓郎 2005: 7）

　これは「や」が「排他的推意なし」であるため、森山卓郎(2005)も指摘するように第三の選択肢（例えば石鹸水）があるかもしれないという推意を発生させるためであると考えられる。なお、「か」は「排他的推意あり」であり、他の要素はないという推意からこの2つのどれかを選ぶというニュアンスになる。また、「と」は未実現文であっても網羅的な解釈になるため、両方を使って拭くという意味に固定されてしまう。そのため、選択肢を示すと

きには「や」が用いられるのである。

　また、「や」が時折「他に何かある」という推論を発生させるのは「や」の意味的特性から導き出すことができる。「や」は共通の構造・属性を元に集合を作り上げ、その構造・属性に注目させる形式である。よって、その共通の構造・属性さえはっきりしていれば、他に要素が増えても問題ないのである。ただし、すでに指摘されているように「や」には全部列挙の例もある。そのため、「他に何かある」ではなく、「他にあっても構わない」というのが正しい。

　このことと関連する現象として、「や」は個体の数を表す表現と共起しにくいということが挙げられる[5]。

(32) ??机の上に<u>りんご3個やみかん3個</u>があった。

　他にもあるかもしれないのに「3個」と数を明言することは Grice (1989) の「量の公理」「質の公理」に反することになってしまうからである。

　しかしながら、「他にもある」ということが「や」の使用動機となっていると考えられる例もいくつかある。つまり、**2.** では共通の構造・属性ということが「や」の集合形成動機であり、使用条件となっていることを述べたが、「や」の使用条件としてはもう1つ「別要素暗示」もあるということである。「共通点のある要素を並列する時は「や」を使う」というルールに加えて、「他に要素がありそうな時は「や」を使う」というルールも話者によっては存在していると考えられるのである。その根拠を以下に示す。

　まず、**2.2.** で行った「や」の許容度調査から例を挙げる。許容度は最低が0、最高が3である。

(33)　（初めて入った友人の部屋の様子を別の友人に伝える）
　　　部屋の真ん中にテーブルがあって、その上にノートパソコンや花瓶があった。(2.35)

　これは当初の予想に反して許容度が高かった例である。今回の調査で最も

許容度が高かった(34)とあまり変わらない数値である。

(34) （同じ部屋にいる友達にむかって）
　　　今からぞうきんかけるから、机の上のティッシュの箱やクッキーを片付けて。(2.61)(=(13a))

　その原因の1つとして、(34)の状況では「他にも何かある」ということが容易に考えられる、ということが挙げられる。例えば(35)の「数学や理科」は同集合判定では2.70と、同じグループに入るというスコアが最も高かったにもかかわらず、文の許容度をみる許容度判定のスコアは1.96に留まっている。(36)の「山田一郎や山田花子」も同集合判定では2.61と高い数値であるが、許容度は2.00とそれほど高くはない。

(35) （アルバイトの面接で得意な教科は何ですかと聞かれて）
　　　数学や理科です。(1.96)(=(15a))
(36) （山田さんという友達にむかって）
　　　この前のパーティーに山田一郎って人や山田花子って人が来てたよ。(2.00)(=(20))

　この2例の数値はだいたい(37)の「ギョーザやぶどう」とほぼ同じ数値である。そして「ギョーザとぶどう」の同集合判定の数値は1.15と低い。常識的に考えても「数学と理科」「山田一郎と山田花子」は「ギョーザとぶどう」よりも多くの共通点をもっていそうであるが、なぜ差がみられなかったのであろうか。

(37) （好きな食べ物は何ですかと聞かれて）
　　　ギョーザやぶどうです。(1.96)

　これは(35)(36)(37)の文脈では「述べられていない別要素」が想定しにくいためであると考えられる。つまり、「や」が使われている時は他に何か

あるはずだ、という意識もある程度存在するといえる。ただし、別要素暗示が唯一の原因でないことはいうまでもない。(38)と(39)を比べると、文脈によって共通の属性を与えられた(39)の方が許容度が高い（ただし、t検定の結果 p=0.0655>.05 で有意差はみられなかった）。

(38) （初めて入った友人の部屋の様子を別の友人に伝える）
部屋の真ん中にテーブルがあって、その上にノートパソコンや花瓶があった。(2.35)（＝(33)）
(39) （同じ部屋にいる友達にむかって）
今からぞうきんかけるから、机の上のティッシュの箱やクッキーを片付けて。(2.61)（＝(13a)）

他に要素があるということが「や」の使用条件と考えられるもう1つの例として、**2.3.** で提示した並列助詞の産出テストの結果を再掲する。

(40) 愛はゆき（　　）春美より左にいる。（＝(23)）
（結果：　と＝56%　や＝44%）

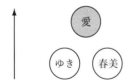

(41) 愛はゆき（　　）春美より前にいる。（＝(24)）
（結果：　と＝92%　や＝8%）

(42) 愛はゆき(　　)春美の右にいる。(＝(25))
　　　(結果：　と＝96%　や＝4%)

　位置情報は状況をみただけで把握でき、長期記憶内の知識を参照する必要はないと考えられる。このような場合には全般的に「と」が多く使用される。しかしながら、(40)では「や」もかなり多く使用されている。これは述べられている「ゆき」「春美」以外の要素が存在するためであると考えられる。つまり、ある話者にとっては長期記憶内の知識を参照する、しないにかかわらず他の要素があれば「や」を使用するというルールになっていると考えられる。

4.「や」のまとめ

　第3章で述べたことをまとめると、次のAからCのようになる。

A　統語的には「や」は「−網羅性」と表示される。これは「や」で並列された要素1つ1つが常に他の要素すべてと結びつくわけではないことを意味する。実際の解釈においてはある時にはAがある時にはBという「別時間読み」、あるNはAだがあるNはBという「複数個体読み」、AとB以外に要素があるという「単純並列読み」などのバリエーションがある。

B　意味的には「や」は共通の構造・属性によって集合を作り上げる。そのため、「や」の使用には聞き手が会話以前から長期記憶に蓄えられている様々な知識を利用して、並列される名詞句に共通の構造または属性を発見できる必要がある。「や」は要素の具体例ではなく、共通

の構造や属性に注目させる機能がある。
　C　語用的には「や」は「排他的推意」を発生させない。つまり、共通の構造・属性によって集合を作り上げるという特性から、聞き手が「他にもある」という推論を発生させることがある。また「他にもある」ということが「や」の使用動機にもなっている。

注
1　森山卓郎(2005)が指摘しているように、「や」は非現実文においては選択を表す。逆に選択を表すときには「と」は使えない。非現実文とは現実世界での事実関係にはコミットしない文のことであり、命令・意志・勧誘・事態選択を表す形式のほかに、願望、条件文、推量文なども含まれる。
　　　汚れた時は、水やアルコールで拭いてください。　　　　（森山卓郎 2005: 7）
　その事態がまだ発生していないために、「ある場合は水」「ある場合はアルコール」というように聞き手に選択の権利が委ねられるのである。
2　類似性に構造的なものと評価的なものの2種を認めることはメタファーの研究などでも行われている（鍋島弘次朗 2007）。
3　音韻「構造」上の共通点と考えられる。
4　ただし、数詞を「や」で並列した場合、読み取られる属性は「少ない」という方向に偏るようである。
　　a.　?100万や200万は{大金だ／とても払えない}。
　　b.　 100万や200万は{はした金だ／問題なく払える}。
　aとbを比較すると、100万や200万を「少ない」と認識しているbの方が使いやすく感じられる。これは、集合化することで「とるにたらない、つまらないもの」という評価がさらに付与される現象の一端であると考えられる。「や」の場合、数詞の並列にのみこの現象がみられるが、「やら」「だの」ではよりこの傾向は強まる。この現象については**第7章の3.2.** で「だの」の記述を行う時により詳しく記述し、ここでは「や」が数詞を並列する時に、その数に「少ない」という評価がこめられることが多いことを指摘するにとどめる。
5　安藤淑子(2001)でも、「や」が全体の数を表す表現とは共起しにくいことが指摘されている。
　　?(略)言わば音声や映像という2つのチャンネルの刺激を合わせるテレビ型のコミュニケーションになっている。　　　　　　　　　　　　　　（安藤淑子 2001: 49）

第 4 章
「も」

　第 4 章では「も」について記述する。「も」はとりたて助詞であるが、ここでは「～も～も」というように複数使われて並列を表す、沼田善子(1986)が「も」の重複構造と呼ぶものをとりあげる。この形式の説明には従来「集合」の概念が適用されていたが、「や」をはじめとする他形式との違いは十分には明らかにされてこなかった。**1.** では統語レベルの網羅性について、**2.** では意味レベルの集合の形成動機について、**3.** では語用レベルの排他的推意について述べる。

1. 「も」の統語レベルの議論

　ここでは「も」について、まず統語レベルの議論を行う。**第 1 章**で述べたように、本研究では統語レベルの議論として並列された要素が常にセットとなるかどうかという網羅性を考える。以下に網羅性の定義を再掲する。

網羅性の定義
a. どのような場合でも並列されたすべての要素がセットとして扱われ、述語ならびに他の要素すべてと結びつくという性質を「網羅性」と名付ける。
b. 網羅性がある場合には「＋網羅性」、網羅性がない場合には「－網羅性」と表示する。

　この定義に従えば、「も」は「＋網羅性」である。(1)は毎日ビールとワインを飲むという意味になる。

（1） 私は毎日ビール<u>も</u>ワイン<u>も</u>飲む。

　これは換言すれば、「毎日」のように複数解釈できる要素があった場合、その個々の要素すべてと結びつくということでもある。また、(2)のように補語(ここでは主語)が複数解釈できる名詞の場合もそのすべての個体(ここでは日本人)が他の要素と結びつくという解釈である。(2)はすべての日本人が正月になると神社とお寺の両方に行くという(現実とは異なる)解釈をもつ。

（2） 日本人は正月になると神社に<u>も</u>お寺に<u>も</u>行く。

　「も」と同様に、「＋網羅性」という特徴をもつ並列助詞に「と」がある。しかし、同じ「＋網羅性」でも「も」と「と」では異なる振る舞いをすることがあることを以下に示す。
　まず、「と」にみられた**名詞句内非網羅性制約**が「も」ではみられない。ただし、「も」の場合、後に属格の「の」が複合することはないので、ここでは、以下のように動詞が含まれる名詞句を考える。

（3） 英語も数学も受験する学生 は残ってください。
（4） 英語と数学を受験する学生 は残ってください。

　(3)はどの学生をとっても英語との数学の両方を受験するという網羅的な解釈である。一方、(4)は網羅的な解釈もあり得るが、どちらか片方でも受験する学生は残ってくださいという解釈も成り立つ。以下の例はもっとわかりやすい。

（5） 1組にも2組にも属する学生 は残ってください。
（6） 1組と2組に属する学生 は残ってください。

　(5)は文法的には正しいが、普通2つのクラスに所属する学生はあり得な

い。一方、(6)はそのような意味的な不自然さもない。「も」は同一名詞句内の主要部名詞に対しても常に網羅的な解釈を要求する。これは、「も」がとりたて助詞であることに関係すると考えられる。つまり、**第3章**で述べた要素の位置と網羅性の関係から説明できる。

主題部網羅性制約
並列された要素が主題化された時は、他の要素と網羅的に結びつく。

(7) **要素の位置と網羅性の関係**
　　　　文より小さな単位　　文内の単位　　文より大きな単位
　　　－網羅　◀━━━━━━━━━━━━━━━▶　＋網羅

「も」は「は」と同様にとりたて助詞であり、主題を表すことができる。よって、「は」と同様に文よりも大きな単位で働く。そのため、**主題部網羅性制約**が常に適用され、常に網羅的な解釈になるのである。

また、連結数量詞を含む文では「も」は常に「分配読み」であり、「合計読み」の解釈はできない。**第2章**で述べたように「合計読み」は網羅性が同一名詞句内でキャンセルされた結果生まれるものであるが、「も」は同一名詞句内であっても網羅性はキャンセルされないからである。

(8)　この商品にはビタミンAもビタミンCも 50mg 含まれている。
(9)　この商品にはビタミンAとビタミンCが 50mg 含まれている。

(8)はビタミンAが 50mg、ビタミンCも 50mg という分配読みの解釈のみが可能である[1]。一方、(9)はビタミンAとビタミンCの合計が 50mg という合計読みの解釈も可能である。

なお、他の並列助詞では合計読みの解釈が可能である。分配読みしかできないのは「も」の特徴であるといえるだろう。このことから、「も」は「と」よりも強い網羅性をもつといえよう。

2. 「も」の意味レベルの議論

2.1. 「も」の使用条件

　ここでは「も」について意味レベルの議論を行う。意味レベルの議論とは並列される要素どうしにどのような意味関係が存在し、どのような動機によって集合を作り上げているのかということである。

　「も」は寺村秀夫(1991)が「ある意義付けで括られたセット」と述べているように、一般的には何らかの類似性によってセットが作られると考えられる。しかしながら、「も」は「や」とは異なる振る舞いをすることがある。

(10)　初めまして。山田といいます。ボランティア<u>も</u>遊び<u>も</u>大好きです。
(11)　*初めまして。山田といいます。ボランティア<u>や</u>遊びが大好きです。

　第2章では、「や」は聞き手が談話の前からもっている知識を参照して共通の属性を発見できる場合にのみ使えると主張した。(10)(11)の文ではボランティアと遊びの共通の属性は「大好き」である。これは談話の前には聞き手には知り得ない情報であるため、「や」は使えない。しかし、(10)のように「も」は使える。以下のような実例もある。

(12)　川柳は金がかからない。(中略)頭の中だけで<u>ヨーロッパのことも</u>書けるし、<u>子供のことも</u>書ける。<u>希望も願望も</u>書ける。
　　　　　　　　　　　　　　　　　　　　　　（『毎日新聞』2002年1月1日朝刊）

　そこで、「も」に特有のセットの作り方が問題になる。これについて寺村秀夫(1984)は「ある意義付けで括られたセット」というのは、「ある述語を共有する補語(いろいろな格に立つ名詞句)のセットというのを一般的ないいかたでいったものといってもよいだろう」(p.70)としている。つまり、「も」で要素を結びつけているのは、共通の述語をもつという文法的な事実であり、名詞句の意味は考慮されていない。

　しかしながら、この規定だけでは、「と」との違いを説明できない。本書

では、「も」には会話の流れ、つまり文脈に関わる条件が存在することを指摘したい。つまり、上の(10)の例は、例えばボランティアサークルでの自己紹介では適切であるが、水泳部などの自己紹介で「ボランティアも遊びも」というと不自然になるという事実である。逆に、下の(13)の例は水泳部での自己紹介では自然であるが、ボランティアサークルでの自己紹介では不自然となろう。文脈とは関係のない名詞句を並列する時は(14)のように、「と」を使わなければならない。

(13) 初めまして。水泳もビールも大好きです。よろしくお願いします。
(14) 初めまして。水泳とビールが大好きです。よろしくお願いします。

つまり、「何が今話題に相応しいか」ということが「も」の使用に影響を与えている。本書では以下の提案を行う。

「も」の使用条件
「も」は当該談話に関する情報から並列される名詞句のうち少なくとも1つが聞き手にとって出現が予測できる場合にのみ使われる。これを**「出現可能性」**による並列と呼ぶ。

これと似たような説明は寺村秀夫(1991)でもなされている。

> 「モ」の特徴は、その発話に先立って、話し手が聞き手とある関心を共有しているという意識があるところにある。これは、前章でみたように、ふつうのとりたての「モ」が談話の初出には出ず、典型的には自分自身の、あるいは談話の相手の発話を受けて出てくる応対語的な性格をもっていることから当然ともいえるだろう。
> （寺村1991: 209　下線は筆者）

ただし、「ある関心」という規定の仕方では、例えばボランティアサークルの自己紹介で、好きなものを言うということになっていれば「水泳もビー

ルも好きです」と言えるということになってしまうが、実際にはそうではない。あくまでも重要なのは当該名詞句が談話に出現することを聞き手が予測できるかどうかという点である[2]。このことを示す現象を **2.2.** で挙げていく。

2.2. 「も」が使いにくい場合と必須となる場合

まず、「も」で並列される要素は聞き手が出現を予測できなければならないため、聞き手が全く知らない情報の並列には使いにくい。

(15) A： あなたの町はどんな町ですか？
　　　B：?私の町には川も時計台もあります。

このような場合、並列される要素が共通の属性をもつ場合は「や」を、そうでなければ「と」を使うべきである。
同様に、「も」は(16)のように、聞き手にとって何が出現するか予想できないような倒置指定文の述部に使用することができない。

(16) （いくつか国の名前が書かれたリストを見ながら）
　　a. ＊この中で行ったことがあるのは韓国も中国もですね。
　　b. 　この中で行ったことがあるのは韓国や中国ですね。

この制約は統語的なものではなく文脈的なものである。倒置指定文でも、すでに出現した内容であれば、「も」を述部に使用することができるからである。

(17) A： 教えていたのは数学ですか？　それとも英語ですか？
　　　B： いえ、教えた経験があるのは数学も英語もです。

また、(18)のように「って」がついた聞き手にとっての新情報を並列させることも難しい。「や」は名詞句に共通の構造が発見できれば新情報で使用できたが、「も」は共通の構造とは無関係であるため、(19)のように音声的

な類似性があったり、聞き手に関連のある情報であっても、許容度は低いままである。

(18) （中村さんも山下さんも知らない友達にむかって）
　　?この前のパーティーに中村さんって人も山下さんって人も来てたよ。
(19) （山田さんという友達にむかって）
　　?この前のパーティーに山田一郎って人も山田花子って人も来てたよ。

　これらはいずれも、聞き手にとってその名詞句の出現が予測できない場面であり、「も」が使用できないのである。
　反対に、一度話題になり、話し手と聞き手の間で「セット」が了解された場合、つまり、当該名詞句の出現が確定的である場合には、「も」の使用が必須となる。この場合、類似性に基づく並列である「や」よりも「も」が優先される。

(20)　そばやうどんが好きだ。
(21) A：俺はそばが好きだ。
　　 B：えー、そばのどこがいいの。絶対うどんがいいって。
　　 C：俺は｛そばもうどんも／＊そばやうどんが｝好きだけど。

　また、一度話題になった内容は、かなり異なるレベルのものであっても「も」で並列することができる。

(22)　この靴箱には靴｛と／?や｝俺の昔の思い出がつまっていたんだ。でも、もう捨ててもいいよ。靴も俺の昔の思い出も、今は必要ないものだから。

　(22)の最初の文では「や」が使いにくいように、「靴」と「俺の昔の思い出」は普通は共通点は考えられない。そのような場合でも、2度目以降であれば「も」で並列できる。

(21)のCや(22)で「も」を使う動機となっている出現可能性とは、「これが今話題になっている」という情報であり、名詞句の語彙的意味とは全く関係がない。そして「これが今話題になっている」という情報は談話の前から長期記憶に格納されていたとは考えられない。「も」は進行中の談話に関する情報、加藤重広(2006)のいう談話記憶内の情報を元に集合を作り上げているといえる。これに対して、「や」を使う動機である共通の属性は個々の談話に依存しない。「や」は談話の前から長期記憶に格納されていた様々な情報を元に集合を作り上げるのである。

なお、共通の属性も出現可能性も長期記憶内の情報を参照すると考えられるが、出現可能性は長期記憶内の情報のうち、活性化されている部分を参照すると考えると、(22)のような現象を説明できる。つまり、談話に関連して活性化した情報は「も」で並列しなければならないのである。

3.「も」の語用レベルの議論

ここでは「も」について語用レベルの議論を行う。語用レベルの議論とは文に出現した要素以外についての議論である。

「も」は他には何もないという排他的推意を生まない。

(23) 昨日は、ビールもワインも飲んだ。

(23)はビールとワインが話題になっている状況で普通発話されるが、その他に何か飲んだかということについては何も述べていない。以下の例はもっとわかりやすい。

(24) この列車は名古屋にも京都にも止まります。

(24)の文は他に止まる駅があったとしてもおかしくない。もちろん、なくても構わない。これは「や」と同じである。

このような推意を発生させる理由も「や」と同じである。「も」は意味的

には予測可能性を元にした並列である。「出現しうる」要素は他にいくつも考えられるため、「他の要素があるかもしれない」という推論が可能なのである。

「も」も「や」と同様に個々の要素の量と共起することはできない[3]。

(25) ??りんご3個もみかん3個も買ってきて。

「他にもあるかもしれない」時に、具体的な数を言うのはGrice (1989)の「量の公理」「質の公理」に違反するからである。

4. 「も」のまとめ

第4章で述べたことをまとめると、次のAからCのようになる。

A 統語的には「も」は「＋網羅性」と表示される。これは「も」で並列された要素1つ1つが常に他の要すべてと結びつくことを意味する。「も」の網羅性は「と」よりも強く、同一名詞句内の名詞や連結数量詞に対しても成立する。

B 意味的には「も」は当該談話に関する情報から並列される名詞句のうち少なくとも1つが聞き手にとって出現が予測できる場合にのみ、使われる。これを「出現可能性」による並列とよぶ。長期記憶のうち、特に活性化した部分を参照していると考えられる。

C 語用的には「も」は「排他的推意」を発生させない。

注
1 仮に「合計」を補っても合計読みの解釈はできない。ただし、「ビタミンCも」と「合計50mg」の間にポーズをおけば可能である。
　　この商品にはビタミンAもビタミンCも合計50mg含まれている。

2　菊地康人(2006)は主題の「は」を「それを話題にしてよい状況がすでに整っている場合」でなければ使えないとしており、この制約は本研究の並列の「も」の使用条件に近い。
3　「も」は合計読みはできないため、「りんごもみかんも3個買ってきて」がりんご3個とみかん3個という意味になる。

第 5 章
「、」

　第 5 章では「、」について記述する。これは寺村秀夫(1991)では「コンマ」と呼ばれていた形式である。本研究では「、」と表記するが、話し言葉では短いポーズ、書き言葉では「、」「,」「・」などの記号で表されるものである。

（1）　私にとって会談の焦点は、大胆な課題を達成するための<u>意志、意欲、やる気</u>が(首相に)どれだけあるかを判断することだった。

　　　　　　　　　　　　　　　（『毎日新聞』2002 年 2 月 19 日朝刊）
（2）　米国でなくても、(出身国の)<u>サウジアラビア、ケニア、タンザニア</u>で裁判を受けさせる案も示した。　（『毎日新聞』2002 年 1 月 1 日朝刊）

　ただし、日常会話ではあまり用いられない形式であると考えられるため、本章での例文は基本的に書き言葉であることを前提とする。
　以下、**1.** では統語レベルの網羅性について、**2.** では意味レベルの集合の形成動機について、**3.** では語用レベルの排他的推意について述べる。

1.　「、」の統語レベルの議論

　ここでは「、」について、まず統語レベルの議論を行う。**第 1 章**で述べたように、本研究では統語レベルの議論として並列された要素が常にセットとなるかどうかという網羅性を考える。以下に網羅性の定義を再掲する。

網羅性の定義
　a.　どのような場合でも並列されたすべての要素がセットとして扱われ、述語ならびに他の要素すべてと結びつくという性質を「網羅性」と名

付ける。
b. 網羅性がある場合には「＋網羅性」、網羅性がない場合には「－網羅性」と表示する。

この定義に従えば、「、」は「－網羅性」である。(3)の文では私は毎日ビールとワインの両方を飲む必要はなく、ある日はビール、ある日はワインでも構わない。

(3) 私は毎日ビール、ワインを飲む。

これは換言すれば、「毎日」のように複数解釈できる要素があった場合、その個々の要素のあるものは前件と、あるものは後件と結びつくということでもある。以下、この「－網羅性」という素性は「や」と同じように、実際には様々な形で解釈されることがあるということを示す。
　まず、(4)のように主語が複数の場合、ある日本人は神社に行き、ある日本人はお寺に行くという解釈が成り立つ。このような解釈を「**複数個体読み**」と呼ぶ。ある日本人は神社と結びつき、ある日本人はお寺と結びついているので網羅的ではない。

(4) 日本人は正月には神社、お寺に行く。

しかし、(5)のように主語が単数の場合、ある時は神社に行き、ある時はお寺に行くという解釈が成り立つ。このような解釈を「**別時間読み**」と呼ぶ。(3)も別時間読みである。ある場合には神社と結びつき、ある場合には寺と結びついているので網羅的ではない。

(5) 私は正月にはよく神社、お寺に行く。

また、主語が単数の場合は事態の特定性によって、微妙な違いが生じる。

（6） 同僚、施主から面と向かってよく言われた。
（7） 昨日、現場で同僚、施主から面と向かって言われた。

　(6)のように時間が特定されない習慣を描写するような文では「同僚に言われる場合もあれば施主に言われる場合もある」という別時間読みの解釈が許されるのに対し、(7)のように特定の時空間における事態について述べる文では、同僚と施主の両方から言われるという網羅的な解釈になる。このような解釈を「**単純並列読み**」と呼びたい。
　ただし、「や」との違いは(7)のように特定事態の場合には特に「他にも要素がある」という推論は生まれず、純粋に網羅的に結びつくという解釈になることである。
　また、主題化すると、網羅的な解釈に変わる。これは「や」と同じである。

（8） 太郎、花子は毎日この部屋を掃除している。
（9） 太郎、次郎が毎日この部屋を掃除している。

　(8)は太郎も花子も2人とも毎日掃除をするという網羅的な解釈である。(9)はある日は太郎、ある日は花子という非網羅的な解釈である。
　「、」はマーカーと呼ぶにはあまりにも単純な形式である。単純に名詞を並べただけであり、名詞句を並列する時の最も無標のやり方ともいえるだろう。その「、」が「−網羅性」であるということは「−網羅性」というのが人間にとって無標な把握の仕方であると考えられる。以下、なぜそうなのかを示す。
　第1章で述べたように、並列関係は本来範列的な関係にあったものを言語の線条性の要請に従って、統合的関係に変換したものである。(10)の文を考えた場合、本来は(11)のような関係にあるものを(12)のようにまとめ直すという作業が行われている。

（10） 太郎、良夫が図書館に行った。

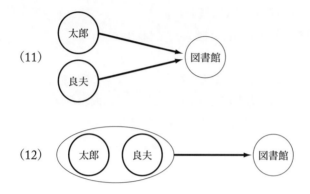

　(11)が「実際の事態」に忠実な図で太郎の移動と良夫の移動の両方が表されている。一方、(12)は(10)の文に近い図で、太郎と良夫が集合としてまとめ直されている。しかし、このまとめ直された集合というのはすでに現実との類像性を保っていない。太郎と良夫を囲む楕円にあたるものは現実には存在しない。まとめ直された集合というのはあくまでも話者が捉えた世界の中にのみ存在する。以下の文では太郎と良夫は必ずしも毎日2人で図書館に行く必要はない。

(13)　太郎、良夫が毎日図書館に行った。

　また、「、」が非特定事態の場合には網羅的にならないが、特定事態の場合には網羅的になるというのは我々の事態の把握の仕方を反映していると考えられる。非特定事態の場合には根拠となる事態が観察されていないので、特に並列のもつ非現実性が前面に出てくるのであろう。一方、特定事態の場合は一応根拠となる事態が観察可能なので、現実を反映した網羅的な解釈になるのである。

2.　「、」の意味レベルの議論

　ここでは、「、」について意味レベルの議論を行う。意味レベルの議論とは

並列される要素どうしにどのような意味関係が存在し、どのような動機によって集合を作り上げているのかということである。
　(14)と(15)をみると「、」と「や」の使用条件は似ているように思われる。

(14)　田中はギョーザ {、／や／と} シューマイが好きだった。
(15)　田中はギョーザ {?、／?や／と} ぶどうが好きだった。

　第 3 章では「や」の使用条件は古典的なカテゴリー観では説明できず、聞き手が共通の構造・共通の属性を発見できることであるとした。しかしながら、共通の属性があっても「、」を使用しにくい場合もある。

(16)　試験は 7 時間に及ぶ実験リポート作成 {や／?、}、人気マンガ「ドラえもん」の空飛ぶ道具「タケコプター」の実現性を物理学の視点から自由に論述する内容だったからだ。
　　　　　　　　　　　　　　　　　　　　（『毎日新聞』2002 年 1 月 1 日朝刊）
(17)　でも、ホームシック {や／?、} 寂しさはなかった。
　　　　　　　　　　　　　　　　　　　　（『毎日新聞』2002 年 1 月 1 日朝刊）

　(16)は「ユニーク」という共通の属性が読み取れるため、「や」が使われている。しかし、「、」が使いにくいのは前件は「作成」という行為、後件は「内容」というように異なるカテゴリーに属しているものであるからと考えられる。(17)も「寂しい」というような属性は前者と後者で共通しているが、前者は病名、後者は感情であり、異なるカテゴリーに属している。つまり、同一カテゴリー内に含まれるかということが「、」の使用条件になっているといえる。そしてここでの同一カテゴリーとは古典的なカテゴリーである。

「、」の使用条件
　「、」は聞き手が会話以前から長期記憶に蓄えられている様々な知識を利用して、並列される名詞句が同一のカテゴリーに属し、等価値であると判断

できる場合に使用できる。

「、」は形態的に最も無標な形式である。この形式は我々がもっている「りんご、みかんは果物で、ジョギング、水泳はスポーツ」といったカテゴリーに関する知識をそのままの形で利用していると考えられる。

「や」はアド・ホックに共通の属性が発見できれば使えることがあった。しかし、「、」は使いにくい。

(18) 掃除をしようとしたが、ティッシュの箱やクッキーが邪魔だったので片付けた。

(19) ?掃除をしようとしたが、ティッシュの箱、クッキーが邪魔だったので片付けた。

これは、ティッシュの箱とクッキーが同一カテゴリー内の等価値なメンバーと考えられないからである。

逆に、カテゴリー内のメンバーを列挙するような場合であれば特に共通の属性が読み取れなくても使用できる。

(20) 趣味は読書、ガーデニング、サイクリングです。
(21) ジャム、リキュール、湯煎し液状にしたゼラチンを加え混ぜる。
　　　　　　　(http://www.katch.ne.jp/~takeda/cake/blueberry-longcake-p.htm
　　　　　　　　　　　　　　　　　　　　　　　　　　2014 年 12 月 1 日)
(22) 主な停車駅は、新神戸、姫路、岡山、福山、広島、新山口、小倉で、一部列車は三原や徳山、新下関に停車していた。
　　　(http://d.hatena.ne.jp/keyword/%A4%D2%A4%AB%A4%EA%A5%EC
　　　%A1%BC%A5%EB%A5%B9%A5%BF%A1%BC 　2014 年 12 月 1 日)

(20)は、まず「趣味は」とカテゴリーの名前を述べ、その内容を列挙するような文である。これを「や」にすると聞き手は読書、ガーデニング、サイクリングの共通の属性を探さなければいけないように感じられるだろう。ま

た、(21)はレシピの一部であり、このメンバーの組み合わせ自体は「材料」というカテゴリーの等価値なメンバーであることはすでにわかっているため「、」で列挙可能である。しかし、それぞれ要素に共通の構造・属性はないため「や」は使用しにくい。(22)は主な停車駅については「、」が使用され、一部列車が停まる駅については「や」が使用されているという興味深い例である。この例が「、」と「や」の用法の違いを端的に表していると考えられる。まず、主な停車駅では「新神戸」「姫路」「岡山」「福山」といった駅に共通の属性を発見することは難しく、また、ここでは主な停車駅なので「どの駅に停まるか」ということが重要である。つまり、集合のメンバー(＝外延)が注目されている。一方、一部列車が停車する「三原」「徳山」「新下関」は長期記憶内の知識に照らして「マイナーである」「利用者が少ない」といった共通の属性を発見させることが可能であり、「や」が使用できる。また、ここでは一部の列車が三原に停まる「こともある」という内容であり、新神戸などに比べて三原の重要性は小さい。後半部分は極論すれば「一部列車は地方の小さい駅にも停車する」ということである。つまり、共通の属性(＝内包)に注目させる「や」の機能が働いている。

　「、」の使用条件の中には「聞き手の長期記憶」という用語が含まれている。これは、(23)のように「という」が付加された聞き手にとって未知の情報は「、」では並列できないことからわかる。

(23) ?発表者は田中一郎という人、佐藤花子という人だった。

　また、(24)のような例はいえないことから、話し手が勝手に作ったカテゴリーではだめで、聞き手の知識に配慮しなければならないことがわかる。

(24)　私の健康の秘訣はりんご{と／?、}ジョギングです。

　「、」も長期記憶を参照するため、類似性に基づいた並列である。最も無標である「、」が類似性を元にしているということは、**並列は基本的には類似性を元にしている**と考えられる。これは**第 8 章**でも論じるように他の並列

助詞の多くが類似性を元にしているということからも支持される。

3. 「、」の語用レベルの議論

　ここでは「、」について語用レベルの議論を行う。語用レベルの議論とは文に出現した要素以外についての議論である。
　「、」は他には何もないという排他的推意を生む。

(25)　昨日はビール、ワインを飲んだ。

　(25)はビールとワインだけを飲んだという意味である。以下の例はもっとわかりやすい。

(26)　この列車は新横浜、名古屋、京都に止まります。

　(26)の文は普通は止まる駅はこの3つだけと解釈されるであろう。ただし、これは推意であるので、(27)のようにキャンセルすることが可能である。

(27)　昨日はビール、ワインを飲んだ。他にもウイスキーを飲んだ。

　「、」が「排他的推意あり」であることは「、」が数量詞と共起することからもわかる。

(28)　りんご3個{、／?や}みかん3個を買った。
(29)　太郎{、／?や}次郎の2人は授業を欠席した。

　「他にあるかもしれない」(=「排他的推意なし」)という時に、数量をいうことはGrice(1989)の「質の公理」や「量の公理」に反する。「他にはない」(=「排他的推意あり」)からこそ数量と共起できるのである。

「、」は形態的には最も無標である。その「、」が「排他的推意あり」であるということは「A、B」といわれた時には、「他に何かある」という推論をするよりも「他には何もない」という推論をする方が自然だということであろう。

4. 「、」のまとめ

第5章で述べたことをまとめると、次のAからDのようになる。

A　統語的には「、」は「−網羅性」と表示される。これは「、」で並列された要素1つ1つが常に他の要素すべてと結びつくわけではないことを意味する。実際の解釈においてはある時にはAがある時にはBという「別時間読み」、あるNはAがあるNはBという「複数個体読み」などのバリエーションがある。

B　意味的には「、」は同一のカテゴリーに属する等価値な要素で集合を作り上げる。聞き手が談話の開始前からもっている一般的なカテゴリーとしての知識に合致する必要がある。「、」はカテゴリー内の等価値なメンバーそれぞれに注目させる機能がある。

C　語用的には「、」は「排他的推意」を発生させる。

D　「、」は形態的に最も無標である。よって、「−網羅性」(他の要素すべてと常に結びつくわけではない)、「古典的カテゴリーによる集合」、「排他的推意あり」(他には要素はない)という特性が、人間が複数のモノをグループ化して並列する時に最も無標(自然)な方法であると考えられる。

第6章
「か」

　第6章では「か」について記述する。ここでは、名詞句を並列する並列助詞の「か」のみを扱う。並列助詞の「か」とは「か」で並列された名詞句に、格が付与されるようなものである。この章で扱うのは（1）のようなものである。（2）は疑問を表すモダリティ形式「か」が並列され、埋め込み疑問文になっていると考える。

（1）　聯合ニュースによると、韓国政府当局者は4日、朝鮮民主主義人民共和国(北朝鮮)政策について協議する日米韓3国の政策調整グループ会合を今月末か2月初めにソウルで開く方向で調整中であることを明らかにした。　　　　　　　　　　　（『毎日新聞』2002年1月5日朝刊）
（2）　あのテロは許せない凶悪犯罪もしくは一種の戦争であることは確かだ。しかし、攻撃か何もしないかという二者択一ではない。
　　　　　　　　　　　　　　　　　　（『毎日新聞』2002年1月5日朝刊）

　以下、**1.** では統語レベルの網羅性について、**2.** では意味レベルの集合の形成動機について、**3.** では語用レベルの排他的推意について述べる。**4.** では「か」と「、」の共通点から並列助詞としての「か」とは何なのかを述べる。

1.　「か」の統語レベルの議論

　ここでは「か」について、まず統語レベルの議論を行う。**第1章**で述べたように、本研究では統語レベルの議論として並列された要素が常にセットとなるかどうかという網羅性を考える。以下に網羅性の定義を再掲する。

網羅性の定義

a. どのような場合でも並列されたすべての要素がセットとして扱われ、述語ならびに他の要素すべてと結びつくという性質を「網羅性」と名付ける。

b. 網羅性がある場合には「＋網羅性」、網羅性がない場合には「－網羅性」と表示する。

　この定義に従えば、「か」は「－網羅性」である。(3)の文では私は毎日ビールとワインの両方を飲む必要はない。

(3)　私は毎日ビールかワインを飲む。

　これは換言すれば、「毎日」のように複数解釈できる要素があった場合、その個々の要素のあるものは前件と、あるものは後件と結びつくということでもある。「か」の「－網羅性」が実際には様々な形で解釈されることがあるのは「や」や「、」と全く同じである。まず、(4)のように主語が複数の場合、ある日本人は神社に行き、ある日本人はお寺に行くという解釈が成り立つ。このような解釈を**「複数個体読み」**と呼ぶ。ある日本人は神社と結びつき、ある日本人はお寺と結びついているので網羅的ではない。

(4)　日本人は正月には神社かお寺に行く。

　しかし、(5)のように主語が単数の場合、ある時は神社に行き、ある時はお寺に行くという解釈が成り立つ。このような解釈を**「別時間読み」**と呼ぶ。ある時には神社と結びつき、ある時にはお寺と結びついているので網羅的ではない。

(5)　私は正月にはよく神社かお寺に行く。

　また、事態が特定的・一回的の場合には、どちらが述語と結びつくかわか

らない「**不確定読み**」となる。「や」「、」のような**単純並列読み**にはならない。結びつくのはどちらか1つであるので網羅的ではない。

（6） 太郎か次郎がこの部屋に来たはずだ。

「か」の「－網羅性」の解釈は以下のようにまとめられる。

「**－網羅性**」**を解釈する様々な方法**
a. ある個体は要素Xと結びつき、ある個体は要素Yと結びつくため、網羅的ではない。
b. ある場合には要素Xと結びつき、ある場合には要素Yと結びつくため、網羅的ではない。聞き手が選択できる場合もある。
c. 要素Xか要素Yのどちらかと結びつくが、どちらかはわからないため、網羅的ではない。

「か」が「単純並列読み」をもたないのは、「や」と異なり「か」が強い「－網羅性」、いわば「**選択性**」と呼ぶべき特性をもつからである。これは、要素のどちらか1つを選ぶことが強制され、両方がともに成り立つというのはあり得ないという意味である。「か」を用いると、常に要素の片方しか述語と結びつかない。

（7） 私は毎日ビールかワインを飲む。(=(3))
（8） 私は毎日ビールやワインを飲む。

　(7)はビールかワインの「どちらか」一方を飲むという解釈である。一方、(8)は両方飲む日があっても構わない。「や」は論理学でいうOR（論理和）に、「か」はXOR（排他的論理和）に相当するといえる。

表 6.1　OR の真理値表

P	Q	P ∨ Q
1	1	1
1	0	1
0	1	1
0	0	0

表 6.2　XOR の真理値表

P	Q	P ⊻ Q
1	1	0
1	0	1
0	1	1
0	0	0

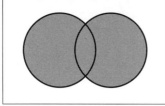

図 6.1　OR（論理和）

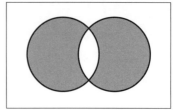

図 6.2　XOR（排他的論理和）

　この特性があるため、論理的に 1 つの個体には同時には結びつかない 2 つの要素も結びつけることができる。(9)は他の形式を用いることができない。

(9)　李さんは中国人 ｛か／ *と／ *や／ *、｝ 韓国人です。

　もう 1 つの「か」の特徴が「**不確定性**」である。これは並列された要素のうち、どちらが述語と結びつくか発話時点ではわからない、あるいは問題にしないという意味である。
　まず、(10)のような複数個体読みの場合、どの個体が神社でどの個体が寺に行くかは不確定、あるいは問題にしないので不確定性があるといえる。

(10)　日本人は正月には神社かお寺に行く。

　同様に、(11)のような別時間読みの場合、いつ神社に行き、いつ寺に行くかは不確定、あるいは問題にしないので不確定性があるといえる。

(11)　私は正月にはよく神社かお寺に行く。(＝(5))

一方、事態が特定的・一回的の場合の「不確定読み」の場合、話し手がどちらが真であるか把握していないということが含意される。

(12) 今日の夕食はラーメンかカレーだ。
(13) ?今日の昼食はラーメンかカレーだった。
(14) 3日前の夕食はラーメンかカレーだったと思う。

(12)は事態が未実現であるため、不確定性がある。一方、(13)がやや不自然なのは今日の昼食がラーメンかカレーというところまでは覚えているのに、どちらかを覚えていないというのがあり得ない状況だからである。これを「昨日私はラーメンかカレーを食べました。さあ、どっちでしょう」のようにクイズにすれば不確定性をもつことになり、問題ない文になる。不確定であれば(14)の過去の特定事態でも「か」は使用できるが、その時には「と思う」や「はずだ」といった推測のモダリティ形式がつくことが多い。

また、もう1つ統語的な特徴として「か」は否定のスコープに入らない。

(15) ??今日はラーメンかカレーを食べない。

命令・依頼の文には「か」は共起するが禁止の文には「か」は共起しない。

(16) 1番か2番の窓口に並んでください。
(17) *1番か2番の窓口に並ばないでください。

なぜ、「か」は否定されないのか。「か」が排他的論理和を表すとすると、その否定は排他的論理和の否定（XNOR）となる[1]。この真理値は以下のようになる。

表 9.3　XNOR の真理値表

P	Q	P⇔Q
1	1	1
1	0	0
0	1	0
0	0	1

これは「PとQがともに成り立つか、ともに成り立たないか、どちらかである」、という情報に等しい。仮にPとQをグループ化してXとおくと、「Xが成り立つか、成り立たないかのどちらかである」となり、情報を何も伝えない文になってしまう[2]。そのため、自然言語で使われることはないのであろう。

2.　「か」の意味レベルの議論

　ここでは「か」について意味レベルの議論を行う。意味レベルの議論とは並列される要素どうしにどのような意味関係が存在し、どのような動機によって集合を作り上げているのかということである。

　「か」は述語と結びつく候補を表す形式であり、そこには何らかの類似性が必要であると考えられる。この点では「や」や「、」と同様である。事実、(19)のような文で「か」を使うのは不自然である。

(18)　田中はギョーザ {か／、／や／と} シューマイが好きだったはずだ。
(19)　田中はギョーザ {?か／?、／?や／と} 漫画が好きだったはずだ。

　次に問題になるのは「や」は共通の属性を集合の形成動機にしており、「、」は共通のカテゴリーを集合の形成動機としていたが、「か」はそのうちのどちらなのかということである。ここでは以下のような現象から「か」は同一のカテゴリーを集合の形成動機とすると考えたい。

　まず、「か」は共通の属性がない場合にも使用できる。

(20)　明日のテストは保健体育か国語だったはずだ。
(21)　?明日のテストは保健体育や国語だったはずだ。
(22)　明日のテストは保健体育、国語だったはずだ。

　(20)と(22)は論理的に同じ意味にはならないが、共通の属性を必要とする「や」は使用できず、「か」は使用できる。
　また、「か」は反対語であっても並列できる。

(23)　最下位8戦中6回75%て orz 結局今日の結果は1位か最下位。まさにやるかやられるか。
　　　　　　　　（http://blog.livedoor.jp/tomin1979/archives/51508523.html
　　　　　　　　　　　　　　　　　　　　　　　　2008年12月15日）
(24)　?結局今日の結果は1位や最下位。

　実際には「や」も反対語の並列に使われることがあるが、そこでは(25)のようにやはり何らかの共通の属性に注目するという文脈が必要になる。一方、「か」は(23)のように特に文脈は必要とせずに使用可能である。

(25)　この方式において勝ち点が同一で並んだ場合は、勝ち点が同じどうしの勝率比較で順位の優劣を決定するのが一般的である。但し、そのような場合でも、例えば1位や最下位のような、その順位により次のステージへの出場チームが決定する場合に限りプレイオフ（順位決定戦）が行われる方式を採っているリーグが多い。
　　　　　（http://ja.wikipedia.org/wiki/%E5%8B%9D%E3%81%A1%E7%82%B9
　　　　　　　　　　　　　　　　　　　　　　　　2008年8月28日）

　さらに、「か」は相手の知らない情報にも使用できる。

(26)　この書類を田代さんって人か内村さんって人に提出してください。

(27) ?これらの書類を田代さんって人や内村さんって人に提出してください。

　(26)は「って」がついているにもかかわらず、「か」が使用可能である。聞き手は田代さんや内村さんを知らないので、共通の属性を発見したりすることはできない。しかし、そのような場合でも、「か」は使用できる。一方、(27)の「や」は新情報から共通の属性を発見できないので、使用しにくくなっている。
　「か」の使用条件をまとめると以下のようになる。

「か」の使用条件
「か」は話し手が並列される名詞句が同一のカテゴリーに属し、等価値であると判断した場合に使用できる。

　同一のカテゴリーに所属するという点は「、」と同じであるが、同一のカテゴリーであることが聞き手に判断できなくても構わないという点が、「、」との違いである。

(28) 　大学生の頃は暇な時間があればインターネット{か／?、}資格の勉強をやっていました。
(29) 　(引っ越しで手伝いに来てくれた人に向かって)じゃあ、あなたはそこの扇風機{か／?、}百科事典を持って行って。

　(28)は話し手の頭の中では「学生時代によくやったこと」というカテゴリーが経験に基づいて作られている。また、(29)も話し手の頭の中にはどれとどれを移動させるのか、わかっており、その要素を並列している。
　なお、共通の属性を必要としないため、「か」は「、」と同様、具体的な個々の例、すなわち**集合の外延に注目させる形式**だということができる。

3. 「か」の語用レベルの議論

　ここでは、「か」について語用レベルの議論を行う。語用レベルの議論とは文に出現した要素以外についての議論である。
　「か」は他には何もないという排他的な推意を生む。

(30)　今夜はビール<u>か</u>ワインを飲もう。

　(30)は選択肢はビールとワインの2つだけであり、他の選択肢はないと解釈される。ただし、これはあくまでも推意であるので、(31)のようにキャンセルすることが可能である。

(31)　今日はビール<u>か</u>ワインを飲もう。それからもらったブランデーを飲もう。

　「か」が「排他的推意あり」であることは「か」が数量詞と共起することからもわかる。

(32)　ショートケーキ<u>3個</u> {<u>か</u>／<u>?や</u>} チョコレートケーキ<u>3個</u>を買ってきて。

　「他にあるかもしれない」(＝排他的推意なし)という時に数量をいうことはGrice(1989)の「質の公理」や「量の公理」に反する。「他にはない」という推意を生むからこそ、数量と共起できるのである。

4. 「か」と「、」

　ここでは、「か」の本質について考える。
　「か」の統語的特性・意味的特性・語用的特性はそれぞれ「－網羅性」「同一のカテゴリーに基づく集合」「排他的推意あり」であった。これは、最も

無標のマーカーである「、」と全く同じである。このことから、以下のように推定できる。

「か」と「、」の関係
並列助詞の「か」は「、」に終助詞の「か」自身がもっている「選択性」、「不確定性」が加わったものである。「か」自身が並列マーカーとして働くわけではない。

「か」は元来疑問や不確かさを示すマーカーであるため、不確定性をもっていることは明らかであろう。また、選択性も疑問の「か」に潜在的に含まれている。「あなたは学生か」という質問が Yes-No 疑問文と呼ばれることもあるように、疑問とは答えを「学生である」か「学生でない」か選択する行為を迫ることである。もちろん Wh- 疑問文も相応しい文の要素を１つ選択させるという意味で選択である。つまり、「選択性」「不確定性」とは「か」自身が本質的にもっている性質である。それが２つ以上の名詞句の間に出現することで、選択性がより明示的になり、「どちらか」という意味を表す並列助詞として機能するようになったと考えられる。

5.「か」のまとめ

第６章で述べたことをまとめると、次のＡからＥのようになる。

A　統語的には「か」は「−網羅性」と表示される。これは「か」で並列された要素１つ１つが常に他の要素すべてと結びつくわけではないことを意味する。実際の解釈においては、ある時にはＡがある時にはＢという「別時間読み」、あるＮはＡがあるＮはＢという「複数個体読み」、ＡとＢのどちらか１つという「不確定読み」などのバリエーションがある。

B　「か」は並列された要素のうち１つだけが他の要素と結びつく「選択性」という性質と、どちらと結びつくかわからないという「不確定性」

という性質をもつ。
C 意味的には「か」は同一のカテゴリーに属する等価値な要素で集合を作り上げる。聞き手の知識は考慮せず、話し手がアド・ホックにカテゴリーを形成できる。
D 語用的には「か」は「排他的推意」を発生させる。
E 「か」の諸特性は「、」と同じであり、「、」に「か」自身がもっている「選択性」、「不確定性」が加わったものである。「か」自身が並列マーカーとして働くわけではない。

注
1 これは同値(EQ)、すなわちPとQが等しいということを表す論理関数でもある。
2 ここでの情報とは情報理論的に何らかの確率を変動させるものの意味である。

第 7 章
その他の並列助詞

　第7章では**第2章**から**第6章**までで扱った「と」「や」「も」「、」「か」以外の並列助詞を取り上げる。**1.**では「や」と似た特性をもつ「とか」について「や」との比較を通して詳述する。以下、**2.〜6.**では「やら」「だの」「だか」「なり」「に」について述べる。

1.　「とか」
　「とか」は特に話し言葉でよく用いられる並列助詞である。その特性は「や」にとても近い。以下、**1.1.**では「とか」と「や」の共通点について述べ、**1.2.**では「とか」と「や」の違いについて述べる。

1.1.　「とか」の諸特性
　ここでは、まず「とか」の基本的な特性について述べる。本研究では統語レベルでは「網羅性」、意味的レベルでは「集合の形成動機」、語用レベルでは「排他的推意」の3つに注目するが、この3つに関しては「とか」は「や」と同じ機能をもつ。
　まず、統語レベルである「網羅性」に関しては双方とも「−網羅性」である。

（1）　日本人は正月には神社 ｛や／とか｝ お寺に行く。
（2）　私は正月はよく神社 ｛や／とか｝ お寺に行く。
（3）　昨日、現場で同僚 ｛や／とか｝ 施主から面と向かって言われた。

　(1)では、「や」「とか」双方とも、ある日本人は神社に、ある日本人はお

寺に行くという**複数個体読み**の解釈である。(2)では「や」「とか」双方ともある時は神社に、ある時はお寺に行くという、**別時間読み**の解釈である。(3)は同僚と施主の両方から同時に言われたという**単純並列読み**の解釈であるが、一方で他にも私に言った人間がいるという推論をさせる点は「や」「とか」共通である。つまり、**第3章**で「や」について述べた「−網羅性」の様々な解釈のされ方は「とか」においても全く同様に当てはまる。

「−網羅性」を解釈する様々な方法
   a. 項のあるものは並列された要素Xと結びつき、項のあるものは並列された要素Yと結びつくため、網羅的ではない。
   b. ある場合には並列された要素Xと結びつき、ある場合には並列された要素Yと結びつくため、網羅的ではない。
   c. 並列された要素Xと要素Y以外にも要素が存在し、それと結びつくことがあるため、網羅的ではない。

また、主題部網羅性制約により、主題化すると、網羅的な解釈に変わるのも、「や」と同様である。

主題部網羅性制約
並列された要素が主題化された時は、他の要素と網羅的に結びつく。

（4） 太郎とか花子は毎日この部屋を掃除している。
（5） 太郎とか花子がこの部屋は毎日掃除している。

　(4)は太郎も花子も2人とも毎日掃除をするという網羅的な解釈である。(5)はある日は太郎、ある日は花子という非網羅的な解釈である。
　続いて、意味レベルの議論として集合の形成動機についてみる。意味の面においても、「や」と同様に、「共通の構造」「共通の属性」という条件で集合が作られていると考えられる。すなわち、以下のように使用条件を規定できる。

「とか」の使用条件

「とか」は聞き手が会話以前から長期記憶に蓄えられている様々な知識を利用して、並列される名詞句に共通の構造または属性を発見できる場合にのみ使用できる。

人数は「や」より少ないが、「とか」に関しても**第 3 章**で「や」を用いたものと同じ刺激を用いて「とか」の許容度調査を母語話者 20 人に行った。判定基準は「や」の時と同様で許容度は最低が 0、最高が 3 の 4 段階である。その結果を**表 7.1** にまとめる。参考までに、「や」の許容度と、同集合判定の結果も併記する。

表 7.1 「とか」の許容度

	調 査 文	「とか」許容度判定平均	「や」許容度判定平均	同集合判定平均
ア	**中村さん**って人とか**山下さん**って人が来てたよ。	1.85	1.35	1.89
イ	**タカムラさん**という人とか**ワカムラさん**という人はいますけど。	1.70	1.61	2.20
ウ	**サイクリング**とか**ケーキ**が大好きです。	1.15	1.44	0.72
エ	**唐揚げ**とか**焼き鳥**が好きです。	2.60	2.30	2.48
オ	**ボランティア**とか**遊び**が大好きです。	1.15	1.28	0.87
カ	**ノートパソコン**とか**花瓶**があった。	2.11	2.35	0.24
キ	**山田一郎**って人とか**山田花子**って人が来てたよ。	2.30	2.00	2.61
ク	あなたの**弟**とか**鈴木**って人が来てたよ。	0.75	1.28	0.50
ケ	**国語**とか**体育**です。	1.44	1.69	2.30
コ	**ギョーザ**とか**ぶどう**です。	1.65	1.96	1.15
サ	机の上の**ティッシュの箱**とか**クッキー**を片付けて。	2.30	2.61	0.33
シ	**数学**とか**理科**です。	2.05	1.96	2.70

概観してわかる通り、「とか」の許容度と「や」の許容度はよく似ている。両者の相関係数は r=0.83 であり、強い相関がみられ、「や」が使いやすい時は「とか」も使いやすく、「や」が使いにくい時は「とか」も使いにくい。「と

か」も「や」と同様、要素が単にある集合に属しているだけでは使いにくく、聞き手が共通の属性や構造を発見できる必要がある。

　最後に、語用レベルの議論として、他の要素の有無についてみる。「とか」は「や」と同様、「排他的推意なし」である。つまり、「他にはない」という推意を生まず、「他にあってもよい」という推意をもつ。

（6）　私は昨日ビール<u>とか</u>ワインを飲んだ。

　(6)は「他にも何か飲んだ」という推論を発生させる。その理由も「や」と同様、共通の構造・属性をもとに集合を作り上げるため、他の要素が増えても問題ないためであると考えられる。ただし、これはあくまでも推論であるため、(6)は他に何も飲んでいなくても構わない。(7)のような例も存在する。

（7）　しばらく前まで私たちは、南であれ北であれ朝鮮と呼んできた。同じ民族の住む地域に北<u>とか</u>南<u>とか</u>つけて呼ぶことは、民族の潜在的な統一性を示しているのではないか。(『毎日新聞』2002年1月20日朝刊)

　(7)では、「他にも何かつける」ということは考えられない。この2つしか存在しないためで、いわば全部列挙の「とか」にあたる。このような場合でも「とか」の使用には問題がないため、「他に何かある」は十分条件とはいえない。
　また、「とか」は「や」と同様、個体の数を表す表現と共起しにくい。

（8）＊机の上にりんご<u>3個</u>とかみかん<u>3個</u>があった。
（9）＊太郎<u>とか</u>次郎の<u>2人</u>が来た。

　他にもあるかもしれないのに、数を明言することはGrice (1989)の「量の公理」に反することになってしまうからである。

1.2. 「とか」と「や」の違い

1.1. では「とか」や統語的、意味的、語用的に「や」と共通の特性をもつことを示したが、**1.2.** では「とか」と「や」の違いについて述べる。

「とか」と「や」の違いでまず考えられるのは、文体差である。文体の異なる4種のコーパスから「とか」と「や」の出現数をカウントしたものが**表7.2**である。

表 7.2　文体による「とか」と「や」の出現数

コーパス	「とか」並列用法	「とか」とりたて用法	「や」並列用法
新聞(1日分)	8	0	198
講演	185	25	181
模擬講演	294	200	110
対話(関西方言)	87	237	0

「とか」は名詞句に接続するもののみをカウントし、並列用法と、単独の名詞をとりたてるとりたて用法を分けて集計した。また、(10)のような引用用法もとりたて用法に含めた。

(10)　715T　ほっといていいよとかいってもー

(中西久実子(編)2007　hibogo-k-03)

以下、用いた資料について説明する。新聞は『毎日新聞』の2002年1月1日の記事に含まれるものをカウントした。「や」の用例は非常に多く、逆に「とか」の用例はほとんどない。特にとりたて用法はみられなかった。講演と模擬講演は『日本語話し言葉コーパス』のうち、コアと呼ばれる50万語のデータの部分を使用した。講演は主に学会発表である。模擬講演は簡単なメモを見ながらの模擬スピーチであり、方言なども出現する。対話は中西久実子(編)(2007)の付録DVDのものを使用した。母語話者と非母語話者の接触場面の発話も含まれるが、用例は母語話者のもののみを抽出した。また、すべての話者が関西方言を使用している。ここでは「とか」のとりたて

用法が多く、「や」の使用はみられなかった。

　コーパスによって含まれる語数が違うので、表の縦を比較することはできない(ただし、講演と摸擬講演はほぼ同数である)。しかし、各行の比率をみた場合、固い文体では「や」が使用され、くだけた文体になるほど「とか」が使用されること、また「とか」のとりたて用法の使用が増加することが読み取れる。

　また、意味についても、若干の違いがみられると考えられる。「とか」は「や」と比べて「例を挙げる」という側面が強いと考えられる。以下の数量詞が並列された例を考えてみたい。

(11)　1518S　19万2000円、初任給が、なんか他の、銀行ー、あるんやけどー
　　　1519L　うん
　　　1520S　そこやったらじゅうーなな(17)万とか、15万とかそんなん
　　　　　　　　　　　　　(中西久実子(編)2007　hibogo-k-03)
(12)　値段もかなり高くてですね、十八金無垢で、二百万とか三百万以上の時計なんですけどね　　(『日本語話し言葉コーパス』S02M0245)

　これらは「や」では少し置き換えにくい。

(13)　?そこやったら17万や15万
(14)　?値段もかなり高くてですね、十八金無垢で二百万や三百万以上の時計なんですけどね

　これは、「や」が共通の属性そのものに注目させる形式であるのに対して、「とか」は共通の属性によって集合が形成されるが注目させるのはあくまでも挙げた具体例(＝外延)であるという違いがあるからであると考えられる。つまり、(11)はあくまでも例として17万、15万という具体的な数値を挙げたいわけで、17万と15万の共通の属性だけに注目してほしいわけではない。また、「や」が使いにくいもう1つの理由として、「や」を使うと「その

数は少ない」という評価的意味が加わるということも考えられる。(12)は「高い」ということをいいたい文脈なので「や」が使いにくいのであろう。(15)のような文脈なら問題ない。

(15) 二百万や三百万の時計なんて腐るほどある。

また、「とか」は基本的に「例を挙げる」という機能をもっている。このことについて寺村秀夫(1991)も以下のように述べている。

> 一部だけをあげて、他にもいろいろあり得ることを暗に示す点は「ヤ」と似ているが、「ヤ」が単に「一部列挙」であるのに対して、これは「一部例示」である点が異なる。「例示」が「たんなる列挙」とどう違うかというのは、抽象的にいうとむずかしくなるが、端的に言うと、「たとえば……」といえるのが「例示」だといってよい。

(寺村秀夫 1991: 211)

説明にはかなり苦労していることがわかる。本研究では例示の特徴を聞き手の知識には存在するが、聞き手の中では活性化されていない、いわゆる新情報を談話に持ち込んで「例えばAとかBとか」ということであると規定する。このことを示すデータが**第3章**で行った並列助詞の産出調査である。調査では、属性に注目させる文においても「とか」は使用されなかった。「健、隆史、真之介は三人兄弟です」という指示を与えた後、以下の文の空欄を埋めてもらった。

(16) 「あの三人の中で誰が一番身長が高かった？」
　　 「隆史は健(　　)真之介よりもちょっとだけ背が高いよ」
　　 （結果：　と＝64%　や＝32%）
(17) 「あの三人って成績は同じぐらいだっけ？」
　　 「他の科目はだいたい同じだけど、真之介は健(　　)隆史と違って英語がペラペラだよ」

（結果： と＝28%　や＝72%）

ここで「とか」を書き入れた調査協力者はいなかった。これは、すでに三人兄弟のメンバーである健、隆史が十分に活性化された状態での発話だからであろう。実際に「とか」を入れるとやや不自然であると思われる。

(18)　「あの三人の中で誰が一番身長が高かった？」
　　　「?隆史は健とか真之介よりもちょっとだけ背が高いよ」
(19)　「あの三人って成績は同じぐらいだっけ？」
　　　「?他の科目はだいたい同じだけど、真之介は健とか隆史と違って英語がペラペラだよ」

　逆に、「や」に関しては(16)(17)でも使えることから、新情報である必要はないといえる(もちろん、新情報に対しても「や」は使用可能である)。
　また、寺村秀夫(1991)でも以下のような違いが挙げられている。走っている何人かの人間を見ながら言う時に、(20)は自然であるが、(21)は不自然である。

(20)　李君、林君や、王さんが走っている。
(21)　?李君とか、林君とか、王さんとかが走っている。
　　　　　　　　　　　　　　　　　（寺村秀夫 1991: 211-212）

　これも、見ながら言っている状況では走っているということは聞き手にとって既知であり、新情報ではないからであると考えられる。
　「とか」は **1. 新情報に使われる**、**2. 外延に注目させる**という2つの特徴があることがわかった。
　このことが、以下のように1例だけをとりあげるとりたて的な用法につながる[1]。この用法は「や」にはみられない。

(22)　だからなんかチョコレートチーズとかは食べない。

(中西久実子(編)2007　hibogo-k-10)

2.「やら」

ここでは「やら」について述べる。2.1.で本研究の枠組みにそって「やら」の記述を行い、「や」と同様の特性をもつことを述べる。2.2.では「やら」が「や」と異なる点を述べる。

2.1.「やら」の機能

「やら」の中には「や」が含まれているように、基本的には「や」と同じ機能をもつ。

まず、統語的には「やら」は並列された要素が常にセットになるわけではない「－網羅性」である。(23)では毎日ビールとワインの両方を飲む必要はない。

(23)　私は毎日、ビールやらワインを飲んでいる。

また、意味的には「やら」は聞き手が共通の構造・属性を発見できる時に使用できる。その根拠は(24)のようにいえることである。クッキーとティッシュの箱は同一のカテゴリーには属していないが、アド・ホックに「邪魔」という共通の属性が与えられている。

(24)　今からぞうきんかけるから、机の上のティッシュの箱やらクッキーを片付けて。

最後に、語用的には「やら」は「他にはない」という推論は発生させない「排他的推意なし」である。むしろ「他にも何かある」という推論を発生させることが多い。

(25)　この列車は名古屋やら大阪やらに止まる。

2.2. 「やら」と「や」の違い

「やら」について寺村秀夫(1991)は以下のように述べる。

「ヤラ」は、

(77) とんぼとり　きょうはどこまで行ったやら

というような「＝のだろう」という意味を表す対話助詞(終助詞)としての用法から転じたものといわれ、やや不確かな感じを伴う。或る集合のいくつかの例を挙げる点ではヤ、トカに似ているが、くだけた会話的な感じがある点が異なる。また、ヤと違って、列挙の最後にヤラをつけてもよい。

(78) 缶詰やらインスタントラーメンやらを買い込んできた。

（寺村秀夫 1991: 212）

また、沈茅一(1996)は以下のように述べる。

「やら」で名詞をつながりぐばあいでは、列挙される物の厳密な限定性がかけている。主要な物をおおまかに列挙するにとどまっている。このことと結びついて、「やら」には／１つの範疇にまとまることのない、あれやこれやを雑多に、乱雑に、手あたりしだいにならべる／という意味あいがつきまとっている。この意味あいは、おそらく「やら」がもともともっていた、推量にともなうところの不確定性とからみあっているのだろう。こうして、「やら」は「と」や「や」と比べて、おおくのばあい否定的な評価をおびているといえるだろう。　　（沈茅一 1996: 33）

どちらも「不確定性」ということを述べており、「どうやら」や「何やら」などといった語にもみられる不確定性といった意味合いを並列の「やら」も帯びているというのは間違いないであろう。

「やら」は明らかに定である名詞句には使いにくいという現象がある。

(26)　私 {??やら／や} あなたはよくても、他の人は納得しないでしょう。
(27)　（実際に、靴や服を指し示して）
　　　この靴 {?やら／や} その服は高くて買えない。

また、数量詞にも「やら」は接続しない。

(28)　失敗の1回 {??やら／や} 2回、気にするな。
(29)　この店の時計は100万 {??やら／とか} 200万もする。

　おそらく数というのはある程度客観的なものであるため、不確定性を帯びる「やら」とは共起しないのであろう。
　次に、沈茅一（1996）が述べた「おおくのばあい否定的」という記述であるが、確かにこのような傾向はある。

(30)　「初物」のとまどいやら、慣れ親しんだ独・伊と異なる英語テキストの歌いにくさやらもおそらくあって、なお手探りの感触も残る演奏ではあったかも知れない。　　（『毎日新聞』2002年3月12日夕刊）

　(30)では「とまどい」「歌いにくさ」というどちらも好ましくないものが並列されている。このような否定的な傾向は次節で述べるように集合化が本来的に「低評価」を生むという構造が、「不確定性」という「なんだかよくわからない」という意味と結びついた結果生まれると考えられる。
　ただし、そうではない例文も多くみつかることを指摘しておく。

(31)　お遍路をきっかけに、一時は田舎のほこらや仏さんなどを訪ね歩いたものだったが、小さな地蔵さんやら神さんの前にお団子が供えられている風景は、素朴でどこかステキなものだった。
　　　　　　　　　　　　　　　（『毎日新聞』2002年3月21日夕刊）

3.「だの」

ここでは「だの」について述べる。**3.1.**で本研究の枠組みにそって「だの」の特性の記述を行う。**3.2.**では「だの」がもつ「マイナス評価を与える」という機能について他の表現も視野に入れつつ、考察を行う。

3.1.「だの」の機能

「だの」は基本的には「や」と同じ機能をもつ。

まず、統語的には「だの」は並列された要素すべてが他の要素すべてと結びつかなくてもよい「−網羅性」である。(32)では毎日発泡酒と缶チューハイの両方を飲む必要はない。

(32)　私は毎日、発泡酒だの缶チューハイだのを飲んでいる。

また、意味レベルの議論ではすでに鈴木智美(2004)が以下のように指摘している。

> 「〜だの〜だの」は話者が当該の事態を望ましくないもの、または心理的に距離のあるものとして捉え述べる際に、その例となる顕著な事物を並立的に列挙し例示する働きをする。　　　（鈴木智美 2004: 69)

望ましくないものの例は(33)、心理的に距離のあるものの例は(34)である。

(33)　成果主義だの査定だのをうるさく言えば、社員は上司の顔色ばかり見て仕事をするようになり、逆効果だ。　　　（鈴木智美 2004: 69)

(34)　異国の青空市場には、民族衣装の音楽隊だのパントマイムだの、全国各地から珍しい大道芸人たちが集い、訪れる観光客たちの目を楽しませている。　　　（鈴木智美 2004: 70)

第 7 章　その他の並列助詞　115

　そのうえで、「〜だの〜だの」はすぐ上のレベルにおいて同一のカテゴリーに属するものでなくても使えるとし、以下のような例文を挙げている。

(35)　最近の小学生は、ムービー携帯だのブランドＴシャツだのを欲しがるそうだ。　　　　　　　　　　　　　　　　　　（鈴木智美 2004: 73)

　これは本書の枠組みでいえば同一のカテゴリーには属していないが、「高価」「最新流行」といった属性を聞き手が発見できるため、それを動機に集合が形成されるということである。つまり、「だの」も「や」と同様に共通の構造・属性をもとに集合が形成されている。そして、「だの」と「や」の違いは (35) に引用したように、「だの」がそれぞれの要素について「望ましくない」「心理的に距離がある」という価値を付与して述べるというところにあるといえる[2]。
　最後に、語用的には「だの」は「他にはない」という推論は発生させない「排他的推意なし」である。むしろ「他にも何かある」という推論を発生させることが多い。

(36)　この列車は米原だの岐阜羽島だのには止まらない。

3.2.　並列表現と低評価
　鈴木智美 (2004) は「だの」が「望ましくない」「心理的に遠い」という意味をもつことを述べている。本研究もこの記述を支持するが、鈴木智美 (2004) ではなぜ「だの」がそのような意味をもつのかということについては述べていない。ここでは集合化のメカニズムがそのような低い評価を生むことを述べたい。
　並列表現が特別な価値観を生むことは「だの」に限った話ではない。例えば、属性に注目させるマーカーである「や」で数字を並列する場合、注目されるのはその数字の「少ない」という属性に偏るという傾向がみられる。

(37) ?2 度や 3 度見直したから十分だ。

(38) 2度も3度も見直したから十分だ。
(39) 2度や3度見直したぐらいでは不十分だ。

　(37)は不自然であり、2度、3度は「多い」と言いたい時は「も」を用いて(38)のように言わなければならない。一方、(39)のように「少ない」という文脈では「や」が自然である。この低評価性は数が大きくなっても変わらない。

(40) a. ?100万や200万は｛大金だ／とても払えない｝。
　　 b. 　100万や200万は｛はした金だ／問題なく払える｝。

　(40a)は並列された数を「多い」と判断しているため使いにくい。(40b)は100万、200万を「その数は少ない、大したことはない」と否定的に捉えている例であり、この場合は「や」の使用も問題ない。数量詞＋「や」は否定的な評価と結びついているといえる。では、なぜ並列・集合という概念から否定的な評価が生まれるのだろうか。

　常識的にいって、ヒエラルキーの上位にあるものの数は少なく、ヒエラルキーの下位にあるものの数は多い。これは我々の経験に基づく（experiential-based）考え方であり、図で示すと**図7.1**のようになる。

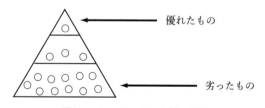

図7.1　ヒエラルキーと数の関係

　何をもって優劣とするかは状況に応じて変わるが、いずれにせよ、上位の階層にあるものの数が少ないというのが一般的であろう。社長と平社員では平社員の方が多いし、貴族と市民では市民の方が多いというのが一般的である。

ここから「ヒエラルキーの下層にあるもの＝数が多い」という結びつきが生まれる。この結びつきが十分強固になると、次は「数が多い」ということをもって「ヒエラルキーの下層にある」ということを示すことが可能になると考えられる。「**十把一絡げ**に扱う」といった表現はまさにそういう見方を表したものであると考えられる。つまり、集合化することで「ヒエラルキーの下層」というレッテルを貼ることが可能になるのである。ここから低評価の意味が生まれてくるのであろう。

　ただし、集合化することがすぐにこうしたレッテル貼りにつながるわけではない。例えば「とか」は「や」ほど少ないという読みにはならない[3]。

(41)　100万とか200万とかは多すぎる。
(42)？100万や200万は多すぎる。

　これは「や」は共通の属性に注目させ、「とか」はむしろ具体例に注目させるということが原因であると考えられる。つまり、「ヒエラルキーの下層である」というレッテルを貼るのに必要な条件は **1.「集合化」** と **2.「具体例ではなく属性に注目させること」** の2つであると考えられる。

　この2つの条件を満たす並列表現は「や」の他に「やら」がある。「やら」は **2.** で述べたように不確定性をもった要素にしか使えないため、具体例というよりはむしろ属性に注目していると考えられる。そして、「やら」が否定的な文脈で使われる傾向があるということはすでに **2.** で触れた。

　逆に、「とか」と「、」は属性ではなく具体例に注目する表現であるため、数が大きければ否定的な文脈でなくても使用できる。

(43)　100万とか200万とかは多すぎる。（＝(41)）
(44)　100万、200万は多すぎる。

　ここで本節の主眼である「だの」はマイナス評価または心理的距離がある時にしか使えないということから、集合化によって生まれるマイナス評価の意味が語彙的意味として定着したものであると考えられる[4]。

また、「だの」が心理的距離が大きい時に使えるというのもヒエラルキーの構造から説明できる。ヒエラルキーの下層にある多数のものを属性に注目するようなやり方で捉える場合、当然個々の例には注目していないことになる。個々の例をきちんと観察しないということは必然的に個々の例には興味がないとか心理的に距離があるということにつながるのである。

4.「だか」

　ここでは「だか」について述べる。「だか」は典型的には要素について話し手が断定できない時に、その候補を並べる並列である。

（45）　昨日は最初にチューハイ<u>だか</u>サワー<u>だか</u>を飲んだ。

　以下、他の形式と同じように統語レベル・意味レベル・語用レベルに分けてその機能をみていく。
　まず、統語的には「だか」は並列された要素すべてが他の要素すべてと結びつかなくてもよい「－網羅性」である。上述の(45)はチューハイとサワーのどちらかを飲んだという意味である。また、「選択性」をもち、どちらか1つを飲んだという意味になる。ここまでは「か」と同じであるが、「か」と異なるのは習慣的な事態には使いにくいということである。

（46）？私は毎日チューハイ<u>だか</u>サワー<u>だか</u>を飲んでいます。

　(46)は毎日チューハイかサワーのどちらかを飲むという文では使いにくい。つまり、「だか」には「か」や「や」のような別時間読み、複数個体読みは存在せず、事態の特定性など関係なく必ず**不確定読み**になる。並列される要素は複数あっても、その指示対象は必ず1つである。「だか」はある1つの指示対象に対し、それに該当する表現を並列する形式であるといえる。この時、指示対象は必ず特定（specific）であり、1つである。(45)の例でいえば、昨日最初に飲んだものは確かに1つ存在するが、それがチューハイだっ

たかサワーだったかは定かではなく、どちらを使って表現すべきか迷っているということである。

そのため、「だか」は「か」と同様に「不確定性」ももつ。しかし、ここでの不確定性は「か」の不確定性とは異なり、「話し手が思い出せない」という条件が加わる。

(47) a. 明日の開会式では田中さんか山下さんがあいさつすることになっているけど、まだどちらかは決まっていない。
　　 b. ?明日の開会式では田中さんだか山下さんだかがあいさつすることになっているけど、まだどちらかは決まっていない。
(48) a. この書類を田中さんか山下さんに提出してください。
　　 b. ?この書類を田中さんだか山下さんだかに提出してください。
(49) a. ?昨日は田中さんか山下さんがあいさつした。
　　 b. 昨日は田中さんか山下さんがあいさつしたはずだ。
　　 c. 昨日は田中さんだか山下さんだかがあいさつした。

(47)のように未定の時、(48)のようにどちらでもいい時も「不確定」であるが、「だか」は使えない。「だか」が使えるのは(49c)のように話し手が思い出せない時だけである。また、(49a)のように「か」は特定事態の時はそのままでは使いにくく、(49b)のように「はずだ」など話し手の推測を表すマーカーが必要である。しかし、(49c)のように「だか」は単独で使える。つまり、推測といった「はずだ」がもっているような話し手の心的態度を表す機能を「だか」ももっているといえる。

次に、意味レベルの議論として集合の形成動機についてみる。

「だか」はすでに述べたように、ある指示対象に対してその候補になる表現を列挙する形式である。つまり、共通の指示対象が集合の形成動機である。そして、その候補となる表現は必ず長期記憶を検索することで選び出されているため、類似性を元にした並列であるといえる。

(50) ?昨日、田中先生にりんごだかみかんだかをごちそうになった。

(51) 10年前、田中先生の研究室を初めて訪問した時に、りんご<u>だか</u>みかん<u>だか</u>をごちそうになったと記憶している。
(52) ?10年前、田中先生の研究室を初めて訪問した時は、りんご<u>だか</u>ステーキ<u>だか</u>をごちそうになったと記憶している。

　(50)はあまりいわないと考えられるが、これは昨日の記憶なのにりんごかみかんかはっきりしないということはあまりないからであると思われる。しかし、(51)のように10年前の話にすれば、違和感はなくなる。その場合でも(52)のようにかなりカテゴリーが異なるものであると、やはりあまりいわないのではないかと感じられる。「だか」の使用条件については以下のようにまとめられる。

「だか」の使用条件
「だか」は要素が共通の指示対象をもつ時に使われる。また、候補となる要素は同一のカテゴリーに属していなければならない。

　これまでに挙げた例文は、特定の指示対象とそれに対応する概念の結びつきが問題になっていたが、指示対象と音声の結びつきが問題になることもある。

(53) （部屋に落ちているロボットのプラモデルを指して）
　　　母親「掃除機かけるから、その<u>ガンガルだか</u><u>ガルタンだか</u>を片付けなさい」
　　　子供「違うよ！　これは「<u>ガンダム</u>」だよ！」

　(53)では母親の心的辞書には部屋に置いてあるロボットのプラモデルの情報はあるが、その音声情報まではしっかりと定着していない。その音声情報の候補を並列しているのである。web上には以下のような実例もある。

(54) なんでしたっけ、<u>ガンガルだか</u><u>ガルタンだか</u>ザ・アニメージだかの昔

どっかの会社から出ていたパチガンダムのロボットのコスプレです。
（http://yan.tea-nifty.com/trash/2006/02/index.html　2008年8月30日）

(55) 　前述のヤスイさん<u>だか</u>ヨシイさん<u>だか</u>（よく聞き取れない。50代ぐらいの男性の声）もそのひとりで、忘れたころに留守電にメッセージが入っている（http://d.hatena.ne.jp/cana/20031219　2008年8月30日）

　次に、「だか」は低評価が与えられている名詞を並列することが多いという傾向があることを指摘する。以下は『日本語話し言葉コーパス』中の実例である。

(56) 　時々揺れる時があるんですね。だから<u>地震だか工事</u>の揺れなのかここんとこちょっと見当が付かないですね。
　　　　　　　　　　　　　　　（『日本語話し言葉コーパス』S03F1595)

(57) 　このお寺で何やら行事があるので恐らく<u>法事だかお葬式だか</u>と思われるんですけれどもあるのでこのイベントができなくなりましたごめんなさいっていうことだったんです。
　　　　　　　　　　　　　　　（『日本語話し言葉コーパス』S00F0476)

(58) 　最近になったらそこで工事が始まりまして、どうやら<u>マンションだか家</u>を建ているらしくて一年間そこで工事を行ないますという通達が入っていたので、毎日かなりうるさい日々が続いています。
　　　　　　　　　　　　　　　（『日本語話し言葉コーパス』S00F0177)

　(56)から(58)はいずれも低評価の語の並列である。(58)のマンションと家はもともと低評価を表すわけではないが、近所に建設するという文脈では「迷惑なもの」という評価が与えられている。
　「だか」が低評価に偏るメカニズムとしては、「やら」や「だの」と同じであると考えられる。つまり、共通の指示対象ということは当然属性も共有している。加えてさらに「不確定性」も表すため、どうしても「わけのわからないもの」「よくないもの」という意味が生まれやすいのだろう。同じ選択を表す「か」に低評価が現れないのは「か」は「記憶にない」という意味だ

けでなく、より客観的に「不確定」であることを表すためであり、また、「か」は具体的な個々の例に注目しているからである。一方、「だか」で並列されているのは具体的な例ではなく、具体的な例に対する表現の仕方である。つまり、「だか」には「そのようなもの」というように属性に注目させる機能があり、**3.2.** で述べたように属性に注目させる時に低評価の意味が生まれやすい。

　ただし、低評価とは考えにくい例もみられる。

(59)　で、まず、四月だか五月に、六月かな、部活に入って、初めはこう、どこの体育会系の部活だとそうだと思うんですけど、こう、優しく接してくれて　　　　　　　　　（『日本語話し言葉コーパス』S02F0120）
(60)　名字は忘れましたけど、何か楠木正成の弟だか息子が確か正行だったと思うんですよ　　　　　　　（『日本語話し言葉コーパス』S05F1213）
(61)　私が前に持ってた、大して読みもしなかったんですけども、機械の中の幽霊なんという文明論だか技術論。こんなものまで書いています
　　　　　　　　　　　　　　　　　　　（『日本語話し言葉コーパス』S06M1337）

　(59)から(61)の例は単に話し手にとって不確定であることを表していると考えられる。「だか」は低評価の場合に使われる傾向があるにしても、「だの」のように語彙的意味として低評価を表すわけではない。

　なお、『日本語話し言葉コーパス』やWebでは用例はかなり見つかるが、『毎日新聞』では2002年の1月から6月の6ヶ月間で並列の「だか」は2例しか見つからなかった。

(62)　三十代だか五十代だかわからない男が、バットを持って振り回すので「バット男」と呼ばれている。　（『毎日新聞』2002年1月31日夕刊）
(63)　民主主義だか自由主義だかのはき違えや勘違いから「道徳」だとか「義」なんて言葉を死語にした僕ら自身のツケがまわりはじめたな。
　　　　　　　　　　　　　　　　　　　　　（『毎日新聞』2002年4月1日朝刊）

うち(63)はインタビュー記事である。よって、「だか」は話し言葉的な表現であるといえるだろう。

最後に、語用的には「だか」は「他にはない」という推論は発生させない「排他的推意なし」である。「だか」は不確定であり、指示対象に該当する表現の候補を並列するが、そのどちらかというわけではなく、他の要素が当てはまるということもあり得る。

(64) （部屋に落ちているロボットのプラモデルを指して）
　　　母親「掃除機かけるから、そのガンガルだかガルタンだかを片付けなさい」
　　　子供「違うよ！　これは「ガンダム」だよ！」(＝(53))

「だか」を使うことで並列されたものの「どちらか」が正解であるというニュアンスは生まれないし、話し手もそのような意図で使うわけではない。むしろ「AだかBだかわからない。他に答えがあるかもしれない」というニュアンスである。そのため、「だか」は排他的な推意は生まず、「他にあるかもしれない」というニュアンスをもつ。

5.「なり」

ここでは「なり」について述べる。「なり」は典型的には選択肢としての並列を表す形式である。

(65)　困った時は先生なり友人なりに相談しなさい。

以下、他の形式と同じように統語レベル・意味レベル・語用レベルに分けてその機能をみていく。

まず、統語的には「だか」は並列された要素すべてが他の要素すべてと結びつかなくてもよい「－網羅性」である。上述の(65)は両方に相談しろというわけではなく、どちらか片方でもかまわない。(66)の文も「－網羅性」

である「や」を用いた(67)と同じく、どちらか片方でも構わない。

(66)　汚れた時は水なりアルコールなりで拭いてください。
(67)　汚れた時は水やアルコールで拭いてください。

　よって、「なり」は「－網羅性」といってよいだろう。ただし、同じく選択を表す「か」と違うのは「か」はどちらか1つを選ばせるという**選択性**をもつのに対して、「なり」は「選択性」はもっていないということである。

(68)　困った時は先生なり友人なりに相談しなさい。（＝(65)）
(69)　困った時は先生か友人に相談しなさい。

　(69)はどちらか片方に相談しなさいというニュアンスが強いが、(68)はそのようなことはなく、両方に相談しても構わないというニュアンスである。「なり」の機能はあくまでも選択肢の「提示」にとどまり、「か」のように選択を迫るわけではないといえるだろう。
　なお、「なり」には選択肢の並列という機能からか、過去の特定時に起きた事態を報告する文では使いにくい。

(70)　*困ったので、昨日、佐藤なり鈴木なりに相談した。

　過去の文であっても、事態が特定されていなければ使える。

(71)　つまり私が簡単に大阪弁なり京都弁を真似ができなかった理由っていうのが知りたくて、喉頭筋電図というこれを取ることがうまく行きましたのでそれで説明をいたします。
　　　　　　　　　　　　　（『日本語話し言葉コーパス』A05F0278）

　実例では(72)のような条件文などの未実現の事態を述べる文、または(73)のように現在の状況を表す静的述語文の例が多い。

(72) 最終的な機械の設計図なり実物なりを得れば、設計が終了しましたって言うんですけれども。　（『日本語話し言葉コーパス』A04M0955）
(73) 大抵はフレーズなり文一文で書かれています。
　　　　　　　　　　　　（『日本語話し言葉コーパス』A04M0955）

　次に、意味レベルの議論として集合の形成動機についてみる。選択肢を並列するということから、「なり」が類似性に基づく並列であること、つまり何らかの形で長期記憶を利用すること、そして、特に聞き手に長期記憶を参照させているのは間違いない。これは以下の例文の比較からもわかる。

(74) 困った時は佐藤なり山本に相談しなさい。
(75) ?困った時は佐藤って人なり山本って人に相談しなさい。

　(75)のように聞き手が知らない情報については「なり」は使えない。
　また、共通の属性よりも選択肢として同一の古典的カテゴリーに属するかどうかが「なり」の使用の可否を決めていると考えられる。

(76) 明日はセンター試験だから、鉛筆や時計を今日のうちにちゃんと準備しておきなさい。
(77) ?明日はセンター試験だから、鉛筆なり時計なりを今日のうちにちゃんと準備しておきなさい。

　鉛筆と時計はセンター試験で使うというアド・ホックな共通の属性をもっているため、「や」で並列できるが、同一のカテゴリーには属していないため、「なり」で並列できない。また、選択肢以外の場面でも属性ではなく、「同一カテゴリーに属すること」が優先される。

(78) ?部屋にはトロフィーなりラケットなりが飾られている。
(79) 部屋にはトロフィーなりメダルなりが飾られている。
(80) 部屋にはトロフィーやラケットが飾られている。

(81)　部屋にはトロフィーやメダルが飾られている。
(82)　?部屋にはトロフィー、ラケットが飾られている。
(83)　部屋にはトロフィー、メダルが飾られている。

　(78)は同一のカテゴリーではないため、「なり」が使いにくい。この振る舞いは(80)、(81)のような「や」とは異なるが、(82)、(83)のような「、」と同じである。
　最後に、語用的には「なり」は「他にはない」という推論は発生させない「排他的推意なし」である。むしろ「他にも選択肢がある」という推論を発生させることが多い。

(84)　困った時は先生なり友人なりに相談しなさい。(＝(68))

6.　「に」

　ここでは並列を表す「に」を考える。並列を表す「に」とは以下のようなものである[5]。

(85)　年の瀬もせまり、世間はクリスマスに正月となにかと騒がしくなってきた。
　　　〈http://www.forest.impress.co.jp/article/2001/12/21/saimatsugame.html
　　　　　　　　　　　　　　　　　　　　　　　　　　　2008年8月14日〉

　寺村秀夫(1991)にも「物売りのきまりことば」として記述されている。

(86)　ビールにおつまみはいかがですか。　　　　　　（寺村秀夫1991: 204）

　以下、他の形式と同じように統語レベル・意味レベル・語用レベルに分けてその機能をみていく。
　まず、統語的には「に」は「と」と同様に、並列された要素すべてが他の

要素すべてと結びつく「+網羅性」である。(87)は毎日ビールとワインの両方を飲んでいるという意味であるし、(88)はすべての日本人がイクラと数の子の両方を食べるという意味である。

(87)　私は毎日ビールにワインを飲んでいる。
(88)　日本人は正月になるとイクラに数の子を食べる。

　また、「と」と同様に同一名詞句内の要素に対して網羅性がキャンセルされる**名詞句内非網羅性制約**ももっている。「に」は「の」を伴って連体修飾節を作ることはできないが、動詞句を使って(89)のような文を作ることは可能である。
　(89)は数学が英語のどちらかを受ける学生という解釈が成り立つ。

名詞句内非網羅性制約
　同一名詞句内では網羅性はキャンセルされる。

(89)　数学に英語を受ける 学生 は残ってください。

　この制約のおかげで、「に」は連結数量詞に対して合計読みが可能である。(90)は合計50mgと解釈できる。50mgのうち一部はビタミンA、一部はビタミCというように非網羅的に解釈されるからである。

(90)　この商品にはビタミンAにビタミンCが50mg含まれている。

　次に、意味レベルの議論として集合の形成動機についてみる。
　「に」は(91)のように言えることから、「や」と同様に共通の構造・属性に基づいて集合が形成されていると考えられる。

(91)　今からぞうきんかけるから、机の上のクッキーにティッシュの箱を片付けて。

同一のカテゴリーに属していても、共通の属性が発見できないような(92)では使いにくい。

(92) ??初めまして。ボランティアに遊びが大好きです。よろしくお願いします。

また、「や」と異なり、数量詞や代名詞には接続しない。

(93) *<u>1回に2回</u>の失敗は気にするな。
(94) *<u>私にあなた</u>はよくても、他の人は納得しないだろう。

最後に、語用的には「に」は「他にはない」という推論を発生させる「排他的推意あり」である。(95)は飲んだのはビールとワインだけで他は飲んでいないという推論を発生させる[6]。

(95) 昨日は、ビール<u>に</u>ワインを飲んだ。

一方で、「に」は個体の量を表す表現と共起できる。

(96) りんご<u>3個</u>にみかん<u>3個</u>を買った。

「他にあるかもしれない」(=「排他的推意なし」)という時に数量をいうことは Grice(1989)の「量の公理」「質の公理」に反する。「他にはない」という推論を伴うからこそ数量と共起できるのである。
また、「コーヒーにトーストの朝食」というような言い方はコーヒーとトーストだけからなる簡単な朝食であることをイメージさせる。これは「に」が排他的推意を生むからこそ表せる効果である。

7. その他の並列助詞のまとめ

第 7 章で述べたことをまとめると、次の A から F のようになる。

A 「とか」は統語的には「−網羅性」、意味的には「共通の構造・属性に基づく集合」、語用的には「排他的推意なし」であり、「や」と同様の機能をもつ。「や」との違いは話し言葉的であること、聞き手にとっての新情報を挙げ、具体例に注目させる例示の機能をもつことである。

B 「やら」は統語的には「−網羅性」、意味的には「共通の構造・属性に基づく集合」、語用的には「排他的推意なし」であり、「や」と同様の特性をもつ。「や」との違いは不確定というニュアンスがあることで、定の名詞句や数量詞は並列できない。話者にとって望ましくないものの並列に使われることが多い。

C 「だの」は統語的には「−網羅性」、意味的には「共通の構造・属性に基づく集合」、語用的には「排他的推意なし」であり、「や」と同様の特性をもつ。「や」との違いは話者にとって望ましくないものか、心理的に距離があるものの並列にのみ使われるということである。この特性はヒエラルキー構造から経験基盤的に説明できる。

D 「だか」は統語的には「−網羅性」、意味的には「共通の指示対象をもつ要素の集合」、語用的には「排他的推意なし」である。特定の指示対象について話し手の記憶がはっきりしない時に、その候補を並列する形式で、候補は同一のカテゴリーに属する。話者にとって望ましくないものの並列に使われることが多い。

E 「なり」は統語的には「−網羅性」、意味的には「共通のカテゴリーに属する要素の集合」、語用的には「排他的推意なし」である。選択肢を提示する際に使われることが多く、過去の特定時に起きた事態を報告する文では使いにくい。

F 「に」は統語的には「＋網羅性」、意味的には「共通の構造・属性に基づく集合」、語用的には「排他的推意あり」である。この組み合わせは相性が悪く、使用も少ない。

注

1 「とか」のとりたて用法については中俣尚己(2008)で詳しく述べている。
2 この後、鈴木智美(2004)は「〜だの〜だの」と「〜だの〜など」の違いについて考察を行っているが、筆者にはそもそも「〜だの〜など」という形は一般的ではないように思われる。Googleでワイルドカードを用いた検索でも、「だの*だの」の検索結果が330,000件であったのに対し、「だの*など」の検索結果は3,310件と大きな差が見られた(2008年5月16日)。しかも見られる例文はほとんどが引用の並列であった。

> それに第一ティーンエージャーの時、あれだけ人のことを臭いだの汚いなどと言ったその同じ口でそんな事を言われて信じる方がどうかしている。
> 　　　　(http://www.geocities.com/hanashinotane/38/msume.html　2008年8月14日)

また、毎日新聞2002年の記事の中で唯一見つかった「〜だの〜など」の例文も引用の並列であった。
3 ただし、並列される数が少ない時は「少ない」という属性しか読み込めない。「*2回とか3回読み返したから大丈夫」のようにはいえない。これはもとのもとの数が少ないため、そこから「十分」「多い」という属性を発見することはできないためであろう。
4 1.「集合化」と2.「属性に注目」の両者が満たされれば低評価になるというのは並列表現に限った現象ではない。中俣尚己(2010b)は「そんな」をはじめ「なんか」「ばかり」「し」などもヒエラルキーの構造から低評価性を説明できることを示している。
5 「に」は実例も少ない、日常会話ではあまり使われない表現であるため、話者によっては例文の許容度は下がることがあると考えられることを断っておく。
6 もちろん、推意なのでキャンセルできる。

第 8 章
並列助詞の体系

　第8章では**第2章**から**第7章**までで扱った「と」「や」「も」「、」「か」「とか」「やら」「だの」「だか」「なり」「に」の特性をまとめ、体系化する。まず、**1.** でこれまでにみてきた形式の特性を集約する。**2.** では各形式の「網羅性」「類似性」についての傾斜を考える。**3.** では「網羅性」「類似性」の傾斜を元に並列助詞を体系化する。**4.** ではまとめを行う。

1. 並列助詞の特性の集約

　まず、**第2章**から**第7章**までで扱った「と」「や」「も」「、」「か」「とか」「やら」「だの」「だか」「なり」「に」の統語的、意味的、語用的特性を**表 8.1**にまとめる。

表 8.1　並列助詞の特性の集約

形式	統語的特性	意味的特性		語用的特性
	網羅性	類似性／隣接性	集合の形成動機	排他的推意
と	**＋網羅性**	**隣接性**	隣接性	**あり**
や	－網羅性	類似性	共通の構造・属性	なし
も	**＋網羅性**	類似性	予測可能性	なし
、	－網羅性	類似性	同一のカテゴリー	**あり**
か	－網羅性	類似性	同一のカテゴリー	**あり**
とか	－網羅性	類似性	共通の構造・属性	なし
やら	－網羅性	類似性	共通の構造・属性	なし
だの	－網羅性	類似性	共通の構造・属性	なし
だか	－網羅性	類似性	共通の指示対象	なし
なり	－網羅性	類似性	同一のカテゴリー	なし
に	**＋網羅性**	類似性	共通の構造・属性	**あり**

数の上で少数派に属するものを強調表示した。特に目立つのが「と」がすべての項目において有標的であるということである[1]。中でも集合の形成に長期記憶を参照しない隣接性を用いるのは「と」だけである。**第2章**で述べたようにこの隣接性は「同伴」「条件」「引用」といった他の「と」の用法にもみられるものである。「と」は隣接性を表す標識であり、それが「モノ」と「モノ」という関係であれば「並列」、「発話内容」と「事態」という関係であれば「引用」、「参与者」と「事態」であれば「同伴」、「事態」と「事態」であれば「条件」「契機」というように多彩なバリエーションをもつと解釈できる。つまり、**隣接性に基づく「と」は並列専用形式ではない**。その点、類似性に基づく他の形式は基本的には並列専用形式である(「も」や「とか」はとりたて助詞としての用法もあるが、他の要素を暗示するという点で並列的である)。このことは並列、すなわちグループ化という認知的作業が原則的には類似性と深く関わっていることを示す。これは、形態的に最も無標である「、」も長期記憶を参照する類似性に基づく並列であることからも支持される。

一方、最も数が多いのは「−網羅性」「**共通の構造・属性による並列**」「**排他的推意なし**」という組み合わせである。しかし、それぞれの形式には微妙な機能の差がある。以下にそれをまとめる。

表 8.2 「−網羅性」「共通の構造・属性による並列」「排他的推意なし」をもつ形式の機能の違い

形式	機能
や	要素の共通の属性に注目させる。
とか	要素の具体例に注目させ、聞き手が認識していない例を挙げる。
やら	要素が不確定であることを示す。
だの	要素が低評価、または心理的に距離があることを示す。

このように、細かい機能の面に注目すると、日本語の並列形式はどれも異なった独自の機能をもっていることがわかる。ただし、統語的な特性や集合の形成動機は共通であるため、以下はこれら4形式を「**や**」類と総括して論じたい。

まず、「要素どうしの関係」とは各並列助詞が要素をどのように「結びつける」かという問題である。これについて「網羅性」と「排他的推意」に注目すると、**表 8.3** のようになる。

表 8.3　網羅性と排他的推意

	排他的推意あり	排他的推意なし
＋網羅性	「と」	「も」
－網羅性	「、」・「か」	「や」類

「要素がすべて他の要素と結びつくか」という網羅性と「他に要素があるか」という排他的推意の2つに注目すると、日本語の並列助詞はこのように体系化することができる。従来の研究では全部列挙・一部列挙という側面にのみ注目していた。これは本研究でいうところの排他的推意にのみ注目した捉え方である。この方法では「と」と「や」の違いは明らかにできても、「も」や「、」、「か」といった多くの形式との違いは明らかにできない。事実、寺村秀夫 (1991) では「コンマによる名詞の並べたては、「ト」のように網羅的か、「ヤ」のように一部例示的かはっきりしない」(p.204) と書かれている。網羅性と排他的推意という2つの枠組みを使い、さらに排他的推意は語用的でキャンセルされうるということを認めた上で初めて「、」と他のマーカーとの関係が明らかになる。

2.　並列助詞の特性の傾斜

ここでは、並列形式の特性を決定する統語的な「集合内の要素と他の要素の関係」と意味的な「集合の形勢動機」をそれぞれ「網羅性の傾斜」「類似性の傾斜」という形で表す。

これまで「と」と「も」は「＋網羅性」、「や」と「、」は「－網羅性」であるというように論じてきたが、実際には「＋網羅性」であっても言語現象が異なることがある。「と」と「に」は同一名詞句内で網羅性がキャンセルされることもあるが、「も」はキャンセルされない。よって、**第 7 章**の **1.** で

述べたように、「も」は「と」よりも網羅性が強いと言うことができる。以下の例文は「も」は連結数量詞に対して「分配読み」しかできないが、「と」と「に」は「合計読み」ができることを示している。

（1）a. この商品にはビタミンAとビタミンCが 50mg 含まれている。
　　 b. この商品にはビタミンAにビタミンCが 50mg 含まれている。
　　 c. #この商品にはビタミンAもビタミンCも 50mg 含まれている。

また、特定時の事態の文においては、「、」は他に要素はないというニュアンスが強いが、「や」は他にも要素があるという推論が強い。このことからも「、」の方がやや網羅的に解釈されると考えられる。

（2）a. 昨日、現場で同僚、施主から面と向かって言われた。
　　 b. 昨日、現場で同僚や施主から面と向かって言われた。

さらに、「どちらか1つ」という「選択性」をもつ「か」「だか」は挙げられた要素が揃うことはないため、最も非網羅的だといえるだろう。
　これらの結果から「網羅性」については以下の強さの傾斜が考えられる。

（3）　**網羅性の強さの傾斜**
　　　強「も」＞「と」「に」＞＞「、」＞「や」類、「なり」＞＞「か」「だか」**弱**

「網羅性」が強いということは要素が常にすべて他の要素と結びつくということであり、並列された要素は時間や場所が異なってもいつもセットとなっているということである。つまり、要素を結びつける力が強いということである。「網羅性」が弱いということは時間や場所が異なれば、要素のうちの1つでもよいということであり、要素を結びつける力が弱いということである。
　また、意味的特性である集合の形成動機についても類似性という観点から傾斜を考えることができる。ここでの類似性とは長期記憶へのアクセスの有

無やその量の多少のことである。各マーカーが必要とする集合の形成動機は図 8.1 の 5 種類に分類できる。

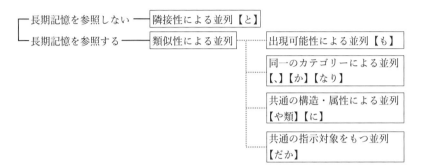

図 8.1　集合の形成動機の整理

以下、図 8.1 の下に行くほど類似性が高い、つまり長期記憶を積極的に利用していることを示す。

「と」は長期記憶を参照しないので、類似性は最も弱いといえる。また、「も」も「話題に出現しうるか」という情報のみが重要であり、談話以前から保持している情報にアクセスする必要はない。一方、「、」、「か」、「なり」は「同一のカテゴリーに属する要素」の集合であり、「や」類と「に」は「共通の構造・属性をもつ要素」の集合である。この 2 つのどちらが類似性が強いかというのは難しい問題であるが、Barsalou, L. (1983) はアド・ホック・カテゴリーは一般カテゴリーよりも記憶保持が難しく、文脈の助けを必要とすることを報告している。つまり、その分多くの情報にアクセスする必要があるということである。よって、文脈さえあればアド・ホックに集合を作れる「共通の構造属性をもつ要素」のほうが類似性が強いと考える。

最後に、「だか」は必ず共通の指示対象をもつ。これはエピソード記憶の中のある要素の候補について並列や、ある語彙項目の音声情報の候補の並列であり、記憶の深い部分を参照していると考えられる。「だか」は必ず「思い出す」というプロセスに伴って使用されるということであり、最も能動的に長期記憶にアクセスしていると考えられる。

よって、長期記憶へのアクセスの量を類似性の強さと考えた場合の類似性

の傾斜は以下のようになる。

(4) 類似性の強さの傾斜
　　　強　「だか」＞「や」類、「に」「、」「か」「なり」＞「も」＞＞＞「と」　弱

これは、それぞれの形式があらかじめ集合がどのような動機によって結びついていれば使用できるかという条件の強さに相当する。

3. 並列助詞の体系

本章のまとめとして、2. で得た網羅性と類似性の傾斜を利用して、並列助詞の特性をマッピングすることにする。なお、本研究では「排他的推意」も取り上げたが、これは語用的特性であるため、マッピングには利用しない。

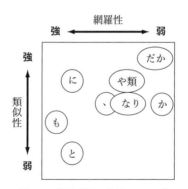

図 8.2　並列助詞の特性のマップ

横軸の網羅性は並列マーカー自体の統語的特性であり、並列マーカーがどれほど強力に要素を結びつけ、セットにするかということである。いわば「結びつける力」である。一方、縦軸の類似性は並列される要素自体がもともともっているものであり、どのような動機で結びつくかということである。いわば「結びつく力」である。

図 8.2 は「結びつける力」と「結びつく力」の強弱によるマッピングと読

み解くことができる。そして結びつく力が弱いものは結びつける力が強く（「と」）、結びつく力が強いものは結びつける力が弱い（「だか」、「や」類）という関係になっていることがわかる。

　このことを端的に示すのが「と」である。「と」は普段は「＋網羅性」であり、並列される要素に類似性を必要としない。しかし、名詞句の中では「－網羅性」になることがあり、その場合に限り、並列される要素は同一のカテゴリーでなければならない。これはつまり、結びつける力が弱くなったのを結びつく力を強めて補っているという関係である。

　そして、この関係は本研究が**第 1 章**で立てた以下の仮説を支持するものである。

（5）　人間がものごとをグループ化する時の方法には隣接性によるものと類似性によるものの 2 種類しかない。

　なお、「結びつける力」「結びつく力」がともに弱いものは存在しないため、表の右下は空白になっている。そのような場合にはそもそもグループ化が行えないと考えられ、これは自然な結果である。

　反対に、表の左上には「結びつける力」「結びつく力」がともに強いものがあるが、「も」は「とりたて助詞」という他の形式とは一線を画すカテゴリーに属し、「に」は決まり文句以外にはあまり用いられないという特異性をもっている。

4.　並列助詞の体系のまとめ

　数多い日本語の並列助詞も要素を結びつける力である「網羅性」と要素自体の「類似性」という基準で体系化することができることがわかった。結論を述べると、日本語の並列助詞は単に 2 つの要素の等位的関係を表しているのではなく、要素をどれだけ集合として結びつけるかということと、要素にどれだけ類似性がみられるかということを表しており、そのために、多様な表現が可能なのである。並列助詞は要素と要素の論理関係のマーカーである

とともに、意味関係のマーカーでもあるのである。
　そしてそのやり方としては大ざっぱにいって「要素の類似性を無視して、強力に結びつける」ものと「要素の類似性に従って、緩やかに結びつける」ものがあるということになる。前者の代表例が「と」であり、後者の代表例が「や」類である。

注
1　無標のもののバリエーションが多彩になるということは沈家煊(1999)で述べられている。

第 3 部
並列を表す接続助詞の体系的記述

第9章
コーパスからみる
並列を表す接続助詞の全体的な傾向

　第9章ではコーパスから並列を表す「ば」「し」「て」「連用形」「たり」「とか」を含む多数の例文を収集し、それにタグづけを行うという方法を用いて、並列を表す接続助詞の特徴・傾向を探る。並列を表す接続助詞の各形式には様々な用法があり、「累加」「強調」といった単純な分類法によってその本質を規定することは不可能である。そこで、重複的にタグをつけ、その割合を調べることで、各形式が使用において主にどのような傾向をもっているのかを調査することにした。
　1. では調査に用いたコーパスの性質と、調査の方法について述べる。**2.** では全体的な出現数を報告する。**3.** では本研究で用いたタグについて説明する。**4.** でタグを付与した際の割合を報告し、全体的な傾向や出現数との相関について述べる。

1. 調査の方法

1.1. 使用したコーパス
　この調査では話し言葉のコーパスとして『日本語話し言葉コーパス』、書き言葉のコーパスとして『CD-ROM版　毎日新聞'02』を使用した。なお、以下、日本語話し言葉コーパスを「CSJ」、毎日新聞を「新聞」と略記することがある。
　『日本語話し言葉コーパス』には講演、模擬講演、朗読、対話などのジャンルが含まれるが、全体量が多い講演と模擬講演だけを収集対象とした。なお、講演とは主に学会での口頭発表を録音したものであり、フォーマルなスタイル、固い言葉が多用されている。それに対して、模擬講演とはあらかじめテーマを与えられた話者がそのテーマについて自由に話すというものであ

る。簡単なメモを見ながら話す場合もあるが、多くは日常的なスタイルで話され、くだけた言い方や方言の使用も観察される。「模擬講演」という用語からふつう連想されるものよりもかなりインフォーマルな話し方であることに注意が必要である。

収集した範囲は各形式によって異なる。それは、本調査の目的がそれぞれの形式についてどのような用法がどれぐらい用いられるかを調べるためであり、それぞれの形式について十分な量が集まればよいからである。よって、各形式において十分な量が集まる範囲を調査した。その際、CSJ においては講演／模擬講演の偏りや男性／女性の偏り、またテーマの偏りのないようにした。

ただし、10万語あたり何回出現したというような形で各形式の出現頻度を比較することは可能である。

1.2. 収集した形式

本形式で収集した形式について、その認定基準を以下に示す。全体的な原則として、複数述語が明示的に表れており、時間的前後関係が認められないものを収集した。

「ば」……(1) のように並列を表すもののみを収集し、(2) のように仮定条件を表すものや(3) の「思えば」のような確定条件を表すものは収集しなかった。

（1）「今どき、頼む人もいなけれ<u>ば</u>、造る人もいないよ」と棟梁(とうりょう)は笑う。　　　　　　　（『毎日新聞』2002年1月9日朝刊）
（2）低次の段階で情報を一まとまりにすれ<u>ば</u>その一まとまりのものに変動が加わるので相対的な時間順序が保持されミリセカンドオーダーの精度が出せるのではないかと考えます

（『日本語話し言葉コーパス』A01F0143）
（3）今にして思え<u>ば</u>昭和後期を戦後文化でくくっていたが、その戦後文化に、よくも悪くも大きくのしかかっていたのがテレビだった。

(『毎日新聞』2002年1月4日夕刊)

　ただし、(4)のようなものはやや時間的関係を読み込むことができ、継起とも解釈できるが、時間的関係がそれほど問題になっていないとも考えられる。このようなものは収集した。「ば」について記述する**第10章**では(1)のようなタイプと(4)のようなタイプは分けて論じる。

（4）　「早大戦は今までやってきたことをやるだけ」と今村が言え<u>ば</u>、「FWが命がけで押す」と、春口監督。(『毎日新聞』2002年1月3日朝刊)

　「<u>し</u>」……並列を表すもののみを収集し、理由を表すものは収集しなかった。(5)のようなものは「し」の前後ともに「安心して使える」理由であるため、理由の並列と考えて、収集したが、(6)のようなものは「し」の前後が因果関係になっているため、収集していない。

（5）　距離は出る<u>し</u>、方向性もいいから安心して使える。
　　　　　　　　　　　　　　　(『毎日新聞』2002年1月17日夕刊)
（6）　両親と言いますか父親が高校の先生です<u>し</u>、中退するっていうことは
　　　耐えられないことと思って　(『日本語話し言葉コーパス』S06F0150)

　「<u>て</u>」……(7)のように並列を表すもののみを収集し、(8)のように時間的前後関係が読み込めるものや(9)の「～として」のように複合助詞的に使われているものは収集しなかった。また、ナ形容詞、名詞述語文に関しては(10)のように「Nで」の形をとるものを収集した。

（7）　広く<u>て</u>ちょっとしたせせらぎがあっ<u>て</u>でそのせせらぎを人工的に作っ
　　　ているんですけど　　　(『日本語話し言葉コーパス』S03F0062)
（8）　母親が亡くなったという知らせを受け、一時帰国した実家から土地の
　　　権利書を持ち出し<u>て</u>バンコクに戻る。
　　　　　　　　　　　　　　　(『毎日新聞』2002年1月4日夕刊)

(9) 英国でも工学・物理科学研究会議が昨年から国家プロジェクトとしてナノテク研究を推し進めている。(『毎日新聞』2002年1月5日朝刊)
(10) 道がちょっと町を外れれば、まっすぐで、こう何にもないような感じなんですね　　　　　　　　　　　(『日本語話し言葉コーパス』S00F0014)

　「連用形」……(11)のように並列を表すもののみを収集し、(12)のように時間的前後関係が読み込めるものや(13)の「～により」のように複合助詞的に使われているものは収集しなかった。また、ナ形容詞、名詞述語文に関しては(14)のように「N」という裸の形をとるものを収集した。並列助詞である「、」との区別は、共通の述語をもち、なおかつ同じ格に立っていると考えられないものを述語連用形と認定した。

(11) 具体的には、サラリーマンにとっては失業であり、中小企業では倒産だろう。　　　　　　　　(『毎日新聞』2002年1月1日朝刊)
(12) NTTでは、すでに単電子トランジスタを集積化する技術を開発し、単電子トランジスタを組み合わせたコンピューターの基本回路の試作に世界で初めて成功している。(『毎日新聞』2002年1月5日朝刊)
(13) 要請によりガスや電気、水道などライフライン関係の企業にも情報を提供する。　　　　　　　(『毎日新聞』2002年1月5日夕刊)
(14) 例えば、トップ下に中田英を起用すれば「キープ型」、森島ならば「速攻型」。　　　　　　　(『毎日新聞』2002年1月1日朝刊)

　「たり」……(15)のように並列を表すもののみを収集し、(16)のような一例を挙げるものは収集していない。

(15) その間を自分のペースで私達参加者は自由に写真を撮ったり、途中で休憩したり、ちょっとお菓子食べたりとかしながら歩いていくものです　　　　　　　　　　(『日本語話し言葉コーパス』S01F0151)
(16) ちょっと時々寂しく思ったりします
　　　　　　　　　　(『日本語話し言葉コーパス』S02M0103)

「とか」……(17)のように並列を表すもののみを収集し、(18)のような一例を挙げるものは収集していない。また、(19)のような名詞句の並列も収集しておらず、節あるいは文の並列に限っている。引用用法については(20)のように並列になっているものは収集した。

(17) んでしまう場所がないと布団が敷けない<u>とか</u>何か買ってきたものを枕にしなきゃいけない<u>とか</u>そういうことになってくるのでなかなかつらいんですよね　　　　　　　　　(『日本語話し言葉コーパス』S05M0613)
(18) 弾いたことがないリクエストの曲がある時には、その場で即興でアレンジしたり<u>とか</u>、そういうことがとても何かこう何ですかね頭脳労働って言うかそういうのでとても楽しいです
　　　　　　　　　　　　　　　(『日本語話し言葉コーパス』S00F0209)
(19) こちらで言うクラブは テニス部 とかこう 電子計算機部 とかこうやることによって分かれていると思うんですけれども
　　　　　　　　　　　　　　　(『日本語話し言葉コーパス』S01M0051)
(20) やっぱり高校時代とかもうどうしてもこう<u>生きるって何だろう</u>とか<u>人間て何だろう</u>みたいなのを悩むと思うんですが
　　　　　　　　　　　　　　　(『日本語話し言葉コーパス』S00M0153)

2. コーパスにおける出現数

表 9.1 に CSJ における 10 万語あたりの出現数、**表 9.2** に新聞における 1 日あたりの出現数を示す。また、2 段目には (　) 内に採取した用例の数／検索範囲を示す。CSJ のデータの**表 9.2** にはさらに 3 段目に講演／模擬講演の割合を示す。

表 9.1　CSJ における各並列助詞の出現頻度（10 万語あたり）

形式	て	連用形	し	たり	とか	ば
出現頻度	515.0	117.3	45.8	40.6	28.0	1.7
出現数／検索範囲	（309／6万）	（129／11万）	（229／50万）	（203／50万）	（140／50万）	（125／750万）
講演／摸擬講演	49%／51%	89%／11%	22%／78%	17%／83%	29%／71%	34%／66%

表 9.2　新聞における各並列助詞の出現頻度（1 日あたり）

形式	連用形	て	たり	し	とか	ば
出現頻度	122	112	13.4	8.3	1.5	1.0
出現数／検索範囲	（122／1日）	（112／1日）	（403／30日）	（248／30日）	（44／30日）	（188／180日）

「て」と「連用形」、「し」と「たり」で順位が入れ替わっている部分があるものの、使用頻度の順位は話し言葉でも書き言葉でも大差ないことがわかる。ここで、異なる文体が同程度集められ、結果として文体差が打ち消されていると考えられる CSJ に注目してみたい。中俣尚己（2006a）では「ば」と「し」は類似性をもつ事態にのみ使える形式で、「て」と「連用形」は類似性がない事態にのみ使える形式であるとした。また、「ば」は「し」よりも類似性に対する志向性が強く、「て」は「連用形」よりも類似性に対する志向性が弱いという結論を得ている。

このことを踏まえて表 9.2 を眺めると、類似性に対する志向性が最も強い「ば」は出現頻度が最も低く、類似性に対する志向性が最も弱い「て」は出現頻度が最も高くなっている。このことから次のようにいうことができる。

類似性と出現頻度の関係

並列される事態に類似性を強く要求するものほど、出現頻度は低い。

これはある意味当然の帰結である。類似性を強く要求するものは類似性が強い事態にしか使えないが、類似性を要求しないもの、すなわち隣接性によって集合を作り上げるものは類似性があるものにも、ないものにも使える

ため、結果として、多くの場合によく使われるということである。
　以下、上の関係が正しいことを確認するため、各用例中の類似性をもつ並列の割合をタグ付けの手法を用いて調査する。

3.　付与したタグ

　ここでは本調査において付与したタグについて説明する。タグは重複してつけられる。
　まず、以下の 4 つのタグは首尾一貫性（coherence）を分類した研究である Kehler, A.（2002）の並列（parallel）、すなわち狭義の並列にあたるものである。

> **同形式：並列される要素に同じ形式がみられるもの。ただし、助詞類は同形式とカウントしない。**

(21)　枠のすべてを要求する協会もあれば、6％やそれ以下の協会もある。
　　　　　　　　　　　　　　　　　（『毎日新聞』2002 年 6 月 8 日朝刊）

　(21)では「協会もある」という形式が共通している。

> **同構造：並列される要素が同じ事態構造をもつもの。類義語の動詞の並列。同形式とは排他的である。**

(22)　偽装された牛肉が保管されている倉庫には、都職員や大田区保健所職員らが訪れ、加工業者の表示をチェックしたり、牛肉が入った箱を開けて調べた。　　　　（『毎日新聞』2002 年 1 月 20 日夕刊）

　(22)では述語は異なる動詞が使われているが、「チェックする」と「調べる」は「動作主がモノを観察して、確認する」という共通点をもつ事態であり、ほぼ同じ構造の事態であると考えられる。同形式はこの同構造の特殊な場合であると考えられるため、同形式と同構造はどちらか 1 つのみが付与さ

れる。

同評価：並列される要素に対する評価的意味、あるいは要素から推論される意味が共通であるもの。

(23) 大学のある八王子や新宿などに比べると<u>三割か四割は安いし</u>、<u>品物の方も凄く生きが良くて質がいいです</u>

(『日本語話し言葉コーパス』S03F0133)

(23)で並列されている事態はいずれも「よい」という評価的意味をもつ。

理由：並列される事態がすべて他の事態の理由となっているもの。同評価とは排他的である。

(24) 予想されるところでは眼前の評価であります<u>し</u>すぐフィードバックされます<u>し</u>教員が介入いたします<u>から</u>、かなりつらい作業なのかなと予想いたしましたが　　　（『日本語話し言葉コーパス』S03F0133)

(24)は後ろに「から」があることからもわかるように「かなりつらい作業」だと判断する根拠が並列されている。しかし、この「理由」は「同評価」と区別することは難しい。というのも、「この店は安いしおいしい」は「よい」という評価をもつ同評価と考えられるが、「この店は安いしおいしいから、いつもここで食べます」にすると理由と考えられる。つまり、理由の並列であるためには同評価であることが必要だともいえるし、理由の並列というのは「「ある事態を発生させうる」という共通の属性をもつ事態の並列」「ある事態の判断の根拠となる共通の評価的意味をもつ事態の並列」とも考えられる。そのため、本調査では理由を同評価の特別な場合と考え、同評価と理由はどちらか1つのみを付与した。

「同形式」「同構造」「同評価」「理由」は Kehler, A. (2002) の並列 (parallel) にあたるものであるが、Kehler (2002) ではそれら以外の関係も「類似」

（resemblance）に含まれている。本調査では狭義の並列に限定せずに用例を収集し、以下のような4種のタグを付与した。

対比：反対の意味ないし反対の評価的意味をもつもの。

(25)　もう上ったり下ったりであちこち行くのが大変なんで
　　　　　　　　　　　　　　　（『日本語話し言葉コーパス』S03M0046）

(25)の「上る」と「下る」は反対語である。

例示：後の要素が前の要素の例になっているもの。

(26)　毎日学校行くのが凄い楽しくて、で、その日も何か楽しみに学校に
　　　行ったんですよ　　　　　（『日本語話し言葉コーパス』S02F0094）

(26)はまず前件で毎日楽しいという命題を述べ、次にその中から特定の日という例を取り上げている。

一般化：前の要素が後の要素の例になっているもの。

(27)　ロックやパンク系などの若者らしい作句が増える一方で、従来の「し
　　　らうお　どこがいのちか　すきとおり」などのしみじみした作品も
　　　あり、守備範囲は広がっている。（『毎日新聞』2002年1月1日朝刊）

(27)では「ロックやパンク系などの若者らしい作句が増える」「しみじした作品がある」はいずれも「守備範囲は広い」ということの例である。

精緻化：後の要素が前の要素と同じ指示対象をもっているもの。普通、後者の方が詳しい描写になっている。

(28) 実はこれは大変回収率が悪くなりまして 1163 人のうちの四百九十九しか回収されていない。　　　（『日本語話し言葉コーパス』A07F0844）

「回収率が悪くなった」ということと「1163 人のうちの 449 しか回収されていない」ということは 2 つの事態ではなく、同じことである。精緻化は基本的に後件で前件の事態をより詳しく説明することであるが、(28)のようにほとんど同程度の詳しさのものもある。しかし、そのような例も「同じ指示対象をもっている」という点に注目し、精緻化のタグを付与した。

(29) 準備費と三が日を過ごす総予算は平均 13 万 3426 円で、前年比 2 万 5000 円減の緊縮型。　　　（『毎日新聞』2002 年 1 月 1 日朝刊）

さらに、必要に応じ、以下の 3 種のタグも付与した。

付加：前の要素の成立が後の要素の成立の前提条件になっているもの。

(30) 顔の周りに黒い輪っかがあほくさく付いていてそれが眉毛みたいなので近所で眉毛犬とかいわれてます
　　　　　　　　　　　　　　（『日本語話し言葉コーパス』S01F0006）

(30)の後件の「それが」は前件の「黒い輪っか」を指しており、前件が先に発話されないことには意味をなさず、前件と後件を入れ替えることはできない。しかしながら、(30)は単に 2 つの事態が時間的に継起関係にあるともいい難い。このような前後関係を「付加」と認定した。

細分化：前の要素で範囲を限定し、その中から後ろの要素でさらに範囲を限定するもの。事態をより細かく捉えていくという関係。

(31) そのため母子 2 人世帯で、年収 300 万円未満の世帯に支給されている児童扶養手当の受給者は約 71 万世帯になる。

(『毎日新聞』2002 年 1 月 1 日朝刊)

　(31) は母子 2 人世帯で、そのうち年収 300 万円未満の世帯という関係である。「または」ではなく「かつ」という関係である。

代替：実際には 1 つの事態を肯定形と否定形の 2 つの述語を使って表したもの。「前件ではなくて後件」あるいは「前件であって後件ではない」という関係。

(32)　うちの母は結構最近食事に関して無頓着なところがあって例えば食塩じゃなくて味塩置いているんですよ

(『日本語話し言葉コーパス』S00M0025)

　(32) では食塩が否定され、「味塩が置かれている」ことが肯定されている。これは複数の事態が存在するわけではなく、1 つの事態を別の側面から述べたというでは精緻化と同じである。本調査では代替を精緻化の特別の場合と考え、代替と精緻化はどちらか 1 つのみを付与した。
　以上、11 種のタグを付与した。続いて **4.** では分析を行う。

4.　タグ付与の結果

　表 9.3 にタグ付与の結果を示す。数字の単位は％である。
　表 9.3 はそれ自体が各形式の特性を表す分析結果と捉えることができると考えられる。列を縦にみた場合、平均よりも高い割合を示した部分を太い枠で表示し、最も高い割合を示した部分の数字に下線をひいている。
　例えば、同形式と同構造は「ば」の特徴であるということができる。特にこの 2 つのタグは排他的であるため、「ば」の 95％ が同じ述語をもつか、似た意味の述語をもつという結論が得られる。また、「同評価」と「理由」は排他的であるため、「し」の 66％ が何らかの形で評価的な類似性をもっていることがわかる。

表 9.3 接続助詞に対するタグ付与の結果（%）

	同形式	同構造	同評価	理由	対比	例示	一般化	精緻化	補足	細分化	代替	無
て	10	6	23	2	5	4	1	10	4	2	11	28
連用形	23	14	23	1	4	3	2	10	4	0	9	17
し	28	14	45	21	3	1	0	1	2	0	0	3
ば	70	25	19	1	33	0	0	0	4	0	0	1
たり	13	17	47	3	6	0	1	0	1	0	0	23
とか	30	9	44	2	4	0	0	1	0	1	1	19

表の右端には「無」の欄がある。これは 11 種のタグが 1 つもつかなかったものの割合である。例えば以下のような例である。

(33) A4 判 18 ページで、商品・サービス一覧や外貨預金、投資信託など一連の銀行業務を紹介している。　（『毎日新聞』2002 年 1 月 1 日）

「同形式」「同構造」は共通の構造をもつということであり、「同評価」「理由」は共通の属性・評価をもつということである。これらは類似性をもとにした並列であるとみなすことができる。また、「例示」「細分化」といったその他のタグも何らかの形で長期記憶と関わっていると考えられる。そして、それらのタグが一切つかなかった「無」は長期記憶を参照していないと考えられ、つまり、類似性に基づく並列ではないと考えられる並列の割合といえる。

この数字をみると、中俣尚己 (2006a, 2007b) で「類似型並列専用形式」とした「ば」「し」は割合が極めて小さく、一方、「非類似型並列兼用形式」とした「て」「連用形」は一定の割合をもち、以前の研究が実証されたと考えられる。

また、「ば」「し」「て」「連用形」の 4 つに限定した場合、この数字の順位は CSJ における出現数と一致する。つまり、「無」の割合が一番高い「て」は最も出現数が多く、「無」の割合が一番低い「ば」は最も出現数が少ない。標本数が少ないため、相関係数を計算することに意味はないが、類似性があ

る時にしか使いにくい形式の出現数が、類似性がある時にもない時にも使える形式の出現数よりも少ないということは事実であろう。

なお、「たり」「とか」を含めると「無」の割合の順位と出現数の順位が一致しなくなるが、「たり」「とか」は「−網羅性」、「ば」「し」「て」「連用形」は「＋網羅性」であり、論理的な意味が根本的に違うため、その出現数を単純に比較することはできないと考えられる。ただし、「たり」と「とか」ではやはり出現数が多い「たり」の方が「無」の割合が高い。

第 10 章以降は**表 9.3** のデータを使用しつつ、各形式の特性についてさらに細かく分析していく。

5.　「コーパスからみる全体的な傾向」のまとめ

第 9 章で述べたことをまとめると、次の A のようになる。

A　「＋網羅性」どうし、「−網羅性」どうしを比べた場合、並列される事態に類似性を強く要求するものほど出現頻度は低い。すなわち、類似性がある場合に多く使われ、類似性がない場合には使われない形式は出現頻度が少なく、類似性がある場合にあまり使われず、類似性がなくても使える形式は出現頻度が多い。

第 10 章
「ば」

　第 10 章では「ば」について記述する。「ば」は条件を表す形式であるが、特殊な場合においては並列を表す。「ば」並列は用例の少ない特殊な並列形式であり、統語的にも意味的にも強く要素を結びつけるというやや有標的な性質をもつ。以下、**1.** では統語レベルの議論について、**2.** では意味レベルの集合の形成動機について、**3.** では語用レベルの排他的推意について述べる。

1. 「ば」の統語レベルの議論

　ここでは「ば」について統語レベルの議論を行う。まず、議論の前提として、「ば」を用いた並列には「も－も」型と非「も－も」型の 2 種類があることを **1.1.** で確認しておく。そのうえで、**1.2.** では「網羅性」について、**1.3.** では「事態の提示方法」について説明する。

1.1. 「も－も」型の「ば」並列と非「も－も」型の「ば」並列

　中俣尚己（2006a, b）で述べたように、「ば」を使った並列には（1）のように前件と後件の両方に「も」が出現する「も－も」型と（2）のようにそうではない非「も－も」型がある[1]。

（1）　毎日同じことを繰り返し一年掛けて習得できるケースもあれば何の成果がない時もあります　　（『日本語話し言葉コーパス』S00F1203）
（2）　「早大戦は今までやってきたことをやるだけ」と今村が言えば、「FW が命がけで押す」と、春口監督。（『毎日新聞』2002 年 1 月 3 日朝刊）

中俣尚己(2006a, b)では(2)のような非「も－も」型の「ば」並列は条件や継起の意味を残しており、並列としては(1)のような「も－も」型が典型的であるとしている(中俣尚己 2006a: 38)。この見方は本研究でも変わらないが、中俣尚己(2006a, b)では行わなかった非「も－も」型の「ば」並列についての記述もここで行うことにする。

　まず、出現数についてであるが、新聞では「も－も」型が62%、非「も－も」型が38%である。それに対して、話し言葉では「も－も」型が91%、非「も－も」型が9%であった。非「も－も」型が新聞記事に多くみられることがわかる。

　実際の用例をみると非「も－も」型は(3)の各例のように継起的な性格を色濃く残すものと、(4)のように条件的な性格を色濃く残すものがあることがわかる。

（3）　**継起的な性格を色濃く残すもの**
　　　a.　イチローが「きょうより悪い日はもうないでしょうから」と笑顔で言えば、ピネラ監督も「ライトを批判する前に(試合前の練習で負傷し、欠場した)シリーロを批判しないとね」と軽口をたたく。
　　　　　　　　　　　　　　　　　　　　　(『毎日新聞』2002年4月16日朝刊)
　　　b.　一回、イチローが第1打席で中前打すれば、新庄も第1打席で左翼線二塁打を放ち、1番打者として存在感をアピールし合った。
　　　　　　　　　　　　　　　　　　　　　(『毎日新聞』2002年3月9日夕刊)
　　　c.　羽生が自陣を銀冠に組めば、佐藤はがっちりと居飛車穴熊に囲った。　　　　　　　　　　　　　　　(『毎日新聞』2002年3月12日朝刊)

（4）　**条件的な性格を色濃く残すもの**
　　　外務省が「伏魔殿」なら、この公社は「着服天国」だった。
　　　　　　　　　　　　　　　　　　　　　(『毎日新聞』2002年4月16日夕刊)

　(3)の継起的な性格を色濃く残すものの例は大きく2つに分けられる。1つは(3a)のように発話の並列である。もう1つは(3b)のようにスポーツなど流れのある行為の中での事態である。これは野球などに限らず、(3c)のよう

な将棋や囲碁の記事にもみられる。(3a)の発話行為の並列は必ずしも実際の発話順番を含意しないと考えられ、この点では並列的な性格である。別の場所で別の人間がインタビューした内容であっても、「ば」で並列させることは可能であろう。一方、(3b)、(3c)のようなものは基本的に実際の順番どおりであると考えられる。

　これらの例に特徴的なのは「前件に応じて」という意味が読み込めることである。しかし、実際には、(3a)でピネラ監督はイチローの発話を聞いていないということも考えられるし、(3b)で新庄がイチローに応じて打ったとは断言できない。つまり、この「前件に応じて」というのはこの文の書き手が主観的に作り上げた関係であり、2つの事態の間に長期記憶を参照して何らかの対応関係を見いだしたといえよう。

　(4)の条件的な性格を表すものというのは「あなたが王様なら私は皇帝だ」という文と同様の性格をもつ。「AがBなら、CはDだ」は「AをBと表現するなら、CはDと表現できる」というメタ的な意味をもつ文型であると考えられる。この点では(3a)の発話の並列に近いものがある。(3a)は「AはBといい、CはDといった」であり、「表現主体＋表現内容」の並列と捉えることができる。一方、(4)は「AはBといえ、CはDといえる」であり、「表現の対象＋表現内容」と捉えることができる。(4)の文が「あなたが王様なら～」という文と違うのは非現実性がみられず、事実的であるという点である。そして、この場合も(3)の例と同様に書き手が主観的に前件と後件の対応関係を作り上げていると考えられる。

　ただし、非「も－も」型の中にはごく少数であるが、(3)や(4)のパターンに当てはまらず、ほぼ並列を表すような例もある。

（5）　片方が戦車なら片方は自爆テロ。(『毎日新聞』2002年4月10日朝刊)

　また、非「も－も」型は話し言葉にもみられたが、それらはすべて(6)のように並列を表すタイプであり、(3)や(4)のような類型はみられなかった。

（6）　数ステップで問題を解いてしまう人がいれば一方では数十ステップ掛

かってやっと解いてく人　（『日本語話し言葉コーパス』A07M0444）

　非「も－も」型が話し言葉であまりみられないことからも、(3)や(4)のような表現は書き言葉特有のレトリックであるといえよう。特に、(4)のように条件的な例は小説でも見つかるのに対し((7))、(3)のように継起的な例は小説ではあまりみられないため、新聞やニュースなどに特有の表現といえるかもしれない。

（7）　十杯の水が飴なら、一杯の水はむしろ鞭にひとしい。
　　　　　　　　　　　　　　　　　　　　　　　（安部公房『砂の女』p.148）

　反対に、話し言葉にもみられる「も－も」型の特徴としてはすでに中俣尚己（2006a, b）でも述べたように3つ以上の節の並列にも使われるという点である。これは完全に「ば」が並列マーカーとしての性格を帯びていることの証拠といえる。3つ以上の並列は基本的に話し言葉であるが、引用部では書き言葉にみられる。

（8）　例えばドラムであれば、シンバルもあればスネアーもあればバスドラ
　　　もある訳で。　　　　　　　（『日本語話し言葉コーパス』S04M1616）
（9）　ただ、一方で、首相は18日、記者団にこう語った。「直球もあれば、
　　　フォークボールもあれば、カーブもある、シュートもある。持ち球、
　　　結構多いんだよ、私は」　　　　　（『朝日新聞』2002年1月21日朝刊）

1.2.　「ば」の網羅性

　本研究では統語レベルの議論として並列された要素がすべて他の要素と結びつくかどうかという網羅性を考える。以下に網羅性の定義を再掲する。

網羅性の定義

a.　どのような場合でも並列されたすべての要素がセットとして扱われ、
　　述語ならびに他の要素すべてと結びつくという性質を「網羅性」と名

付ける。
b. 網羅性がある場合には「＋網羅性」、網羅性がない場合には「－網羅性」と表示する。

この定義に従えば「は」は網羅性をもち「＋網羅性」と表示できる。

(10)　この学科の学生は英語も話せれば、フランス語も話せる。

　(10)の文はどの学生をとっても、「英語を話せる」と「フランス語を話せる」の2つの事態が成立することを表す。よって、「＋網羅性」といえる。ただし、(10)の文には「も」が含まれており、「も」自体が「＋網羅性」をもつ形式である。よって「も」の影響で(10)の文が「＋網羅性」になったとも考えられる。
　「も」の影響を排除して網羅性の有無を考えるには非「も－も」型の文を観察すればよい。しかし、実際には、非「も－も」型の「ば」並列の文は1回的な事態の叙述の文が多く、そのような文はどのような場合であっても基本的に網羅性をもつ。

(11)　25歳の相川が「さあ行こう」と叫べば、34歳の中村は負けじと声を張り上げる。　　　　　　　　（『毎日新聞』2002年2月20日朝刊）

　(11)の文も記事の中では一回的な事態の文であるが、「毎日」などをつけて習慣的な解釈も可能である。その場合でも、常に「相川が叫ぶ」事態と「中村が声を張り上げる」事態が両方ともに成立し、「ある日は相川が叫び、ある日は中村が声を張り上げる」といった解釈は成り立たない。また、(12)の文も基本的に前件が成り立てば、必ず後件が成り立つという解釈である。

(12)　体の友がサプリメントなら、心の友は動物たちである。
　　　　　　　　　　　　　　　（『毎日新聞』2002年2月24日朝刊）

そもそも、(13)のような条件文が網羅的な性質をもっているといえる。

(13)　春になれば桜が咲く。

(13)はある時は春になり、ある時は桜が咲くといった非網羅的な解釈はできない。よって、「ば」自体が「＋網羅性」という素性をもつ。

1.3. 事態の提示方法

本研究では統語レベルの議論として2つの事態を1つの事態として結びつけるかどうかという事態の提示方法を考える。以下に事態の提示方法の定義を再掲する。

事態の提示方法の定義
a. 「結合提示」とは2つの事態を結合して、1つの事態として提示する方式である。この時、結合できるのは同一場面に存在する事態どうしだけである。
b. 「分離提示」とは2つの事態を結合せず、2つの事態としてそのまま提示する方式である。同一場面に存在しない事態であっても並列できる。

中俣尚己(2006a, 2007b)で述べたように、「ば」は同一場面に存在する事態のみを並列できるため、「結合提示」である。

このことの統語的な証拠としては「ば」並列が過去と未来の事態を並列できないこと((14))、現実と仮想現実の事態を並列できないこと((15))を挙げることができる。

(14) ＊この美術館は今までも多くの人が訪れれば、これからも訪れる。
(15) ＊太郎は今まで休んだこともなければ、休むなら連絡してくる。

また、「ば」並列は「し」や「連用形」よりも2つの事態を連結して、1

つの事態として提示する機能があると考えられる。

(16) a. 25歳の相川が「さあ行こう」と叫べば、34歳の中村は負けじと声を張り上げる。　　　　　　　（『毎日新聞』2002年2月20日朝刊）
　　 b. ?25歳の相川が「さあ行こう」と叫ぶし、34歳の中村は負けじと声を張り上げる。
　　 c. 25歳の相川が「さあ行こう」と叫び、34歳の中村は負けじと声を張り上げる。

(16a)は非「も－も」型の「ば」並列であり、「前件に応じて」といった意味が読み込めるのに対して、(16b, c)では「前件に応じて」といった意味は感じられず、2つの事態を列挙するようなニュアンスである[2]。この「前件に応じて」という意味が両者の関係をより緊密にしている。以下の(17)も同様で、「ば」を使った(17a)の方が「し」や「連用形」を使った(17b, c)よりも「前件に応じて」といった意味が読み込める。

(17) a. 一回、イチローが第1打席で中前打すれば、新庄も第1打席で左翼線二塁打を放ち、1番打者として存在感をアピールし合った。
　　　　　　　　　　　　　　　　　（『毎日新聞』2002年3月9日夕刊）
　　 b. 一回、イチローが第1打席で中前打したし、新庄も第1打席で左翼線二塁打を放ち、1番打者として存在感をアピールし合った。
　　 c. 一回、イチローが第1打席で中前打し、新庄も第1打席で左翼線二塁打を放ち、1番打者として存在感をアピールし合った。

語順もまた、「ば」が結合提示であることの統語的な証拠となる。「ば」が2つの事態を一体化して提示するということは「ば」で結合的に並列され、1つのものとして提示された事態がさらに他の形式で並列されることはあるが、他の形式で分離的に並列されたものがさらに「ば」で結合的に並列されることはないと予測される。

(18) a. 楽しい時もあれ<u>ば</u>、辛い時もある<u>し</u>、面白く感じられる時もあれ<u>ば</u>、つまらない時もある。
　　b. 楽しい時もあれ<u>ば</u>、辛い時もあ<u>り</u>、面白く感じられる時もあれ<u>ば</u>、つまらない時もある。
　　c. ?楽しい時もある<u>し</u>、辛い時もあれ<u>ば</u>、面白く感じられる時もある<u>し</u>、つまらない時もある。
　　d. ?楽しい時もあ<u>り</u>、辛い時もあれ<u>ば</u>、面白く感じられる時もあ<u>り</u>、つまらない時もある。

「ば」は「し」や「連用形」よりも小さなユニットを形成する。つまり、「ば」は1つの事態にまとめる機能があり、また1つの事態にまとめられるような時にしか使えないということである。

また、「ば」はモダリティがついた形式を並列させることはできない。

(19) a. *彼は英語もできるらしけれ<u>ば</u>、中国語もできるらしい。
　　b. 彼は英語もできれ<u>ば</u>中国語もできる らしい。

(19a)のようにはいえず、(19b)のようにいわなければならない。つまり、「ば」が並列できるのは(19b)のように1つの命題に含まれるものに限られる。これは結合提示の「ば」の必要条件である「同一場面」が統語的に「同一命題」という形で表れたものであると考えられる。

2. 「ば」の意味レベルの議論

ここでは「ば」について意味レベルの議論を行う。意味レベルの議論とは並列される要素どうしにどのような意味関係が存在し、どのような動機によって集合を作り上げているのかということである。

まず、**第9章**で行ったコーパス調査の結果を再掲する。

表10 「ば」の用例に付与されたタグ(%)

	同形式	同構造	同評価	理由	対比	例示	一般化	精緻化	付加	細分化	代替	無
ば	70	25	19	1	33	0	0	0	4	0	0	1

　一見してわかるように、同形式と同構造の割合が非常に高いことが特徴である。実に95%が構造上の類似性によって集合を作り上げていることがわかる。また、「無」の割合が1%と極端に少ないことからも、「ば」並列が長期記憶を参照し、類似性によって集合を作り上げていることは間違いない[3]。実際には「も－も」型は84%が同形式であり、非「も－も」型は64%が同構造である。

(20)　国際支援には、政府がやるべき<u>ことも</u>あれば、政府ではできない<u>ことも</u>あります。　　　　　　（『毎日新聞』2002年2月4日夕刊）
(21)　身長172センチのオーウェンがスピードとボディーバランスが<u>持ち味</u>ならば、ビエリは185センチ、82キロの体格を生かした馬力の強さが<u>売り物</u>だ。　　　（『毎日新聞』2002年5月30日夕刊）

　述語に注目すると、最も多いのが(20)のような「ある」「いる」という存在動詞である[4]。その次には「～もなければ～もない」という形式が多い。これは「結合提示」が同一場面に存在するものしか並列できないからである。「ば」並列は複数の事態が同一場面に存在しているという意味を表す[5]。
　同形式が多いということは2つの事態を連結して、1つの事態として提示する「結合提示」という特性と関係があると考えられる。つまり、Vを述語、α、βを項と考えると、「αもVばβもV」は「αもβもV」と論理的には同じであると考えられる。「ば」並列に同形式が非常に多いということは「ば」並列が類似性に基づいて集合を作りつつも、それを1つの事態として提示するという特性を反映したものであると考えられる。
　同形式・同構造でない例は(22)(23)のようなものである。これらはいずれも同評価のタグが付与された例である。

(22) 足も遅ければ肩も弱い体力もないというような状態でした。

(『日本語話し言葉コーパス』S01M1120)

(23) 犯罪計画もずさんなら、3人の駆け引きもほころびが目立つ。

(『毎日新聞』2002年6月28日朝刊)

　しかし、これらの例にも「X＋も＋評価語」というスキーマ的な構造は存在していると考えることもできる。中俣尚己(2006a, b)で述べたように「ば」は「も」が挿入できないような環境では使用しにくいという制約がある。

(24) a. ＊この店は安ければ、おいしい。
　　　b. この店は安いし、おいしい。
　　　c. この店は安くて、おいしい。
　　　d. この店は安く、おいしい。

　本研究ではこのことを「ば」は前件と後件の両方に**形式主題**を必要とすると表現する。形式主題とは「も」や「は」のことであるが、それが意味上、文の主題となっているかどうかは関係なく、単に形式的に「も」や「は」があるかどうかが問題になる。

　また、このことは「ば」が基本的に「共通の構造」によって集合を作り上げ、単に「共通の属性」があるだけでは使用しにくいことを示す。以下に「ば」の使用条件をまとめる。

「ば」の使用条件
「ば」は2つの事態が共通の構造を持つ場合に使用できる。典型的には2つの事態がともに形式主題をもち、多くの場合に「も」でマークされる。

　「ば」の集合形成動機が共通の構造であり、共通の属性ではないことは、以下の例文の違いからもわかる。

(25) a. *この店は一階にカウンターがあれば、二階が座敷だ。
　　 b.??この店は一階にカウンターがあるし、二階が座敷だ。
　　 c.　この店は一階にカウンターがあって、二階が座敷だ。
　　 d.　この店は一階にカウンターがあり、二階が座敷だ。

　「し」を用いた(25b)はこの文単独では許容度が低いと思われるが、何らかの理由でカウンターと座敷の両方がある店を探しているという状況であれば、(25b)は使用可能である。その場合は、ある目的意識のもとにアド・ホックに共通の評価的意味をもつと考えられるからである。しかし、同じような状況を想定しても、「ば」を使った(25a)は使用できない。これは(25a)の文が共通の構造をもたないからであり、「ば」は「共通の評価的意味が発見できる」という動機では集合を作れないと説明できる。
　同形式・同構造以外で特筆すべきは「対比」の例の多さである。ただし、対比といっても、すべての例において同形式か同構造のタグも重ねて付与されている。つまり、(26)のような例や(27)のような例で、(28)のように純粋に反対語を並列したものはない。

(26)　どっちもいいところもあれば悪いところもあるだろうな。
　　　　　　　　　　　　　　　（『日本語話し言葉コーパス』S10F1467)
(27)　攻めの華がドリブルなら、守りはタックル。
　　　　　　　　　　　　　　　（『毎日新聞』2002年6月25日夕刊)
(28) *あの店は安ければ、この店は高い。

3.　「ば」の語用レベルの議論

　ここでは「ば」について語用レベルの議論を行う。語用レベルの議論とは文に出現した要素以外についての議論である。
　まず、「も－も」型の「ば」並列は「他にはない」という推論を発生させない「排他的推意なし」であると考えられる。

(29) 山本も来れば大島も来た。

　(29)の文は「来たのは山本と大島の2人だけだ」という排他的推意は発生させないと考えられる。しかしながら、これは前件と後件の両方に「排他的推意なし」である「も」が使われているからとも考えられる。そこで、非「も－も」型の「ば」並列を考えてみたい。

(30) 1回、山本がホームランを打てば、大島はセンター前ヒット。

　(30)ではむしろホームランやヒットなど何か特筆すべきことをしたのは山本と大島の2人だけという解釈が強まると思われる。つまり、「ば」自体はもともと「排他的推意あり」であると考えられる。
　ただし、排他的推意はあくまでも語用的な推意であり、キャンセル可能なものである。よって、(29)で他に誰も来なくても構わないし、(30)で1回に別の誰かがホームランを打っていても構わない。

4.「ば」のまとめ

　第10章で述べたことをまとめると、次のAからEのようになる。

A 「ば」並列には純粋に並列を表す「も－も」型と継起や条件の意味に近い非「も－も」型がある。非「も－も」型は「前件に応じて」という意味があり、新聞記事で多く使用されている。一方、話し言葉では「も－も」型の「ば」が3つ以上の事態を並列することもある。
B 統語的には「ば」は「＋網羅性」と表示される。これは「ば」で並列された要素1つ1つが常に他の要素すべてと結びつき、前件と後件は常にセットで成立することを意味する。
C また、「ば」は「結合提示」によって事態を並列する。これは、「ば」が同一場面にある事態のみを並列でき、2つの事態を1つにまとめられるような時にのみ使われるということを意味する。

D 意味的には「ば」はほとんどが述語が同じ事態か、同じ構造をもつ事態の並列に使われ、共通の構造をもとに事態を集合化していると考えられる。特に存在表現の並列に使われる。逆に共通の属性を発見させる機能はない。また、存在表現とともに使われ、対比的なことがらの存在を表すのに使われる「傾向」がある。

E 語用的には「も－も」型の「ば」は排他的推意を発生させない。非「も－も」型の「ば」は排他的推意を発生させる。

注

1 グループ・ジャマシイ(1998)にも「…も…ば…も」の文型で、最初の「も」を「が」にすることができるとの指摘がある。しかし、両者の違いについては触れられていない。
2 (16b)はやや不自然かもしれない。その不自然さは「し」が継起関係にある事態を接続できないという性質に起因すると考えられる。
3 「無」の例も判断に困るというレベルのもので、深読み、あるいは何らかの文脈の支持があれば、タグをつけることも可能であると想われる。
4 グループ・ジャマシイ(1998)には並列を表す「ば」の項目のほかに、「…もあれば…もある」の項目が存在する。
5 有田節子(1999)は非典型的な「れば」を分類し、「場面の切り取り」の一用法として並列の「ば」を分類している。

第 11 章
「し」

　第 11 章では「し」について記述する。「し」は接続助詞の中では典型的な類似性に基づいた並列を行う形式である。**1.** では統語レベルの議論について、**2.** では意味レベルの集合の形成動機について、**3.** では語用レベルの排他的推意について述べる。

1. 「し」の統語レベルの議論

　ここでは「し」について統語レベルの議論を行う。まず、**1.1.** で「網羅性」について、**1.2.** では「事態の提示方法」について説明する。そのうえで、**1.3.** では「し」が主題を要求することを述べ、続いて **1.4.** で「し」が連体修飾節内で使いにくいという、先行研究で指摘されてきたが原理が説明されていない現象について説明を行う。

1.1. 「し」の網羅性

　本研究では統語レベルの議論として並列された要素がすべて他の要素と結びつくかどうかという網羅性を考える。以下に網羅性の定義を再掲する。

網羅性の定義
a. どのような場合でも並列されたすべての要素がセットとして扱われ、述語ならびに他の要素すべてと結びつくという性質を「網羅性」と名付ける。
b. 網羅性がある場合には「＋網羅性」、網羅性がない場合には「－網羅性」と表示する。

この定義に従えば、「し」は「＋網羅性」である。

（1）　この学科の学生達は英語が話せる<u>し</u>、留学経験がある。

　(1)の文はどの学生をとっても、「英語が話せる」と「留学経験がある」の2つの事態が成立することを表す。よって「＋網羅性」といえる。

1.2.　「し」の事態の提示方法
　本研究では統語レベルの議論として2つの事態を1つの事態として結びつけるかどうかという事態の提示方法を考える。以下に事態の提示方法の定義を再掲する。

事態の提示方法の定義
a. 「結合提示」とは2つの事態を結合して、1つの事態として提示する方式である。この時、結合できるのは同一場面に存在する事態どうしだけである。
b. 「分離提示」とは2つの事態を結合せず、2つの事態としてそのまま提示する方式である。同一場面に存在しない事態であっても並列できる。

　中俣尚己（2006a, 2007b）で述べたように、「し」は同一場面にない事態でも並列できる。つまり、「分離提示」と考えられる。
　このことの統語的な証拠としては「し」が過去と未来の事態を並列できること（(2)）、現実と仮定の事態を並列できること（(3)）を挙げることができる。

（2）　この美術館は今までも多くの人が訪れた<u>し</u>、これからも訪れるだろう。
（3）　太郎は今まで休んだこともない<u>し</u>、休むなら連絡してくる。

また、「し」はモダリティがついた形式を並列することができる。

（4） 彼は英語もできる らしい し、中国もできる らしい 。

つまり、同一命題に収まらない事態も並列可能であり、このことも分離提示であることの統語的な証拠である。

1.3. 「し」と主題

ここでは「し」が形式主題を要求することを述べる。

「も−も」型の「ば」並列がすべて「し」に置き換えることができるのに対し、非「も−も」型の「ば」並列は「し」に置き換えると若干許容度が下がる。

（5）a.「ぜひ、うちに」と名乗りを上げた中に、ゆかりの地や姉妹都市の地方自治体、生徒同士が交流を続ける学校があれば、草の根のボランティア団体とNPO（非営利組織）も、合わせて全体の1割以上を数える。　　　　　　　　（『毎日新聞』2002年2月14日朝刊）
　　　b.?「ぜひ、うちに」と名乗りを上げた中に、ゆかりの地や姉妹都市の地方自治体、生徒同士が交流を続ける学校があるし、草の根のボランティア団体とNPO（非営利組織）も、合わせて全体の1割以上を数える。
（6）a. 25歳の相川が「さあ行こう」と叫べば、34歳の中村は負けじと声を張り上げる。
　　　b.?25歳の相川が「さあ行こう」と叫ぶし、34歳の中村は負けじと声を張り上げる。

(5b)は「名乗りを上げた中には」のように全体の主題を設定すると「し」が使いやすくなる。また、(6b)は異なる主体両方に「は」を使うと使いやすくなる。

（5）c.「ぜひ、うちに」と名乗りを上げた中に<u>は</u>、ゆかりの地や姉妹都市の地方自治体、生徒同士が交流を続ける学校がある<u>し</u>、草の根のボランティア団体とNPO（非営利組織）も、合わせて全体の1割以上を数える。
（6）c. 25歳の相川<u>は</u>「さあ行こう」と叫ぶ<u>し</u>、34歳の中村は負けじと声を張り上げる。

　また、総記(排他)の文においても、「て」「連用形」は使いやすいが、「し」は若干使いにくい。

（7）（ひろしとあつしのどちらが兄でどちらが弟だったか聞かれて）
　　　a.　ひろしがお兄ちゃん<u>で</u>、あつしが弟だよ。
　　　b.　ひろし<u>がお兄ちゃん</u>、あつしが弟だよ。
　　　c. ?ひろしがお兄ちゃんだ<u>し</u>、あつしが弟だよ。

これらの言語事実から以下の予測が立つ。

「し」の統語的な使用条件についての予測
「し」は形式主題を要求する。

　この形式主題とは文の意味的な主題ではなく、単に「は」や「も」といったマーカーがついた形のことである。次に、この条件をコーパスの実例から確かめてみる。話し言葉と書き言葉の用例478を、述語とその前の述語の間に主題マーカーが表れているかどうかで分類した。(8)のように両方とも形式主題がついているもの、(9)のように1つだけ形式主題がついているもの、(10)のように形式主題がないものの3つが存在する。なお、ここでの形式主題には「は」「も」のほか、とりたて助詞や条件表現を含めている。その結果は図11.1の通りである。

（8）　で、この尤度の上がりも大きいとこ も あるしこう小さいところ も あ

ると　　　　　　　　　　（『日本語話し言葉コーパス』A01M0070）
(9) もう名前 も 出ないし、普通に、ただ歩いている人捕まえてどう思うかってこうマイクを突き付けてっていうものなんですけれども
　　　　　　　　　　　　（『日本語話し言葉コーパス』A05F0039）
(10) 五か月間の間に忘れないし、むしろそれから伸びるというような結果になっていることが分かりました
　　　　　　　　　　　　（『日本語話し言葉コーパス』A05F0502）

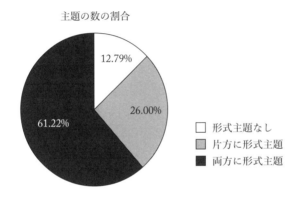

図 11.1　「し」並列の形式主題の数の割合

　形式主題が全く現れないものは 12.79% と少ないことがわかる。また、非「も－も」型の「ば」並列は新聞に多くみられたが、形式主題をもたない「し」並列も新聞に多くみられた（話し言葉 9.61%：新聞 15.73%）。また、形式主題をもたない「し」並列には大きく 3 つのパターンがある。

(11) **引用部の並列**
　　スペインやトルコに行くのにドイツ側でパック商品を買った方が安いし、仕事がきちんとしていると言われます。
　　　　　　　　　　　　（『毎日新聞』2002 年 1 月 1 日朝刊）
(12) **理由の並列**
　　居酒屋の仕事ってどうなんだろうな。おれは金がなかったから、めっ

たに行ったことがない<u>し</u>、行くにしたって先輩におごってもらうばっかりだった<u>から</u>、よくわからない。

(『毎日新聞』2002年1月19日朝刊)

(13) **同じ文の少し前に共通の主題が存在する**
阪神ファン<u>は</u>巨人ファンと違って、浮気しない<u>し</u>裏切らない。

(『毎日新聞』2002年1月7日夕刊)

　(11)のように引用部の中はなぜか主題化されないことが多かった。これは非「も－も」型の「ば」並列が引用表現によく使われているということと関係しているかもしれない。
　また、(12)のように理由の並列の場合は主題化の必要がない。先の(7c)も理由を述べる文脈であれば許容される。

(14) （ひろしとあつしのどちらが兄でどちらが弟だったか聞かれて）
　　　？ひろしがお兄ちゃんだ<u>し</u>、あつしが弟だよ（＝(7c)）
(15) 　ひろしがお兄ちゃんだ<u>し</u>、あつしが弟だ<u>から</u>、あつしに先にプレゼントをあげよう。

　単に1つの理由を「し」で述べる場合にも主題化の必要はない。

(16) a.　そろそろ山田さん<u>が</u>来るし、駅まで迎えに行きましょう。
　　 b.　*そろそろ山田さん<u>は</u>来るし、駅まで迎えに行きましょう。

　「し」に並列を表すものと理由を表すものがあることはすでに知られているが、このことからさらに以下のようにいえるだろう。

「し」と形式主題
　「し」は並列を表すものは形式主題を要求し、理由を表すものは形式主題を要求しない。

このことは理由を表す「し」と並列を表す「し」は統語的には別形式と呼べることを意味する[1]。

1.4.「し」の連体修飾節内における使用制限

並列を表す「し」が形式主題を要求すると考えることで説明できるのが、謝福台 (2004)、中俣尚己 (2006a) も述べているように各述語が独自に項をもたない場合には「し」が連体修飾節内で使えないという現象である。

(17) *安いしおいしい店

これは「し」が主題を必要とするため、連体修飾節内には出現できないと考えられる。つまり、(18) のような構造になっていると考えられる。t は店を指すが、ここで「し」は t が主題であることを要求する。しかし、(18) のように連体修飾節内には一般的に主題は表れない。そのため、(19) のような構造が許容されないのである。

(18) [[t_i 安いしおいしい] 店$_i$]
(19) *太郎は本を買った店

一方、述語がそれぞれ項をもつ場合には「し」が連体修飾節内で使いやすくなるという現象も指摘されている。

(20) 聞いたこともないし見たこともない料理

これは仮に主題であっても、対比や並列にすれば連体修飾節内に表れやすくなるということを考慮すれば説明できる。

(21) 太郎は来たが次郎は来なかった日
(22) 太郎も次郎も来た日

議論をまとめると、「し」は必ず主題を必要とする。そして、その主題が1つであるような場合には、主題は連体修飾節内に出現しないという制約から「し」は連体修飾節内に使用できない。しかし、2つ以上の場合は、対比・並列の主題は連体修飾節内に出現できるため、「し」は連体修飾節に使用できる。

2. 「し」の意味レベルの議論

ここでは、「し」について意味レベルの議論を行う。意味レベルの議論とは並列される要素どうしにどのような意味関係が存在し、どのような動機によって集合を作り上げているのかということである。

まず、**第9章**で行ったコーパス調査の結果を再掲する。

表11 「し」の用例に付与されたタグ（%）

	同形式	同構造	同評価	理由	対比	例示	一般化	精緻化	付加	細分化	代替	無
し	28	14	45	21	3	1	0	1	2	0	0	3

一見してわかるように、同評価と理由の割合が非常に高いことが特徴である。「理由」のタグは他の形式が1%〜3%に留まっているのと比べると非常に高い割合を示し、理由の並列に使われることが「し」の大きな特徴であるといえる。また、「同評価」の割合も「たり」よりは少ないが、「ば」「て」「連用形」などの2倍近い数値を示す。そして「同評価」と「理由」はクリアカットな区別は難しく、タグ付けは排他的に行ったため、全体の約1/3、66%が何らかの「属性・判断基準」といった何らかの主観的な共通性によって集合を作り上げていることがわかる。また、「無」の割合も3%と少なく、「し」が類似型並列専用形式であるという中俣尚己(2006a, 2007b)の主張を裏付ける結果となっている。(23)は「理由」の例、(24)は「同評価」の例である。

(23) でも夏休み中の土日は凄く込んでいるので足の踏み場もないしプール

　　　　も泳ぐと言うよりは歩いて流れるっていうだけな<u>の</u>でそういった日は
　　　　行きません。　　　　　　（『日本語話し言葉コーパス』S03F0119）
(24)　結局、全然命とかにも別状はない<u>し</u>後遺症も別に残らないって言う
　　　　か、経過が良くててだけど結構長い時間入院やっぱりしていたんだと
　　　　思うんですけれど。　　　（『日本語話し言葉コーパス』S02F0094）

　しかしながら、「し」が「属性・判断基準」といった何らかの評価的な類似性によって集合を作り上げているというのは「傾向」レベルの特性であり、構造的な類似性によって集合を作り上げていると考えられる例も観察される[2]。

(25)　私の住んでいたアパートは、日本人も<u>多い</u>し、外人も<u>多く</u>住んでいる
　　　　ちょっと小高い丘陵の上にあったんですけれども。
　　　　　　　　　　　　　　　　（『日本語話し言葉コーパス』S03F0072）
(26)　成人映画は 18 歳から見ることが<u>できる</u>し、自動車の運転免許証も<u>と</u>
　　　　<u>れる</u>。　　　　　　　　　　　（『毎日新聞』2002 年 1 月 9 日夕刊）

　(25)は「多い」という語が前件にも後件にも使われている。「多い」という語自体、属性を表すが、そこから共通の評価的意味を読み取ることはできない。また、(26)は後件の「とれる」は「とることができる」の意味であり、同構造のタグを付与した。これも単なる事実の列挙で、共通の評価的意味は存在しない。よって、「し」の使用条件は以下のようにまとめることができる。

「し」の意味的な使用条件
「し」は 2 つの事態の間に聞き手が「共通の構造・属性」を発見できる場合に使用される。聞き手に長期記憶を参照させる、類似性を元にした並列である。

　使用条件に「聞き手が「共通の構造・属性」を発見できる」とあるのは以

下の例からわかる。

(27) a. *高校1、2年の時の担任は鈴木先生という人だ<u>し</u>、3年の時は佐藤先生という人でした。この2人にはとてもお世話になりました。
　　 b. 高校1、2年の時の担任は鈴木先生という人<u>で</u>、3年の時は佐藤先生という人でした。この2人にはとてもお世話になりました。

　(27a)では話し手にとっては「お世話になった」「いい人」という共通の属性をもっているにもかかわらず「し」は使いにくい。これは「という」がついていることからもわかるように、聞き手にとっての新情報だからである。そのため、聞き手は共通の属性を発見することができないため、この場合は「し」が使えないのである。しかし、(27b)のように「て」を使えば可能である。
　ここでは「し」の使用条件について、「聞き手が共通の属性・構造を発見できること」であることをみた。これは「や」の使用条件と同じである。

3.「し」の語用レベルの議論

　ここでは「し」について語用レベルの議論を行う。語用レベルの議論とは文に出現した要素以外についての議論である。
　「し」は森山卓郎(1995)が一部列挙としているように、「他にはない」という推論を発生させない「排他的推意なし」であると考えられる。

(28)　山本も来た<u>し</u>、大島も来た。

　(28)の文は「来たのは山本と大島の2人だけだ」という推論は発生させない。よって、「排他的推意なし」である。ただし、これは「も」の特性であるとも考えられる。「も」のない例ではどうだろうか。

(29)　25歳の相川は「さあ行こう」と叫ぶ<u>し</u>、34歳の中村は負けじと声を

張り上げる。

(29)も声をあげるような行為をしたのは相川と中村の2人だけだというような推論は発生させない。「し」は「排他的推意なし」であるということができる。ただし、排他的推意は語用的なものであり、キャンセルされることもある。(28)は他に誰も来ていなくても構わない。また、(30)のように、他の例が考えられない場合もある。

(30) 私共の発話の長さってのは、先程申し上げましたように二百ミリのポーズで区切られた長さです。それは文法的な単位には<u>一致するかもしれないし一致しないかもしれない</u>。それに対しまして、国語研のデーターというのは、これは実はどうやって切ったかよく分からないんですね　　　　　　（『日本語話し言葉コーパス』A01M0462）

4.「し」のまとめ

第11章で述べたことをまとめると、次のAからEのようになる。

A　統語的には「し」は「＋網羅性」と表示される。これは「し」で並列された要素1つ1つが常に他の要素すべてと結びつき、前件と後件は常にセットで成立することを意味する。
B　また、「し」は「分離提示」によって事態を並列する。これは、「し」が異なる場面の事態を並列できるということを意味する。
C　並列を表す「し」は主題を要求する。そのため、連体修飾節内で使用することはできない。
D　意味的には2つの事態の間に聞き手が「共通の構造・属性」を発見できる場合に使用される。聞き手に長期記憶を参照させる、類似性を元にした並列である。特に理由の並列や共通の評価的意味をもつ事態の並列に使われる傾向がある。
E　語用的には「し」は排他的推意を発生させない。

注

1 並列の「し」と理由の「し」には、自分の前の発話に添加する用法の場合、並列の「し」は省略できるが、理由の「し」は省略できないという違いも見られる。詳しくは中俣尚己(2007a)で論じた。

2 前田直子(2005)は「し」は因果関係の「因」あるいは「果」を並列すると主張している。本調査でもそのような例は多くみられた。しかし、「一致するかもしれないし一致しないかもしれない。」(CSJ)のような例は「因」あるいは「果」とは捉えにくいし、このように前後の類似性が高い場合は「て」などよりも「し」を強く要求する。よって本研究では「や」と同様に「聞き手が「共通の構造・属性」を発見できる」を条件とした。

第 12 章
「て」

　第 12 章では「て」について記述する。「て」は隣接性を動機に集合を作るなど、「と」と似た諸特性をもつ形式である。**1.** では統語レベルの議論について、**2.** では意味レベルの集合の形成動機について、**3.** では語用レベルの排他的推意について述べる。

1. 「て」の統語レベルの議論

1.1. 「て」の網羅性

　本研究では統語レベルの議論として並列された要素がすべて他の要素と結びつくかどうかという網羅性を考える。以下に網羅性の定義を再掲する。

網羅性の定義
- a. どのような場合でも並列されたすべての要素がセットとして扱われ、述語ならびに他の要素すべてと結びつくという性質を「網羅性」と名付ける。
- b. 網羅性がある場合には「＋網羅性」、網羅性がない場合には「－網羅性」と表示する。

この定義に従えば、「て」は「＋網羅性」である。

（1）　この学科の学生達は英語が話せ<u>て</u>、留学経験がある。

　(1)の文はどの学生をとっても、「英語が話せる」と「留学経験がある」の2つの事態が成立することを表す。よって、「＋網羅性」といえる。

1.2. 「て」の事態の提示方法

　本研究では統語レベルの議論として、2つの事態を1つの事態として結びつけるかどうかという事態の提示方法を考える。以下に事態の提示方法の定義を再掲する。

事態の提示方法の定義
a. 「結合提示」とは2つの事態を結合して、1つの事態として提示する方式である。この時、結合できるのは同一場面に存在する事態どうしだけである。
b. 「分離提示」とは2つの事態を結合せず、2つの事態としてそのまま提示する方式である。同一場面に存在しない事態であっても並列できる。

　中俣尚己(2006a, 2007b)で述べたように、「て」は同一場面にない事態は並列しにくい。つまり、「結合提示」と考えられる。このことの統語的な証拠としては「て」並列が過去と未来の事態を並列しにくいこと((2))、現実と仮想現実の事態を並列しにくいこと((3))を挙げることができる。

（2）＊この美術館は今までも多くの人が訪れて、これからも訪れるだろう。
（3）＊太郎は今まで休んだこともなくて、休むなら連絡してくる。

　しかし、異なる場面の事態であっても、あからさまに対比的にすることで「て」でも問題なく並列することができる。

（4）　明日は、晴れたら山へ行って、雨が降ったら家にいよう。
（5）　去年はグアムに行って、今年はサイパンに行く[1]。

　対比は1つの基準に基づいて行われる。そのため、1つの視点から複数の事態を同列に、あたかも1つの事態として結合して述べることができるのである。例えば(4)は2つの内容をただ並べるというよりもその行き先だけを

1つの視点から複数あることを述べる文である。

　また、「て」は事態が起こる場所が同一でない場合に許容度が下がるという現象がある[2]。

（6）a. ?食事の後、太郎はリビングで本を読ん<u>で</u>、次郎は自分の部屋でDVDを見た。
　　　b. 食事の後、太郎はリビングで本を<u>読み</u>、次郎は自分の部屋でDVDを見た。
（7）a. 太郎はご飯を食べ<u>て</u>、次郎はテレビを見た。
　　　b. 太郎はご飯を<u>食べ</u>、次郎はテレビを見た。

　（6）の文は2つの動作が別々の場所で行われている。このような場合には、事態を1つの事態にまとめることが難しく、「て」並列は使いにくい。一方、（7）のように動作の場所に言及せず、対比的であれば、「て」並列も連用形並列も使うことができる[3]。

　以下のような存在文でも「て」並列は使いにくい[4]。

（8）a. ?駅から北に少し歩くとお城があっ<u>て</u>、駅の西側にデパートがある。
　　　b. 駅から北に少し歩くとお城が<u>あり</u>、駅の西側にデパートがある。

　（8）は経路を含んでおり、視覚的に見える場面としては別々になっている。「て」並列は視覚的に「同一場面」と捉えられ、1つにまとめられる場合に使いやすいといえよう。

　また、同一主体の属性として形容詞を並列する場合には「て」が選択されることの方が多い。これも、複数の属性が同じ主体において存在する場合、主体を一種の場であると考えれば説明できる。以下はGoogleを用いたWeb検索の結果である。

（9）「安くておいしい」約 1,530,000 件　「安くおいしい」約 19,300 件
　　　「小さくてかわいい」約 726,200 件「小さくかわいい」約 18,500 件

(2008年6月14日)

上記の形式が表れる場合、必ず共通の主題(例:この店は安くておいしい)か、被修飾名詞句(例:安くておいしい店)をとると考えられる。そして、このような場合には「て」並列が優位であることが確認された。

また、「て」で並列されたものは1つの命題内に収まる特徴がある。

(10)　山田君は英語もできて、中国語もできるらしい。

(10)は英語と中国語に両方に「らしい」がかかり、両方について伝え聞いているという解釈が優勢である[5]。また、(11)は私に「らしい」がかかることになるため、不自然である。

(11) a. ??講演会には私も行って、山田君も行ったらしい。
　　 b. 　講演会には私も行ったし、山田君も行ったらしい。

つまり、「て」が並列できるのは(10)のように1つの命題に含まれるものに限られる。これは結合提示の「て」の必要条件である「同一場面」が統語的に「同一命題」という形で表れたものであると考えられる。

2. 「て」の意味レベルの議論

ここでは、「て」について意味レベルの議論を行う。意味レベルの議論とは並列される要素どうしにどのような意味関係が存在し、どのような動機によって集合を作り上げているのかということである。

まず、**第9章**で行ったコーパス調査の結果を再掲する。

表12 「て」の用例に付与されたタグ(%)

	同形式	同構造	同評価	理由	対比	例示	一般化	精緻化	付加	細分化	代替	無
て	10	6	23	2	5	4	1	10	4	2	11	28

　一見してわかるように、「無」の割合が非常に高いことが特徴である。「無」とは聞き手に長期記憶を参照させるような他のタグが一切つかないということである。この数値が高いということは長期記憶を参照させない、類似性をもたない事態どうしの並列にも「て」が使われるということを示している。実際の例をいくつか挙げる。

(12) この人はですね、少林寺拳法か何かをやっている人で、どっか会社に勤めていたらしいんですが、退職して、知床に来ました。
(『日本語話し言葉コーパス』S01M0005)
(13) これ社説の一番目の記事で七十五人の人が重要だという風に選んだ文なんですね。　　　　　(『日本語話し言葉コーパス』S01M0005)
(14) 「司令官は負傷しただけで、アフガン領内にいる」
(『毎日新聞』2002年1月1日朝刊)

　例えば(12)を例にとると、少林寺拳法か何かをやっていることと、会社に勤めているらしいことは一般の知識の範囲内では全く関係をもたないし、この内容の出現は全く予想できないと思われる。よって(12)の「て」は長期記憶内の情報とは関係なしに集合を形成していると思われる。(12)の2つの事態を結びつけているのはその2つの内容が「この人」の説明であるという点だけである。つまり、この2つの内容が「この人」について述べようとした時に同時に存在するわけで、これは隣接性による集合であるということができる。

「て」の意味的な使用条件

　「て」は隣接性をもつ事態を並列する。事態の意味内容に関する制約はも

たない。

　寺村秀夫(1991)は「全部列挙・一部列挙」という観点から「と」と「て」の共通性を指摘しているが、「並列される要素の意味内容に関する制約をもたない」という点でも「と」と「て」は共通する。
　コーパス調査からわかる「て」の意味的特性のもう1つの傾向としては「同形式」「同構造」の割合が少ないということである。同形式は10%、同構造は6%で、使用されないというほどではないが、今回調べた6形式の中では最も少ない。それぞれの例は以下のようなものである。

(15)　同形式
　　　何々でしたとかそういった表現を、相手側の生徒さんの方に考えてもらいまして、それがいいか悪いかということでみてもらいました
　　　　　　　　　　　　　　　　　（『日本語話し言葉コーパス』A06M0092）

(16)　同構造
　　　後はね今はやりの有機野菜とか自然のもので作ったパン屋さんとかケーキ屋さんが凄くたくさんあって、そういうスポットにね、だから出店していると思うんですけど、凄くはやっていて何かうん女の人には喜ばれる町なんじゃないかな
　　　　　　　　　　　　　　　　　（『日本語話し言葉コーパス』S03F0062）

　(15)の例は「てもらいます」の部分が共通しているが、これは本動詞ではない。実際、「て」の同形式の例はこのような例が多く、他の形式にみられるような同じ述語の繰り返しの例は少なかった。特に以下のようなものは1つもみられなかった。

(17)　形容詞述語文
　　　??この店は酒もうまくて料理もうまい。
(18)　共通部が比較的わかりやすく、しかも隣接しているもの
　　　??太郎は来るかもしれなくて来ないかもしれない[6]。

中俣尚己（2007b）でも「て」並列が類似性への志向性が弱いということを述べたが、今回のコーパスの調査結果もそれを裏付ける形となっている。
　また、中俣尚己（2007b）では「て」並列にのみ反対語の形容詞を並列させる用法があると指摘した。

(19)　かつて「近くて遠い国」と言われた日韓関係も変貌しつつある。
　　　　　　　　　　　　　　　　（『毎日新聞』2002年1月1日朝刊）

　このようなことが可能になのは、まず「て」並列が意味的に共通点を必要としないということ、そして2つの事態を1つの事態としてまとめるような形で提示する機能をもつからであると考えられる。(19)の「近くて遠い」は2つの属性を列挙するというよりも、日本と韓国の関係を表す1つの融合した属性として表現されているといえよう。
　「て」と「し」には類似性に関して、以下のような一種相補的な分布がみられる。

(20) a.　韓国は近くて遠い。
　　 b.　?韓国は近いし遠い。
(21) a.　?韓国は近いともいえて、遠いともいえる。
　　 b.　韓国は近いともいえるし、遠いともいえる。

　「て」は意味的な制約をもたないため(20a)は問題ないが、「し」は反対語からは共通の属性を発見しにくいため、(20b)は使用しにくい。それを(21)のように共通の部分をもつようにすると、(21b)のように「し」は使用しやすくなるが、(21a)のように「て」は使用しにくくなる。(20)も(21)も全体の意味としてはほぼ同じである。「て」と「し」は並列される要素の異なる部分に注目して集合を形成しているといえる。
　「て」は今回付与したタグすべてについて当てはまる用例がみられた。以下、1例ずつ挙げる。

(22) 同評価

とにかく安くて自分で自由に色んなとこ行きたいっていうのがずっと自分の旅のスタイルだったものですから。

(『日本語話し言葉コーパス』S00F0014)

(23) 理由

公式に招待された20カ国のうちイタリアからは3名が出品したが、2人はヨーロッパ人で、しかも立派な篆書を書いていることに驚かされた。

(『毎日新聞』2002年1月1日朝刊)

(24) 対比

同い年の大卒の同僚は現場監督で、自分は下っ端の1人。

(『毎日新聞』2002年1月1日朝刊)

(25) 例示

うちの母は結構最近食事に関して無頓着なところがあって、例えば食塩じゃなくて味塩置いているんですよ。

(『日本語話し言葉コーパス』S00M0025)

(26) 一般化

味の素と塩混ぜたやつを使ってて、そういう風に食事に無頓着なんですね。

(『日本語話し言葉コーパス』S00M0025)

(27) 精緻化

加えて常任理事国には拒否権が与えられておりまして、五か国のうち一か国でも反対すると決議としてはこれ採択されないんですね。

(『日本語話し言葉コーパス』S06M0373)

(28) 付加

以上のような状態で話を始めてもらいましてそれを採録してった経緯があります。

(『日本語話し言葉コーパス』A06M0092)

(29) 細分化

私はそのその港北ニュータウンの外れで、江田っていうところに住んでるんですね。

(『日本語話し言葉コーパス』S03F0062)

(30) 代替

白い鳥じゃなくてちょっと赤く赤いニワトリとか歩いているんです

よ。　　　　　　　　　（『日本語話し言葉コーパス』S03F0062）

　この他、「て」は継起・因果・付帯状況など様々な用法をもつ。これらを統一的に説明するには「2つの事態を隣接性によって結びつけ、1つの事態のようにまとめて提示する」というように規定できるであろう。様態を表す用法は「連用形」には存在せず、「て」にしかないのも示唆的である。これは複数の事態が一体化したような状態は「て」を使わないと表せないということを意味する。「て」を用いた(31a)は「笑いながら」という付帯状況の解釈が可能であるが、「連用形」を用いた(31b)は継起の解釈しかできない。

(31) a.　彼は笑ってこちらを見た。【付帯状況】
　　 b.　彼は笑いこちらを見た。【継起】

3. 「て」の語用レベルの議論

　ここでは、「て」について語用レベルの議論を行う。語用レベルの議論とは文に出現した要素以外についての議論である。
　「て」は寺村秀夫(1991)、森山卓郎(1995)が全部列挙としているように、「他にはない」という排他的推意を発生させると考えられる。

(32)　部屋には山本がいて、隣の席に大島がいた。

　(32)の文は「いたのは山本と大島の2人だけだ」という推論を発生させる。よって、「排他的推意なし」である。ただし、排他的推意は語用的なものであり、キャンセルされることもある。(32)は他に誰かがいても構わない。
　この「排他的推意」は「て」の集合形成動機である「隣接性」から導き出されると考えられる。「て」は複数の事態が同一場面に共存するということを動機に集合を作り上げる。ここで仮に、目の前に事態AとBとCがある時に「AてB」と言えば、Grice(1989)の「量の公理」に反することになっ

てしまう。よって、聞き手はそのようなことはないという見込みを立て、「AてB」と言ったからにはCはないだろうと考える。ここから「他にはない」という推論が発生するのである。

4.「て」のまとめ

第12章で述べたことをまとめると、次のAからDのようになる。

A　統語的には「て」は「＋網羅性」と表示される。これは「て」で並列された要素1つ1つが常に他の要素すべてと結びつき、前件と後件は常にセットで成立することを意味する。

B　また、「し」は「結合提示」によって事態を並列する。これは「て」が同一場面にある事態のみを並列でき、2つの事態を1つにまとめられるような時にのみ使われるということを意味する。

C　意味的には「て」は隣接性をもつ事態を並列する。事態の意味内容に関する制約はもたない。長期記憶を参照しない場合にも使われる。また、反対に同形式・同構造といった明らかに類似性がわかる場合にはあまり使用されない傾向にある。

D　語用的には「て」は排他的推意を発生させる。

注

1　ただし、(5)の文は「昨日は土曜日で、明日は月曜日だ」のような文と同様に、恒久的なテンスの文となっていると考えられ、過去や未来という感覚は薄れていると考えられる。

2　(6)では日本語母語話者30人中19人が連用形並列のbのほうが適切であると判断し、どちらも同程度に適切と判断したのは4人、「て」並列のaが適切であると判断したのは7人であった。一方、(7)では20人が「て」並列のaのほうを適切と判断し、同程度に適切と判断したのは3人、連用形並列のbを適切としたのは7人であった。

3　対比とそうでない文の違いについては以下の例文の比較も参考になる。

a. 太郎は八百屋に行って、次郎は薬局に行った。
b.? 太郎は八百屋で大根を買って、次郎は薬局に行った。

a は一つの視点から行き先を比較しているため問題ないが、b は対比性が薄れ、個別の事態の並列の意味が強いため、許容度がやや下がる。

4 日本語母語話者 30 人中 21 人が連用形並列の b を適切とした。
5 日本語母語話者 30 人に「山田君は英語もでき<u>て</u>、中国語もできるらしい」はどちらの解釈が優勢か判定したところ、20 人が「英語についても伝え聞いている」という命題レベル並列の解釈だった。「し」並列（山田君は英語もできる<u>し</u>、中国語もできるらしい」）の場合は、20 人が「英語ができるのは確実で、中国語は伝え聞いている」というモダリティレベル並列の解釈だった。連用形並列（「山田君は英語もでき、中国語もできるらしい」）の場合は、命題レベル並列の解釈が 17 人、モダリティレベル並列の解釈が 13 人だった。
6 「かもしれなくて」という形自体は他の用法であれば許容される。

　　車両保険を支払ってもらえないかもしれなくて、非常に困っています。助けてください。　　　　　　　（http://oshiete1.goo.ne.jp/qa3627180.html 2008 年 8 月 14 日）

第 13 章
「連用形」

　第 13 章では「連用形」について記述する。「連用形」もまた隣接性を動機として集合を形成する。その点で「て」と似ているが、事態の提示方法において「て」と違いがあることを主張する。**1.** では統語レベルの議論について、**2.** では意味レベルの集合の形成動機について、**3.** では語用レベルの排他的推意について述べる。

1. 「連用形」の統語レベルの議論

1.1. 「連用形」の網羅性

　本研究では、統語レベルの議論として並列された要素がすべて他の要素と結びつくかどうかという網羅性を考える。以下に網羅性の定義を再掲する。

網羅性の定義
　a. どのような場合でも並列されたすべての要素がセットとして扱われ、述語ならびに他の要素すべてと結びつくという性質を「網羅性」と名付ける。
　b. 網羅性がある場合には「＋網羅性」、網羅性がない場合には「－網羅性」と表示する。

この定義に従えば、「連用形」は「＋網羅性」である。

（１）　この学科の学生達は英語が<u>話せ</u>、留学経験がある。

(1)はどの学生をとっても、「英語が話せる」と「留学経験がある」の2つの事態が成立することを表す。よって、「連用形」は「＋網羅性」といえる。

1.2. 「連用形」の事態の提示方法

本研究では、統語レベルの議論として2つの事態を1つの事態として結びつけるかどうかという事態の提示方法を考える。以下に事態の提示方法の定義を再掲する。

事態の提示方法の定義
a. 「結合提示」とは2つの事態を結合して、1つの事態として提示する方式である。この時、結合できるのは同一場面に存在する事態どうしだけである。
b. 「分離提示」とは2つの事態を結合せず、2つの事態としてそのまま提示する方式である。同一場面に存在しない事態であっても並列できる。

中俣尚己（2006a, 2007b）で述べたように、「連用形」は同一場面にない事態でも並列できる。つまり、「連用形」は分離提示である。
　このことの統語的な証拠としては、連用形並列が過去と未来の事態を並列しにくいこと（(2)）、現実と仮想現実の事態を並列しにくいこと（(3)）を挙げることができる。

（2）　この美術館は今までも多くの人が訪れ、これからも訪れるだろう。
（3）　太郎は今まで休んだこともなく、休むなら連絡してくる。

　また、「連用形」はモダリティがついた形式を並列することができる。

（4）　彼は英語もできるらしく、中国もできるらしい。

　つまり、同一命題に収まらない事態も並列可能であり、このことも「連用

形」が分離提示であることの統語的な証拠である。
　また、継起の場合にも「連用形」は「て」と比較すると2つの事態を1つの事態にまとめる機能がないことが観察できる。

（5）　神々の時代には、その啓示を聞いた預言者たちが、海を渡り、荒野を越えて、教えを広めていった。　（『毎日新聞』2002年1月1日朝刊）
（6）　神々の時代には、その啓示を聞いた預言者たちが、海を渡って、荒野を越え、教えを広めていった。

　(5)の原文では「海を渡り、荒野を越えて」で並列が連用形によって表されているため、2つの事態が別々の場面であり、ある時は海を渡り、ある時は荒野を越えていったというニュアンスである。預言者が複数いるが、あるものは海を渡り、あるものは荒野を越え、という解釈も可能である。これを(6)のように「て」を用いた並列に変えると、「海を渡って荒野を越える」という一続きの連続した事態のように感じられる。また、(6)の方が継起性が強く感じられ、さらにすべての預言者が海を渡って荒野を越えたように解釈しやすくなる。つまり、「て」は事態を一体化して述べる機能をもつが連用形はむしろ2つの事態を2つとして提示する機能をもつ。
　また、連用形並列は3つ以上の事態の並列にも問題なく使える。

（7）　彼らは砂や石によって固まった山の中腹に石窟を掘り、仏教に帰依した民衆たちもまた供養の精神でそれを助け、工人たちは掘削の技術を提供し、絵師たちは民族の血に流れる想像力を駆使して、仏たちの宇宙をその壁に絵画化していった。（『毎日新聞』2002年1月1日朝刊）

　これを(8)のようにすべて「て」にしてしまうと、書き言葉としては違和感がある。

（8）　彼らは砂や石によって固まった山の中腹に石窟を掘って、仏教に帰依した民衆たちもまた供養の精神でそれを助けて、工人たちは掘削の技

術を提供して、絵師たちは民族の血に流れる想像力を駆使して、仏たちの宇宙をその壁に絵画化していった。

　しかし、話し言葉で畳みかけるように話す場合であれば、「て」も使用されると思われる。それはあえて「て」を用いることで、複数の事態を結合的、融合的に提示することで同一場面にあるという臨場感を出す効果があると思われる。

2. 「連用形」の意味レベルの議論

　ここでは、「連用形」について意味レベルの議論を行う。意味レベルの議論とは並列される要素どうしにどのような意味関係が存在し、どのような動機によって集合を作り上げているのかということである。

　まず、**第9章**で行ったコーパス調査の結果を再掲する。

表13　「連用形」の用例に付与されたタグ(%)

	同形式	同構造	同評価	理由	対比	例示	一般化	精緻化	付加	細分化	代替	無
連用形	23	14	23	1	4	3	2	10	4	0	9	17

　一見して「て」と非常によく似た分布を示している。唯一の違いは「無」の割合が少なく、その分同形式と同構造の分布が増えているという点だけである。少ないとはいっても、17%も「無」があるということは類似性をもたない場合にも「連用形」が使われるということである。

（9）　動作継続を表している状態の中にも存在文との近さに関して程度差があり全体的な傾向として動的な動作継続はより存在文的意味から遠いと考えられる。　　　　　（『日本語話し言葉コーパス』A02M0107）
（10）　98、99年のモンゴルは雪害による動物の死体が目立ち、チベットでは末期がんの仏教の高僧を診療、最期にも立ち会った。

(11)　西帰浦(ソギポ)郊外にあり、昨年12月、こけら落としとして韓国・米国戦が
　　　行われた。　　　　　　　　（『毎日新聞』2002年1月1日朝刊）

　例えば(11)を例にとると、問題のサッカースタジアムが西帰浦(ソギポ)郊外にあることと、昨年12月に韓国・米国戦が行われたことは一般の知識の範囲内では全く関係をもたない。また、聞き手にとってもこの内容の出現は全く予想できないと思われる。よって(11)の「連用形」は長期記憶内の情報とは関係なしに集合を形成していると思われる。(11)の2つの事態を結びついているのはその2つの内容があるサッカースタジアムの説明であるという点だけである。つまり、この2つの内容がサッカースタジアムについて述べようとした時に初めて同時に存在するわけで、これは隣接性による集合であるということができる。

「連用形」の意味的な使用条件
「連用形」は隣接性をもつ事態を並列する。事態の意味内容に関する制約はもたない。

　このように、「連用形」の使用条件は「て」と同一である。違いは、「て」は形式が似ている時には使用しにくいという特徴があったが、「連用形」は同形式であっても問題なく使用できるという点である。以下に例を挙げる。

(12)　同形式
　　　数的にも一から四のように抽象的な意味を表すことが多く、連用形名
　　　詞が1つのものごとを限定的に表す場合は専門の言葉や合成語の合成
　　　語の成分であることが多いようです
　　　　　　　　　　　　　（『日本語話し言葉コーパス』A02F0038）
(13)　同構造
　　　サッタル外相は「和平努力の継続」を約束し、「パキスタン政府の措
　　　置は国内各派から支持を得ている」と強調した。

(『毎日新聞』2002年1月1日朝刊)

また、「て」が使えない以下のような場合でも「連用形」は問題ない。

(14) **形容詞述語文**
　　a. ??この店は酒も<u>うまくて</u>料理も<u>うまい</u>。
　　b. 　この店は酒も<u>うまく</u>料理も<u>うまい</u>。
(15) **共通部が比較的わかりやすく、しかも隣接しているもの**
　　a. ??太郎は来る<u>かもしれなくて</u>、来ない<u>かもしれない</u>。
　　b. 　太郎は来る<u>かもしれず</u>、来ない<u>かもしれない</u>。

「連用形」も「て」と同様、幅広く用例がみられた。以下に1例ずつ挙げる。

(16) **同評価**
　　電気を直接光に変えるため、<u>エネルギー効率がよく</u>、<u>電気代は同じ明るさの電球の半分</u>。　　　　　（『毎日新聞』2002年1月1日朝刊）
(17) **理由**
　　日亜側は、この発明は「職務発明」で<u>あり</u>、特許を会社側に譲渡する書類にも中村さんの署名がある<u>として</u>、対決姿勢を示している。
　　　　　　　　　　　　　　　　　　　（『毎日新聞』2002年1月1日朝刊）
(18) **対比**
　　で最初のが<u>女性</u>、2人目は<u>男性</u>でいずれも二十代ぐらい。
　　　　　　　　　　　　　　（『日本語話し言葉コーパス』A04M0026）
(19) **例示**
　　日本は非製造業で生きていくほか<u>なく</u>、<u>ソフト開発</u>が中心になると思うが、もっと大切なのが金融だ。（『毎日新聞』2002年1月1日朝刊）
(20) **一般化**
　　ロックやパンク系などの若者らしい作句が増える一方で、従来の「しらうおの　どこがいのちか　すきとおり」のしみじみした作品も<u>あり</u>、守備範囲は広がっている。　　　（『毎日新聞』2002年1月1日朝刊）

(21) **精緻化**
また、離婚件数は 92 年以降、10 年連続して過去最高を更新し、約 28 万 9000 組に上るとみられている。
（『毎日新聞』2002 年 1 月 1 日朝刊）

(22) **付加**
柚は他のみかん類と違って東国北国でも栽培され、そこに住む人々はそれにさまざまな思いを寄せている。
（『日本語話し言葉コーパス』A02F0082）

(23) **代替**
韓国と日本の関係は友達ではなく、日本語でいう相棒だ。
（『毎日新聞』2002 年 1 月 1 日朝刊）

また、細分化の例はみられなかったが、これはたまたま調査範囲に出現しなかっただけで、実際には可能であると考えられる。(24a)は「て」が使われた細分化の例であるが、(24b)のように連用形を用いても問題ない。

(24) a. 私はそのその港北ニュータウンの外れで、江田っていうところに住んでるんですね。　　　（『日本語話し言葉コーパス』S03F0062）
　　b. 私はそのその港北ニュータウンの外れ、江田っていうところに住んでるんですね。

3. 「連用形」の語用レベルの議論

ここでは、「連用形」について語用レベルの議論を行う。語用レベルの議論とは文に出現した要素以外についての議論である。

「連用形」並列は「て」並列と同様に、「他にはない」という排他的推意を発生させると考えられる。

(25) 部屋には山本がおり、隣の席に大島がいた。

(25)は「いたのは山本と大島の2人だけだ」という排他的推意を発生させる。ただし、排他的推意は語用的なものであるため、キャンセルされることもある。(25)は他に誰かいても構わない。

この「排他的推意あり」は、「連用形」の意味的特性である「隣接性」から導き出されると考えられる。「連用形」は複数の事態が同一場面に共存するということを動機に集合を作り上げる。ここで仮に目の前に事態AとBとCがある時に「A、B」と言えば、Grice (1989)の「量の原則」に反することになってしまう。よって、聞き手はそのようなことはないという見込みを立て、「A、B」と言ったからにはCはないだろうと考える。ここから、「他にはない」という推論が発生するのである。

4.「連用形」のまとめ

第13章で述べたことをまとめると、次のAからDのようになる。

A　統語的には「連用形」は「＋網羅性」と表示される。これは「連用形」で並列された要素1つ1つが常に他の要素すべてと結びつき、前件と後件は常にセットで成立することを意味する。
B　また、「連用形」は「分離提示」によって事態を並列する。これは、「連用形」が異なる場面の事態を並列できるということを意味する。「て」と異なり2つの事態を2つの独立した事態として提示する。
C　意味的には「連用形」は隣接性をもつ事態を並列する。事態の意味内容に関する制約はもたない。長期記憶を参照しない場合にも使われる。
D　語用的には「連用形」は排他的推意を発生させる。

第 14 章
「たり」

　第 14 章では「たり」について記述する。**1.** では統語レベルの議論について、**2.** では意味レベルの集合の形成動機について、**3.** では語用レベルの排他的推意について述べる。

1. 「たり」の統語レベルの議論

1.1. 網羅性

　「たり」については森山卓郎(1995)が類似の形式も含めて詳細な記述を行っている。「たり」とこれまでの章で扱った「し」「て」「連用形」の違いについて森山卓郎(1995)は以下のように述べる。

> 状態述語の連用形による並立的結合が、両方の要素をともに満足する関係になるのに対して、「たり」による並列結合は、複数の場面があり、それを並べるだけの関係になる。前者、すなわち、同時に両要素を満足する関係を交差的並列、後者、すなわち、「たり」のように複数場面を結合させる並列関係を結合的並列と呼ぶ。　　（森山卓郎 1995: 134）

　この記述は「て」「し」「連用形」などと「たり」の違いをうまく捉えているが、場面という用語を用いるのは問題がある。(1)のような例をも複数の場面を並べるといえるだろうか。

（1）　その代わり、30 秒ほど<u>両手で顔を少し伸ばしたり、縮めたりした</u>後、
　　　タップリ化粧水を付けて終わりです。

　　　　　　　　　　　　　　　　　　（『毎日新聞』2003 年 1 月 14 日夕刊）

「場面」の定義にもよるが、「複数の場面」は異なる時空間という意味ではなく、あくまで「事態」程度に解釈するべきである。**1.2.** で述べるが時空間という意味ではむしろ「たり」は同一場面の事態しか並列できない。また、「それを並べるだけの関係」というのもわかりづらい。ここでは、本研究が今まで用いてきた網羅性の概念を用いて「て」「し」「連用形」との違いを説明したい。

本研究では統語レベルの議論として並列された要素がすべて他の要素と結びつくかどうかという網羅性を考える。以下に網羅性の定義を再掲する。

網羅性の定義
a. どのような場合でも並列されたすべての要素がセットとして扱われ、述語ならびに他の要素すべてと結びつくという性質を「網羅性」と名付ける。
b. 網羅性がある場合には「＋網羅性」、網羅性がない場合には「－網羅性」と表示する。

この定義に従えば、「たり」は「－網羅性」である。

（２）　この学科の学生達は英語が話せたり、留学経験があったりする。

(2)ではある学生は英語が話せ、ある学生は留学経験があるという解釈が成り立つ。一方、今までにみてきたように「て」「し」「連用形」は「＋網羅性」であるため、もしこれらの形式を使うと、すべての学生が英語が話せて留学経験がある、という解釈になる。

続いて、この「－網羅性」は実際には様々な形で解釈されるということを示す。

まず、主語が複数名詞の場合には、**ある個体はＰだが、ある個体はＱである**という解釈が成り立つ。これを**複数個体読み**と呼ぶ。(2)の例は複数個体読みの例である。他に以下のような例がある。

（3） 卵や牛乳などにアレルギー症状を示す子供たちが増えている中、外食レストランでアレルギー対応のメニューを<u>出したり</u>、アレルギーを引き起こす恐れのある食材の<u>表示をしたり</u>する動きが出てきた。
　　　　　　　　　　　　　　　　　（『毎日新聞』2003年1月15日朝刊）
（4） こうしたおもちゃの病院は常設のものが<u>あったり</u>、個人宅が<u>あったり</u>、臨時に場所を借りて行うものが<u>あったりする</u>。
　　　　　　　　　　　　　　　　　（『毎日新聞』2003年1月27日夕刊）

　(3)はあるレストランではアレルギーの対応のメニューを出し、あるレストランはアレルギーを引き起こす恐れのある食材の表示をするという意味であり、(4)はあるおもちゃの病院は常設、あるおもちゃの病院は個人宅、あるおもちゃの病院は臨時であるという意味である。これは、「や」を使った並列と以下のように対応する。

（5） 日本人は正月になると神社<u>や</u>お寺に行く。
（6） 日本人は正月になると神社に行っ<u>たり</u>お寺に行っ<u>たり</u>する。

　一方、主語が単数名詞の場合は特定の時空間における出来事か、不特定の時空間における出来事かで解釈が分かれる。不特定の時空間における出来事の場合には、**ある場合にはPだが、ある場合にはQである**という解釈になる。これを**別時間読み**と呼ぶ。

（7） そのような新鮮な気分ですが、じつはこの時期、13日までの京都初釜式の間だけをみても<u>暖かかったり寒かったり</u>と天気や気温がいろいろですね。　　　　　　　　　　（『毎日新聞』2003年1月7日朝刊）
（8） それらしい名前が<u>出たり出なかったり</u>。
　　　　　　　　　　　　　　　　　（『毎日新聞』2003年1月22日夕刊）
（9） 攻めどころを<u>逸してしまったり</u>、取れる石を<u>取り逃がしたり</u>、甘くなって緩んで<u>負けたり</u>、そんな碁が多いのだそうです。
　　　　　　　　　　　　　　　　　（『毎日新聞』2002年1月6日朝刊）

実際には (7) のように反対の属性語の並列 (ある時は暖かく、ある時は寒い)、(8) のように動詞の肯定形と否定形の並列 (出る時もあるし、出ない時もある) の例がみられる。**事態が矛盾する時は必ず別時間読みの解釈となる**。ただし、(9) のように矛盾しない事態の場合もある。これは、「や」を使った並列と以下のように対応する。

(10)　私は正月はよく神社やお寺に行きます。
(11)　私は正月はよく神社に行ったりお寺に行ったりします。

なお、同一の文が複数個体読みも別時間読みにも解釈される場合がある。

(12)　あの店の料理はおいしかったりまずかったりする。
(13)　あの店のスペシャルカレーはおいしかったりまずかったりする。

(12) は 2 通りの解釈が可能である。おいしい料理もあればまずい料理もあるという複数個体読みの解釈と、おいしい時もあればまずい時もあるという別時間読みの解釈である。複数個体読みの解釈をしている場合は、「料理」を複数の料理の集合として解釈していることになる。スペシャルカレーのように単数の主語にすると別時間読みに固定される。

主語が単数で特定時の出来事の場合には単に 2 つのことが起こったという解釈である。これを**単純並列読み**と呼ぶ。

(14)　けれども近ごろはひざが痛かったり、歯が痛かったりで、自分の体や健康のことに目が向いてしまいます。
　　　　　　　　　　　　　　　　　　　　　(『毎日新聞』2003 年 3 月 23 日朝刊)
(15)　カリキュラムを作ったり、試行研修も実施する。
　　　　　　　　　　　　　　　　　　　　　(『毎日新聞』2003 年 1 月 4 日夕刊)

これは一定時間内に複数の事態が起きるということを意味している。これは、「や」を使った並列と以下のように対応する。

(16)　私は昨日、神社やお寺に行きました。
(17)　私は昨日、神社に行ったりお寺に行ったりしました。

　また、上の単純並列読みである(17)と下の別時間読みである(18)では単純並列読みである(17)の方が「他にも行った場所がある」という推意がやや強く働くように感じられる。

(18)　私は正月はよく神社に行ったりお寺に行ったりします。

　これは語用的な排他的推意であるが、「－網羅性」を実現させるために、語用的な推意を利用しているのである。この場合には、他に要素があるために網羅的になっていないということである。
　「たり」は網羅性をもたないが、そのことを積極的に意味として示すわけではないため、複数の方法で解釈されるといえる。

「－網羅性」を解釈する様々な方法
a. 項のあるものは並列された要素Xと結びつき、項のあるものは並列された要素Yと結びつくため、網羅的ではない。
b. ある場合には並列された要素Xと結びつき、ある場合には並列された要素Yと結びつくため、網羅的ではない。
c. 並列された要素Xと要素Y以外にも要素が存在し、それと結びつくことがあるため、網羅的ではない。

　「網羅的である」ということに対して、「網羅的でない」というのは実際には様々な解釈が成り立つ。「網羅的である」ということに対して、「網羅的でない」ということは内実のある意味とはいえないため、複数の方法で解釈されるといえる。(17)のような単数主語、特定時空間における文の場合は、a、bのような解釈ができず、結果としてcの解釈になり、「他にもある」という推論が強まるのであろう。
　「複数個体読み」「別時間読み」「単純並列読み」は「や」とも共通する「た

り」の用法であるが、「たり」にはもう1つ用法がある。(19)のように、**動作PとQが交互に反復して行われることを表す**例である。これを**反復読み**と呼ぶ。

(19) おかげで猫たちは家の中と広い庭とを行ったり来たりでき、ちょっとした猫動物園のよう。　　　　　　（『毎日新聞』2002年1月8日朝刊）

　岩田美穂(2006)は「たり」を反復並列と例示並列に分類している。反復並列は本研究の「反復読み」にあたり、例示並列は本研究の「複数個体読み」「別時間読み」「単純並列読み」にあたる。
　岩田美穂(2006)は反復並列と例示並列に統語的な違いがあるとする。その証拠として、主語の交代や接続詞の挿入を挙げる。主語の交代の例を示す。

(20) a. ?その家の前を怪しい男が行ったり通行人が来たりしている
　　　　　　　　　　　　　　　　　　　　　　（岩田美穂 2006: 113）
　　 b. そうしないと、アルゴリズムが発散してしまったり解が安定にならないというようなことがあります
　　　　　　　　　　　　　　（『日本語話し言葉コーパス』A01M0147）

　(20a)のように反復並列の場合は主語の交代ができない。ただし、実際には、(21)のように主語以外の格を付与しても、反復の意味では許容できない。

(21) a. 太郎がバスで行ったり電車で来たりしている。
　　 b. 太郎が駅に行ったり家に来たりしている。

　よって、以下のように一般化できる。

反復読みの「たり」の格に関する制約
　反復読みの場合は、2つの動詞が別の名詞句を格としてもつことは許され

ない。

また、接続詞の挿入は以下の通りである。

(22) a. ?太郎が旗を上げたり<u>あるいは</u>下げたりする。
（岩田美穂 2006: 113）
b. ?太郎が旗を上げたり<u>また</u>下げたりする。　（岩田美穂 2006: 113）
c. ?その部屋では、太郎が本を読んだり<u>あるいは</u>次郎が絵を描いたりして遊んでいる。　（岩田美穂 2006: 113）

岩田美穂(2006)はさらに並列句の省略も違いとして挙げるが、これはむしろ語彙的な要因が強いと思われる。

(23) a. ?蛍光灯が<u>点いたりなど</u>している。　（岩田美穂 2006: 113）
b. 日曜日は<u>本を読んだりなど</u>しました。　（岩田美穂 2006: 113）
c. この店のスープは<u>おいしかったりなど</u>する。

岩田美穂(2006)は(23a)をいえないとしているが、これは「点いたり」から「点いたり消えたり」を復元できないということである。しかし、同じ事は別時間読みである(23c)にもいえ、「おいしかったり」から「おいしかったりまずかったりする」は復元できない。ただ、(23c)は他の良い意味(例えばサラダがおいしいとかセットが安いとか)は想起させることができる。つまり、(23a)が不自然なのは反対の意味の単語を並べる時に「など」で省略することはできないという、より一般的なルールによるものであると考えられる。

しかしながら、(20)から(22)の現象からも反復読みはその他の読みと違った統語的特性をもっていると推測される。岩田美穂(2006)は反復読みについて「V1とV2の結束が強く、分離できない。また、V1とV2が対概念である動詞という語彙的条件もなくてはならない」(p.113)としている。

反復読みの動詞の結びつきが強い例としてもう1つ、条件文における解釈

を挙げておく。

(24) 熱が上がったり下がったりすれば、危険です。

これは「熱が上がった場合、または熱が下がった場合」ではなく、「熱が上下した場合」という意味になる。動詞が2つ並列されて1つの事態となっているのである。反復読みでなければ、「たり」が条件節に使われると「Pの場合、またはQの場合」の意味になる。

(25) でも、相手が止まったり、トラブルが出たらフリーですから。
（『毎日新聞』2003年1月24日朝刊）

また、特に「行ったり来たり」のような場合はそれ自体が語彙化し、2つの事態の並列とはいえなくなっている可能性がある。以下のように格に変化があるからである。

(26) a. 太郎が｛家に／?家の前を｝行く。
　　 b. 太郎が｛家に／*家の前を｝来る。
　　 c. 太郎が｛*家に／家の前を｝行ったり来たりしている。

反復読みでない場合には「たり」で並列された述語はその述語本来の格をとる。

(27) 私が太郎の｛家に／*家の前を｝行ったり、太郎が私の｛家に／*家の前を｝来たりした。

ここまでの「たり」の4種の読みをまとめると**表14.1**のようになる。

表14.1からもわかるように、複数個体読みの場合は「あるNはP、あるNはQ」という意味になる。別時間読みの場合は「ある場合はP、ある場合はQ」という意味になる。また、反復読み、単純並列読みの場合も厳密

表 14.1 「たり」の読みの分類

名称	意味	条件	「や」との対応	動詞の結びつき
反復読み	「PとQを交互にする」	共通の格をもち、述語が反対概念の動詞	×	強
複数個体読み	「あるNはP、あるNはQ」	主語が複数	○	弱
別時間読み	「Pする場合もあればQする場合もある」	主語が単数で不特定の時空間における事態	○	弱
単純並列読み	「一定時間内にPやQをする」	主語が単数で特定の時空間における事態	○	弱

には同時間に異なる2つの動作をすることはできないため、「ある時点にはPし、ある時点にはQする」という意味になる。ここから、「たり」の本質は「あるXはP、あるXはQ」というように2つ以上の別の側面に注目することにあるといえる。これが非網羅的ということである。

1.2. 名詞句内非網羅性制約からの帰結

ここでは、なぜ「ば」「し」「て」「連用形」という「＋網羅性」の形が「する」という形を伴わず、「−網羅性」の「たり」が「〜たり〜たりする」という形で「する」を伴うのか(少なくとも潜在的には伴いうるのか)という問題を考える[1]。これは形式と意味が対応し、一種の相補分布をなしているという問題である。この分布は中俣尚己(2006a)でも指摘したが、詳しい考察には至っていなかった。

寺村秀夫(1991)は「〜たり〜たり」という部分が名詞句的な性格をもっていることを指摘している(p.222)。このことは森山卓郎(1995: 129)が以下のような例を挙げて説明している。

(28) 飲んだり食べたりの三時間
(29) 太郎は、昨日は一日中飲んだり食べたりだった。
(30) 太郎は病み上がりで、飲んだり食べたりが大変だ。

(28)のように名詞を後続させる時に、「の」を伴える点、(29)のように判定の「だ」を伴える点、(30)のようにガ格主語扱いが可能なことなどから、文法的資格は名詞句であるといってよい。そして、「～たり～たり」が名詞句であるならば、**第2章**で述べた名詞句内非網羅性制約が参考になる。

名詞句内非網羅性制約
同一名詞句内では網羅性はキャンセルされる。

名詞句内では本来網羅的であるものが非網羅的になる。そのため、動詞句を一端名詞句の形にすることで、網羅性を消していると考えられる。

(31) この学科の学生達は英語が話せたり、留学経験があったりする。

では、なぜ名詞句は非網羅的なのだろうか。それは我々にとってモノの集合とコトの集合の認知の仕方が異なるためである考えられる。モノの並列の中で最も形態的に無標と考えられる「、」は「－網羅性」であった。

(32) 私は毎日、ビール、ワインを飲みます。

(32)はある日はビール、ある日はワインを飲むという解釈が可能である。
それに対して、並列助詞の中で最も形態的に無標と考えられる「連用形」は「＋網羅性」である。

(33) 私は毎日、ビールを飲み、ワインを飲みます。

(33)は継起的ではあるが、両方を飲むということが含意される。
モノの並列は述語1つにつき、名詞を複数並列するものである。大事なのは述語であり、複数の名詞はその述語と結びつくものとして、話者が主観的にまとめた集合であるから、必ずしも同時に存在する必要はなく、非網羅的な解釈となる。

一方、コトの並列は述語を複数並列するものである。そして、述語を複数述べたにもかかわらず、そのどちらかが成立しないということは通常では許されないのであろう。そのため、網羅的な解釈が自然となる。

そこで、述語を非網羅的に並列するために、動詞を一度名詞句の中に入れるという方法がとられたと思われる。ただし、そのままでは本来動詞であったものが名詞になってしまうため、もう一度「する」をつけて動詞に戻すという操作がとられた。

これが「＋網羅性」の形式は「する」を伴わず、「−網羅性」の形式は「する」を伴いうるという分布の根源であると考えられる。なお、「とか」など他の「−網羅性」の形式も「〜とか〜とかする」のように「する」を伴いうるが、そのメカニズムは「たり」と同一であると考えられる。

1.3. 事態の提示方法

本研究では統語レベルの議論として2つの事態を1つの事態として結びつけるかどうかという事態の提示方法を考える。以下に事態の提示方法の定義を再掲する。

事態の提示方法の定義
a. 「結合提示」とは2つの事態を結合して、1つの事態として提示する方式である。この時、結合できるのは同一場面に存在する事態どうしだけである。
b. 「分離提示」とは2つの事態を結合せず、2つの事態としてそのまま提示する方式である。同一場面に存在しない事態であっても並列できる。

「たり」は「結合提示」であると考えられる。このことの統語的な証拠としては「ば」並列が過去と未来の事態を並列しにくいこと((34))、現実と仮想現実の事態を並列しにくいこと((35))を挙げることができる。

(34) *この美術館は今までも多くの人が訪れ<u>たり</u>、これからも訪れるだろ

う。
(35) ＊太郎は今まで休んだこともなかっ<u>たり</u>、休むなら連絡してくる。

森山卓郎(1995)は「たり」が複数の場面を並列できるとしている。

(36) 太郎と次郎の兄弟は親切で、キャンプ中、野犬が来たら太郎が助けにきてくれたり、雨が降ったら次郎がわざわざフライシートを張ってくれたりした。
(森山1995: 131)

しかし、森山卓郎(1995)も述べているように、(36)はいささか人工的であり、また、共通の主題を必要とする。また、これはいずれもキャンプ中という特定の時間に起こった2つの事態であることが明示されている。以下のような文には「し」は使えるが、「たり」は使えない。

(37) ＊明日は晴れたら遊園地に行っ<u>たり</u>、雨が降ったら映画館に行ったりする。
(38) 明日は晴れたら遊園地に行く<u>し</u>、雨が降ったら映画館に行く。

また、確かに「あの店のスープはおいしかったりまずかったりする」は別の場面を表しているように見える。しかし、**1.1.**でみたように「たり」が別時間読みを可能にする場合、主語が単数である必要があり、さらにその多くは属性叙述文であった。この時、属性の所属する場ということを考えると、それは1つのモノ(あの店のスープ)である。あるモノが複数の側面をもつことを表すため、そのモノが擬似的な「場」として捉えられていると考えられるのである。その意味では「あの店のスープは温かくておいしい」と同じである。違うのはそれぞれの属性が主語と網羅的に結びついているか否かという点であり、説明に場面を持ち出す必要はない。

また、「たり」はモダリティがついた形式を並列させることはできない。

(39) a. ＊この学科の学生達は英語が話せるらしかっ<u>たり</u>、留学経験がある

らしかっ<u>たり</u>する。
b. この学科の学生達は英語が話せ<u>たり</u>、留学経験があっ<u>たり</u>する らしい。

(39a)のようにはいえず、(39b)のようにいわなければならない。つまり、「たり」が並列できるのは(39b)のように1つの命題に含まれるものに限られる。これは結合提示の「たり」の必要条件である「同一場面」が統語的に「同一命題」という形で表れたものであると考えられる。

2. 「たり」の意味レベルの議論

2.1. 出現可能性を元にした並列

ここでは「たり」について意味レベルの議論を行う。意味レベルの議論とは並列される要素どうしにどのような意味関係が存在し、どのような動機によって集合を作り上げているのかということである。

まず、**第9章**で行ったコーパス調査の結果を再掲する。

表14.2 「たり」の用例に付与されたタグ(%)

	同形式	同構成	同評価	理由	対比	例示	一般化	精緻化	付加	細分化	代替	無
たり	13	17	<u>47</u>	3	6	0	<u>1</u>	0	1	0	0	<u>23</u>

一見して「同評価」がとても多い。

(40) 例えば初対面の人にあんたは頭が悪いねとか言ってい<u>たり</u>後輩に向かって箸を投げ付け<u>たり</u>とかしていて
(『日本語話し言葉コーパス』S05F0463)
(41) その一方で、<u>読書をしない生徒が最も多かったり</u>、<u>論述式問題で、何も書けない生徒の割合が高かったり</u>こととも、忘れてはならない今後の大きな課題である。 (『毎日新聞』2002年1月3日朝刊)

(42) 心から幸せと呼べる日がくることを願うとともに、<u>人を傷つけたり命を簡単に奪ってしまう</u>戦争に、私は反対です。

(『毎日新聞』2002 年 1 月 18 日朝刊)

　(40)から(42)はいずれも「よくない」という共通の評価をもつ事態が並列されている。一方で、「無」の割合もかなり多い。

(43) 彼ら二人は特に仕事をする訳ではなく、私達普通のお客さんの隣りに座ってしな垂れ掛かってき<u>たり</u>御飯食べたいという目をきらきらさせながら熱い視線で攻撃してき<u>たり</u>するだけです

(『日本語話し言葉コーパス』S00F0031)

(44) 日なたぼっこを楽しん<u>だり</u>食事の支度をしていた住人の邪魔をしてしまったが、だれもが笑顔を向けてくれた。

(『毎日新聞』2002 年 1 月 7 日夕刊)

(45) バイオマスエネルギーの活用法には、木くずやもみ殻を固形燃料にし<u>たり</u>、食べ残しの食品を発酵させて出来たメタンガスを使い、発電する手法がある。　　　　　　(『毎日新聞』2002 年 1 月 22 日朝刊)

　また、(46a)のように述語の肯定形と否定形による対比の例もあることから、「たり」は類似性による並列とはいい難い。

(46) a.　呼ばれたり呼ばれなかったりするコンペ

(『毎日新聞』2002 年 1 月 25 日朝刊)

　　 b.　*コンペに<u>呼ばれるし呼ばれない</u>。

　一方で、(46a)や(45)のような例が隣接性に基づいているともいい難い。また、(47a)は「て」の例で隣接性を継起に集合が作られていると考えられるが、これは「たり」で置き換えにくい。

(47) a.　その日取れた野菜とかをこう山積みにし<u>て</u>でお金は缶の中に入れて

ください みたいな　　　　　（『日本語話し言葉コーパス』S03F0062）
　b. ?その日取れた野菜とかをこう山積みにし<u>たり</u>、でお金は缶の中に入れてくださいみたいな

一方、(48)は「て」を「たり」で置き換えることができる。

(48) a. その辺のごみ箱にごみ捨て場にですね必ずこう篭があっ<u>て</u>上にこう鉄板で屋根が付いている訳です
　　　　　　　　　　　　　　　（『日本語話し言葉コーパス』S01M0005）
　b. その辺のごみ箱にごみ捨て場にですね必ずこう篭があっ<u>たり</u>上にこう鉄板で屋根が付いている訳です

　これは、(48)はどちらの事態も「ごみ捨て場」という共通の話題についての描写であるからだと考えられる。
　1.1. において「たり」の本質は「ある X は P、ある X は Q」というように 2 つ以上の別の側面に注目することにあるとした。ここで側面というからには当然共通の何かが存在しなければならない。(48)ではその共通の何かがごみ捨て場にあたるが、(47)ではその共通の何かにあたるものがないため使いにくい。(43)はすでに「二人」が導入されており、この二人の行動について述べる文である。(44)は「住人」の異なる側面に、(45)は「バイオマスエネルギーの活用法」の異なる側面に、(46)はコンペの異なる側面に注目しているといえる。つまり、**ある共通のテーマがあり、そのテーマについて潜在的に述べられる得る事態**の集合であるといえる。これは**第 4 章**で述べた「も」の使用条件である**出現可能性**に近い。

「たり」の使用条件
　「たり」はあるテーマの異なる側面、すなわちあるテーマについて出現可能性をもつ事態の並列である。

　「も」の出現可能性との違いは「も」で並列される名詞句は会話の流れか

ら聞き手が出現を予測できなければならなかったが、「たり」で並列される述語は聞き手に関する制約はないということである。話し手がテーマを把握していれば、そのテーマに関する事態を並列することができる。

(49)　僕の友達で二人パチプロだったやつが、人がいるんですが(中略)一人は何かアメリカ行って、ヘリコプターの免許を取ってきちゃっ<u>たり</u>とかもう一人は何か四千万ぐらい一年弱ぐらいで稼いだんだけども競馬で全部擦っちゃって　　　　（『日本語話し言葉コーパス』S00M0071）

(49)で並列されている内容はかなり突飛な内容であり、聞き手にとって出現は予測できない。また、「とか」がついていることからも新情報であることがわかる[2]。しかし、話し手にとっては、これは「2人のパチプロだったやつ」に関する情報であることがわかっているため、問題なく「たり」を使うことができる。

　また、あるテーマの異なる側面であれば、共通の構造や評価的意味をもつ必要はない。そのため、反対語の並列にも使用できるのである。

(50) a.　太郎が行っ<u>たり</u>来<u>たり</u>している。
　　　b.　*太郎が行く<u>し</u>来る。
(51) a.　あの店のスープはおいしかっ<u>たり</u>まずかっ<u>たり</u>する。
　　　b.　*あの店のスープはおいしい<u>し</u>まずい。

2.2.　終助詞用法としての「たり」

　「たり」には並列を表す用法の他、以下のような例示を表す用法もある。

(52)　そういった参加者と夜お話をし<u>たり</u>するのがまた非常に楽しい出来事の1つでもありました　　　（『日本語話し言葉コーパス』S01F0151）

　「たり」は出現可能性に基づく並列であるから、他に似たような事態があっても良い。そのため、「一例を挙げる」というニュアンスが生まれる。

これとは別に、完全に終助詞化したような以下のような用法がある。

(53) こんなうわさ話をしていると、本当に田中さんが来<u>たり</u>して。
(54) うどんにマヨネーズかけ<u>たり</u>して。　　　（森山卓郎 1995: 140）
(55) で、これは1つの局面でしかない訳だっ<u>たり</u>
　　　　　　　　　　　　　（『日本語話し言葉コーパス』D04M0052）
(56) もしかしてご存じだっ<u>たり</u>しますか。　　（本多啓 2007: 1）

　これらはすべて「～かもしれない」「～こともある」という「可能性」を表す用法であるといえる。
　森山卓郎(1995)は(54)を「「冗談」の「たりして」」と呼んでいるが、この用法は(53)から(56)まで、連続性をもち、冗談に留まらず広い範囲で使われているとみるべきである。本多啓(2007)はこのような用法の「たり」について分析を行い、「タリは、話し手がある事態を、〈生起の必然性がない〉と認識したことを示す」(p.7)としている。(53)から(55)はまさしくそのような例である。また、(56)は「その事態を「ただの思いつき」のような、**生起する必然性がないものとあえて認識して提示する**」(p.7)用法であり、それが「「丁寧」「控えめ」「話者が事態を重要視していない、深刻に捉えていない、軽い」などの印象を与えることができる」(p.9)としている。
　本研究もこのような記述を支持する。ただし、本多啓(2007)では「たり」が複数の事態が常に実行される必然性はない（本研究における「-網羅性」）という性質から「必然性がない」という意味が生まれたとしている。これに対して、本研究では「たり」の集合形成動機が「あるテーマについて、出現可能性をもつ事態の集合」であることから「たり」が1つの可能性を提示すると解釈したい。複数の事態が常に実行される必然性はないというところから上記の用法が生まれるとすれば、同様の性質をもつ「とか」「やら」といった形式に上記の用法がないという事実が問題になる。また、必然性がないということは主張をやわらげる機能につながりうるが、一方で(54)のような例は主張をやわらげるというよりも極端ではあるがあり得る1つの可能性を提示するという機能に主眼が置かれている。そこで、本研究では「たり」があ

るテーマに関して出現可能性をもつ事態を提示するという機能から可能性を表す用法が生まれてきたと主張する。「たり」の並列用法自体に、「可能性の並列」という意味合いが含まれているのである。

3. 「たり」の語用レベルの議論

　ここでは、「たり」について語用レベルの議論を行う。語用レベルの議論とは文に出現した要素以外についての議論である。
　「たり」は「他にはない」という排他的推意を発生させないと考えられる。

(57)　英語の勉強法は、単語帳を作ったり、英会話のラジオを聞いたりしています。

　(57)は「勉強法として実施しているのは単語帳と英会話のラジオだけだ」という推論を発生させない。よって、「排他的推意なし」である。ただし、排他的推意は語用的なものであり、キャンセルされることもある。(57)は別に2つだけしかしていなくても構わない。「排他的推意なし」とは「他にあってもなくても構わない」という意味である。(58)(59)は並列されている要素以外の要素があるとは考えられない例である。

(58)　太郎が廊下を行ったり来たりしている。
(59)　太郎は大学に来たり来なかったりだ。

　この「排他的推意なし」は、「たり」の意味的特性である「出現可能性」から導き出されると考えられる。つまり、「たり」で並列される事態はあるテーマに関して「可能性」を帯びた事態であり、他にそのテーマに関する事態はいくらでも存在しうるからである。

5.「たり」のまとめ

第 18 章で述べたことをまとめると、次の A から D のようになる。

A　統語的には「たり」は「−網羅性」と表示される。これは「や」で並列された要素1つ1つが常に他の要素すべてと結びつくわけではないことを意味する。実際の解釈においてはある N は P だが、ある N は Q という「複数個体読み」、ある時には P だが、ある時には Q という「別時間読み」、P と Q 以外に要素があるという「単純並列読み」、P と Q を交互に反復する「反復読み」などのバリエーションがある。これは「ある X は P、ある X は Q」という形にまとめられる。また、「たり」が「−網羅性」であるのは名詞句内非網羅性制約からの帰結である。

B　また、「たり」は「結合提示」によって事態を並列する。これは「たり」が同一場面にある事態のみを並列でき、2つの事態を1つにまとめられるような時にのみ使われるということを意味する。

C　意味的には「たり」はあるテーマの異なる側面、すなわちあるテーマについて出現可能性をもつ事態の並列である。

D　語用的には「たり」は排他的推意を発生させない。

注

1　ただし、コーパスの実例をみると必ずしも「〜たり〜たりする」の形で使われているとは言えない。この問題については中俣尚己(2010a)にて論じた。また、中俣尚己(2010a)で「たり」の非網羅化のメカニズムについてもより詳しく論じている。

2　**第 7 章**の **1.2.** で述べたように「とか」は新情報に使われる。

第 15 章
その他の並列を表す接続助詞

　第 15 章では「ば」「し」「て」「連用形」「たり」以外の述語を並列する形式について述べる。まず、**1.** ではこれらの形式が「－網羅性」をもつことを名詞句内非網羅性制約からの帰結として述べる。続いて **2.** では用例の多い「とか」について、**第 14 章**から**第 18 章**までと同様の手法で記述を行う。その後 **3.** では「やら」について、**4.** では「だの」について、**5.** では「か」について、**6.** では「だか」について、**7.** では「なり」について記述を行う。また、**8.** では「わ」について簡単に触れる。

1. 「－網羅性」と名詞句内非網羅性制約

　本研究では統語レベルの議論として並列された要素がすべて他の要素と結びつくかどうかという網羅性を考えた。そして、以下のように網羅性を定義した。

網羅性の定義
a. どのような場合でも並列されたすべての要素がセットとして扱われ、述語ならびに他の要素すべてと結びつくという性質を「網羅性」と名付ける。
b. 網羅性がある場合には「＋網羅性」、網羅性がない場合には「－網羅性」と表示する。

　この定義に従った場合、「たり」を含め、「〜Ｘ〜Ｘする」という形をとりうる形式はすべて「－網羅性」になる。

（1）a. 学生達は、先輩に聞いたり、インターネットから写したりしてレポートを書いた。
　　 b. 学生達は、先輩に聞くとか、インターネットから写すとかしてレポートを書く。
　　 c. 学生達は、先輩に聞くやら、インターネットから写すやらしてレポートを書いた。
　　 d. 学生達は、先輩に聞くだの、インターネットから写すだのしてレポートを書いた。
　　 e. 学生達は、先輩に聞くか、インターネットから写すかしてレポートを書いた。
　　 f. 太郎は先輩に聞くだか、インターネットから写すだかしてレポートを書いたらしい。
　　 g. 先輩に聞くなり、インターネットから写すなりしてレポートを書けばいいよ。

　これらはいずれも、ある学生は先輩に聞き、ある学生はインターネットから写すという意味で、両方を行うわけではない。よって、すべて「−網羅性」である。
　そして、**第14章**で述べたように、これらの形式が「−網羅性」をもつことは名詞句内非網羅性制約からの帰結である。「〜とか〜とか」「〜やら〜やら」「〜だの〜だの」「〜なり〜なり」は「〜」の部分に名詞句が入ることからもわかるように、全体として名詞句としての特性をもっていると考えられる。「の」を伴って名詞句に前接している。つまり、「の」の前は名詞句であると考えられる。

（2）a. 殴ったり蹴ったりの暴行。
　　 b. 殴るとか蹴るとかの暴行。
　　 c. 殴るやら蹴るやらの暴行。
　　 d. 殴るだの蹴るだのの暴行。
　　 e. 殴るか蹴るかの暴行。

  f. 殴るだか蹴るだかの暴行。
  g. 殴るなり蹴るなりの暴行。

　名詞句であるとするならば、名詞句内非網羅性制約から自動的に非網羅性が導かれる。

名詞句内非網羅性制約
同一名詞句内では網羅性はキャンセルされる。

　名詞句では本来網羅的であるものが非網羅的になる。この性質を利用し、動詞句を一端名詞句の形にすることで網羅性を消していると考えられる。
　第5章で詳しく述べたが、モノの並列の中で最も形態的に無標と考えられる「、」は「−網羅性」であった。

（3）　私は毎日、ビール、ワインを飲みます。

　(3)はある日はビール、ある日はワインを飲むという解釈が可能である。
　それに対して、並列助詞の中で最も形態的に無標と考えられる「連用形」は「＋網羅性」である。

（4）　私は毎日、ビールを飲み、ワインを飲みます。

　(4)は継起的ではあるが、両方を飲むということが合意される。
　モノの並列は述語1つにつき名詞を複数並列するものである。文において大事なのは述語であり、並列された名詞はその述語と結びつくものとして話者が主観的にまとめた集合であるから、その名詞句は必ずしも同時に存在する必要はなく非網羅的な解釈となる。一方、コトの並列は述語を複数並列するものである。そして、述語を複数述べたにもかかわらず、そのどちらかが成立しないということは通常では許されないのであろう。そのため、網羅的な解釈が自然となる。

そのような偏りが存在するため、コトの非網羅的な関係を表現するために、動詞を一度名詞句の中に入れるという方法がとられたと思われる。ただし、そのままでは本来動詞であったものが名詞になってしまうため、もう一度「する」をつけて動詞に戻すという操作がとられたと考えられる。

これが「＋網羅性」の形式は「する」を伴わず、「－網羅性」の形式は「する」を伴うという分布の原因であると考えられる。

2.「とか」

ここでは文・節を並列する「とか」のみを扱う。

2.1. 先行研究とコーパスに出現した例

森山卓郎（1995）では「〜とか〜とかする」という形が扱われている。このような形は潜在的には可能である。

（5）　自転車屋に持ち込んで古い Casper をメンテナンスしてもらう<u>とか</u>、軽量化する<u>とか</u>するくらいなら、新しいのを買おうかと安易に考えています。（http://qanda.rakuten.ne.jp/qa4093846.html 2008年8月14日）

しかしながら、『日本語話し言葉コーパス』と『毎日新聞』の用例384例の中には「〜とか〜とかする」のように後ろに「する」を伴う形は**1例もみられなかった**。実際にみられたのは(6)のような「〜とか〜」というタイプと、(7)のような「〜とか〜とか」というタイプである。

（6）　何か十日も前から準備はできたかなんていう電話がよく掛かってきた<u>とか</u>、何か銀色のジャンパーは一体どこで手に入れたのか っていう謎 が今でも深まっているんですけれどもそういう何か楽しい方向に話をするよう思い出すようになりました

（『日本語話し言葉コーパス』S02F0180）

（7）　50年にノーベル賞を30人だ<u>とか</u>、重点大学トップ30だ<u>とか</u>、日本

の科学技術振興政策がにぎやかである。

（『毎日新聞』2002 年 1 月 23 日朝刊）

統語的資格としては(6)のように後に名詞が来るものが多い。この場合、「～とか～」の部分は連体修飾構造になっており、名詞句としての特性を保っている。そのため、名詞句内非網羅性制約から「－網羅性」が導かれるという 1. での議論に問題はない。
　実際には「とか」の後に「する」が後接する場合もある。しかし、その場合には必ず「たりとか」という形になっていた。

（8）　何か一応学科と実地と試験があるんで、学科の勉強をしに行った<u>たりとか</u>後は金曜日に会社が終わってから何かボストンバッグを持って、泊まりで海洋実習っていうのに伊豆に行った<u>たりとか</u>して、大体勤めながらちょこちょこ一か月ぐらいで取ったんですね。

（『日本語話し言葉コーパス』S01F0166）

　この「たりとか」については森山卓郎（1995: 143）も以下のように述べている。

　　「たりとか」という形の場合、「とか」は、名詞に接続する「とか」と同じ扱いになる。すなわち、「たり」形式自体が品詞的には名詞扱いなのであって、動詞接続型の「～とか～とかする」と違い、単に例を挙げる言い方が「たり」構文の中に組み込まれるような意味である。

　他に「～とか～とかする」という形式がみられないことから、(8)のような例は「～たり～たりする」という形に例示を表すとりたて用法の「とか」が接続したものと考えられる。また、(5)のような例も「する」という動詞が「～とか～とか」という擬似的な名詞句を格としてもったもので、「～とか～とか<u>を</u>する」の「を」が省略された形であると考えられる。つまり、「運動をする」のように行為性の名詞に「する」がついた形に近い。

森山卓郎(1995)でも、「〜とか〜とかする」は過去の一回的な事実を言い切るのには使いにくく((9))、「〜とかして」の形では使える((10))としている。

(9) ??彼はとってきた魚を煮る(と)か焼くとかした。　（森山卓郎 1995: 141）
(10)　彼は、とってきた魚を煮るとか焼くとかして食べたはずだ。
(森山卓郎 1995: 141)

また、「シタ・シテイル、形容詞的述語・名詞的述語などの状態性述語も来ない」(p.142)としている。

(11) *彼らはまじめだとか、熱心だとかしなければならない。
(森山卓郎 1995: 142)

これも、(9)のように単に述語を並列したいだけの場合、あえて「する」という動詞を使う動機が薄いことが原因であると考えられる。一方、(10)は手段を表す「て」であり、「煮る」や「焼く」の行為を手段としてみなし、「それらをすることによって」という意味を表していると考えられる。また、(11)のような状態性の語は「する」の対象（「を」格で表示される要素）にはならないのであろう。

なお、森山卓郎(1995)では「たりとか」の場合には過去の1回の出来事や状態性述語を並列することができると指摘しており、これも「たりとか」が単なる「〜とか〜とか」とは違うことの証拠になる。

(12)　彼は、とってきた魚を煮たりとか焼いたりとかした。
(森山卓郎 1995: 143)
(13)　彼は中学校では、教科によって、まじめだったりとか、ふまじめだったりとかした。　（森山卓郎 1995: 143）

2.2. 統語レベルの議論

「とか」が「−網羅性」であることはすでに **1.** で確認した。実際にはこれは様々な形で表れる。

(14) 例えば、小人であったりとかお医者さんであったりとか戦争であったり孤児であったりとかっていうような 凄くインパクトの強いもの を持ってきて、それを題材にして小説の世界広げていくっていうのが彼の手法なんですね 　　　　　　(『日本語話し言葉コーパス』S00M0053)

(14)は凄くインパクトの強いもののうち、あるものは小人であり、あるものはお医者さんであり、というような関係である。これは**複数個体読み**である。

(15) 例えば戸惑うとかですね呆れるとかあるいは怒り出すとかあるいは慣れてくるとかいったようなことが、現実にあって
　　　　　　　　　　　(『日本語話し言葉コーパス』A11M0846)

(15)はある時はとまどい、ある時は呆れ、というような不特定時間の事態について述べたものである。これは**別時間読み**である。

(16) 今日明日のこのワークショップは何か結論を出そうとか、それから結果を自慢げに報告するという、そういうことではなくてですね
　　　　　　　　　　　(『日本語話し言葉コーパス』A11M0469)

(16)は特定の時空間における事態であり、両方ともに否定されるべき内容である。これは**単純並列読み**である。(16)は他に何か事態があるような推論が働く。

「とか」は網羅性をもたないが、「網羅的である」ということに対して、「網羅的でない」ということは内実のある意味とはいえないため、複数の方法で解釈されるといえる。

「−網羅性」を解釈する様々な方法
a. 項のあるものは並列された要素 X と結びつき、項のあるものは並列された要素 Y と結びつくため、網羅的ではない。
b. ある場合には並列された要素 X と結びつき、ある場合には並列された要素 Y と結びつくため、網羅的ではない。
c. 並列された要素 X と要素 Y 以外にも要素が存在し、それと結びつくことがあるため、網羅的ではない。

非現実文においては選択的な意味になることもある。

(17) 汚れた時は水で拭くとかアルコールで拭くとかしてください。

また、「たり」にあった「反復読み」は「とか」には存在しない。(18)は「行ったり来たり」のような反復の意味では解釈できない。

(18) 太郎が行くとか来るとかした。

また、本研究では統語レベルの議論として2つの事態を1つの事態として結びつけるかどうかという事態の提示方法を考える。以下に事態の提示方法の定義を再掲する。

事態の提示方法の定義
a. 「結合提示」とは2つの事態を結合して、1つの事態として提示する方式である。この時、結合できるのは同一場面に存在する事態どうしだけである。
b. 「分離提示」とは2つの事態を結合せず、2つの事態としてそのまま提示する方式である。同一場面に存在しない事態であっても並列できる。

「とか」は「結合提示」であると考えられる。

このことの統語的な証拠としては、「とか」が過去と未来の事態を並列しにくいこと（(19)）、現実と仮想現実の事態を並列しにくいこと（(20)）を挙げることができる。

(19) *この美術館は今までも多くの人が訪れる<u>とか</u>、これからも訪れるだろう。
(20) *太郎は今まで休んだこともない<u>とか</u>、休むなら連絡してくる。

ただし、(21)のような文は可能である。

(21) 美術館の館長はこの美術館は今までも多くの人が訪れた<u>とか</u>、これからも訪れるだろう<u>とか</u>自慢した。

(21)のような「とか」は引用マーカーであると考える。引用の「とか」の後には「自慢する」といった引用句を格にもつことができる動詞が表れる。また、引用マーカーの「とか」は過去のテンスを表す「た」やモダリティの「だろう」どの後に接続することができる。引用ではない「とか」はテンスを表す形式やモダリティを表す形式は接続できない。

(22) *学生達は先輩に聞いたとかインターネットで調べたとかして、レポートを提出した。
(23) *学生達は先輩に聞くだろうとかインターネットで調べるだろう。

2.3. 意味レベルの議論

ここでは「とか」について意味レベルの議論を行う。意味レベルの議論とは並列される要素どうしにどのような意味関係が存在し、どのような動機によって集合を作り上げているのかということである。

まず、**第 9 章**で行ったコーパス調査の結果を再掲する。

表15 「とか」の用例に付与されたタグ(%)

	同形式	同構造	同評価	理由	対比	例示	一般化	精緻化	付加	細分化	代替	無
とか	30	9	44	2	4	0	0	1	0	1	1	19

　一見して、同評価が多いことがわかる。この結果は名詞を並列する「とか」は共通の構造または属性によって集合を形成しているということからも予測できる。

(24)　例えば、呼ばれても振り向かないとか、首を不自然に傾けて音を聞くようにする　　　　　　　　　　（『日本語話し言葉コーパス』S00M0053）
(25)　とにかく、前に進んでやっていこうっていう気持ちをもってやり抜いてくことが何かをこう成功させるとか、いい結果を生むとか、そういうことに繋がるんだというのを非常に強く感じたんです
　　　　　　　　　　　　　　　　（『日本語話し言葉コーパス』S05F0463）
(26)　昔は2度も3度も壁を塗るとか、梁と柱は複雑に切り込みを入れて絶対にはがれないように組み合わせていた。
　　　　　　　　　　　　　　　　　（『毎日新聞』2002年1月10日夕刊）

　しかしながら、予測に反するのは「無」の割合が19%と比較的高いことである。同じ「共通の構造・属性」によって集合が形成される「し」ではこの値は3%である。

(27)　文単位の音声を自動的に切るのは切り出すの大変難しくて、適当なポーズで切るとか切らずに連続的にデコーディングする。例えば武田さんから最近御発表がありますが、そういったような形でデコーディングをするということが必要だということが分かります。
　　　　　　　　　　　　　　　　（『日本語話し言葉コーパス』A11M0469）
(28)　バレーボールの選手にもう将来は絶対なるんだとかユニチカ貝塚に入るとか、そういうの思ったりしてたんですけれども。

(『日本語話し言葉コーパス』S01F0006)

(29) そのせらぎ沿いに公園を作っていて、で大きな池があっ<u>たりとか</u>、後古い民家、二百年ぐらい前の民家を移築して昔の生活を体験させ<u>たりとか</u>、色んなそういう校外学習みたいのができる公園なんですね。

(『日本語話し言葉コーパス』S03F0062)

　ただし、実際には「無」の例は(28)のように引用マーカーであるものと、(29)のように「たりとか」という形になっているものが多かった。引用マーカーの「とか」はもはや共通の構造・属性を必要としないと考えられる。また、「たりとか」の場合、集合の形成動機は「たり」の出現可能性であると考えることができる。この「とか」は一例を表すとりたて用法であるといえる。(27)のように純粋な「とか」でタグをつけられないものは全体の5％であった。(27)は名詞句を並列する「とか」がもつ**1. 新情報に使われる**、**2. 具体例に注目させる**という2つの特徴を用いて、例を提示していると考えられる。

　「とか」の使用条件は基本的には以下のようにまとめられると考えられる。

「とか」の使用条件
「とか」は2つの事態の間に聞き手が「共通の構造・属性」を発見できる場合に使用される。聞き手に長期記憶を参照させる、類似性を元にした並列である。

　これは、「し」と同じ使用条件である。「とか」も「し」も反対語の並列はできない。

(30) a. *あの店のスープは<u>おいしいとかまずいとか</u>といった特徴がある。
　　b. *あの店のスープは<u>おいしいしまずい</u>といった特徴がある。
　　c. 　あの店のスープは<u>おいしかったりまずかったり</u>といった特徴がある。

2.4. 語用レベルの議論

ここでは、「とか」について語用レベルの議論を行う。語用レベルの議論とは文に出現した要素以外についての議論である。

「とか」は「たり」と同様に、「他にはない」という排他的推意を発生させないと考えられる。

(31) 英語の勉強法は、単語帳を作る<u>とか</u>、英会話のラジオを聞く<u>とか</u>しています。

(31)の文は「やっているのは単語帳と英会話のラジオだけだ」という排他的推意を発生させない。ただし、排他的推意は語用的なものであり、キャンセルされることもある。(31)は別に2つだけしかしていなくても構わない。また、「排他的推意なし」は「他にあってもなくても構わない」という意味である。

この「排他的推意なし」は、「とか」の意味的特性である「共通の構造・属性」から導き出されると考えられる。つまり、「とか」で並列される事態はある「構造・属性」をもつ事態であり、他にその構造・属性をもつ事態が存在しうるからである。

3. 「やら」

名詞句を並列する「やら」には以下のような特性があった。

「やら」の特性
「やら」は統語的には「−網羅性」、意味的には「共通の構造・属性に基づく要素の集合」、語用的には「排他的推意なし」であり、「や」と同様の特性をもつ。「や」との違いは不確定というニュアンスがあることで、定の名詞句や数量詞は並列できない。話者にとって望ましくないものの並列に使われることが多い。

これは述語を並列する場合も同様であると考えられる。ただし、例は名詞句を並列するものよりは少ない。

(32) 前日、南木曾駅から這うようにして中津川のホテルに引き揚げてから、風呂で暖まるやらマッサージするやらして、何とか筋肉を揉みほぐしベッドに潜り込んだのが 8 時頃、ひたすら休養に充てる。
（http://www.geocities.co.jp/HeartLand-Keyaki/6749/nakasendo/tabinikki/nakasendo22/22.html　2008 年 8 月 14 日）

(33) 昨日は朝から例の水を汲みに行くやら、お正月の買出しやら安売りの灯油を買いに行くやら、このくそ忙しいのにフェルヴェールのプリンを買いに行くやら、ついでにニューオータニのぶり寿司を買って、そして帰って髪を染めるやら、風呂に入るやら、ふわー。
（http://www7.ocn.ne.jp/~dreamtom/diary0212.html
2008 年 8 月 14 日）

(33)は「忙しい」ということを伝えるためにその内容を「やら」で並列し、話し手にとって低価値なものを「やら」で並列しているようにみえる。しかし、(32)のような例もあり、必ずしも低価値なものを並列するとは限らない。

また、感情を表す形容詞を並列するような例もみられる。

(34) まさか二十四の女が十三歳って、嬉しいやら悲しいやらでね
（『日本語話し言葉コーパス』S01F1349）
(35) 歓待を受けてですね、ありがたいやら何か苦しいやらっていうような感じだったんですけど　（『日本語話し言葉コーパス』S05F1600）

これは、沈茅一(1996: 36)が「この「形容詞＋やら」をいくつかならべることによって、同時に起こってくる、さまざまな心理的状態（感情や情緒や体験）が内部の世界でいりみだれていることをいいあらわしているのである」と述べているとおりである。そして、「いりみだれている」という効果は「や

ら」のもつ不確定性に由来するものと考えられる。

なお、「て」にも(36)のように反対の属性語を並列させる用法がある。

(36) 韓国は近く<u>て</u>遠い国だ。

この「て」は近いと遠いを同時に合わせもち、一体化したような属性を表す機能をもつ。それに対して「やら」は「嬉しい」と「悲しい」が同時に存在し、自分でもどちらかわからないというニュアンスである。また、反対語ではなく、同じ評価的意味をもつ属性を並列する例もある。

(37) もう本当にもう<u>悔しいやら</u>がっかり<u>やら</u>で取り敢えず、交番に行って手続きをしたんですが 　　　　（『日本語話し言葉コーパス』S02F0995）

また、「やら」は不確定性をもつことから反対語を並列させて、「わからない」というニュアンスを表すことができる。

(38) 私も来年の今頃は日本に<u>いるやら</u>いない<u>やら</u>。

ただし、反対語を並列できるのは「わからない」というニュアンスの時だけである。(38)は一種の引用表現になっていると考えられる。「わからない」というニュアンスがない時は(39)のように反対語を並列できない。

(39) ＊太郎は大学に来る<u>やら</u>来ない<u>やら</u>だった。

4. 「だの」

名詞句を並列する「だの」には以下のような特性があった。

「だの」の特性

「だの」は統語的には「−網羅性」、意味的には「共通の構造・属性に基づ

く集合」、語用的には「排他的推意なし」であり、「や」と同様の特性をもつ。「や」との違いは話者にとって望ましくないものか、心理的に距離があるものの並列にのみ使われるということである。この特性はヒエラルキー構造から経験基盤的に説明できる。

これは述語を並列する「だの」にも共通すると考えられる。

(40) ジャニーズという特殊な世界の中でね最高の人気を今誇っているキムタクがね交際しているっていうことだけでもタブーなような気がするのに<u>結婚しますだの</u>、<u>ましてや妊娠してパパになります</u>とかっていう虚構の世界からいきなり現実に引き戻されたようなねそういうことをよく許したなみたいなそういうことの方が驚きとしてあるんです
（『日本語話し言葉コーパス』S06F1031）

(40)では「ましてや」があることからもわかる通り、話し手が「結婚します」や「妊娠してパパになる」というのを好ましくない事態として捉えていることがわかる。また、(40)には「とかっていう」という表現があるとおり、引用的な側面もある。実際の用例では引用表現を並列することが多い。

(41) もう入り口から<u>パスポート見せろだの身分証を見せろ</u>とか凄くうるさかったんですけれども　　（『日本語話し言葉コーパス』S01F0050）
(42) 昨年のW杯アジア最終予選の頃、巷でというか、主にマスコミから、ヒデが代表に<u>要るだの要らないだの</u>って話が出たの覚えてらっしゃいますか？
（http://blog.livedoor.jp/forte_umegaoka/archives/50344602.html 2008年8月14日）

(41)のように、やはり話し手にとって不愉快な内容が並列されることが多い。また、引用表現であれば(42)のように反対語を並列することができる。しかし、この場合でもその発言内容に対して話し手が低評価を与えていると

いう点は共通している。

5. 「か」

名詞句を並列する「か」には以下のような特性があった。

「か」の特性
「か」は統語的には「－網羅性」、意味的には「同一のカテゴリーに属する要素の集合」、語用的には「排他的推意あり」である。また、選択性と不確定性をもち、並列された要素のうち1つだけが選ばれ、どちらになるか断言できない時に使われる。

これは述語を並列する「か」にも共通すると考えられる。

(43) データを上書きしまくる<u>か</u>、データを破壊する<u>か</u>してください。
（http://plaza.rakuten.co.jp/urawazataizen/diary/200808180000/
2008年8月31日）

(44) 中国政府は寺院を壊し、僧を殺す<u>か</u>拘束する<u>か</u>して、チベットの文化的歴史文献をチベット外にもっていってしまった。
（http://hibinoawa.blog10.fc2.com/blog-entry-668.html
2008年8月31日）

(45) 大抵休みの日はパチ屋に行く<u>か</u>遊びに行く<u>か</u>していたので昨日は今年私が一番寝た日であることは間違いありません。
（http://dameblo22.blog74.fc2.com/blog-date-20061202.html
2008年8月31日）

(43)はデータを上書きしまくるかデータを破壊するかのどちらか片方を選ばせるため「－網羅性」であり、他に選択肢がないという排他的推意が発生する。また、並列されているのはいずれもデータを消すための方法という同一のカテゴリーに属している。(43)は**不確定読み**であるが、(44)はある

僧は殺し、ある僧は拘束するという**複数個体読み**、(45)はある時はパチ屋、ある時は遊びに行くという**別時間読み**の例である。

また、名詞句を並列する時と同様に、不確定読みの場合で事態がすでに起こっている場合にはそのままの形では使いづらい。

(46) ?太郎は昨日の昼食は食堂で食べたか、研究室で食べた。
(47) ?太郎は昨日の昼食は食堂で食べたか、研究室で食べたかした。

これを回避するには「はずだ」のような推測を表すマーカーをつける方法がある。

(48) 太郎は昨日の昼食は食堂で食べたか、研究室で食べたかしたはずだ。

また、全体を「だ」で括って、「名詞句＋コピュラ」の形にすることもできる。これはモノ扱いすることで、非現実性が増すからであろう。

(49) 太郎は昨日の昼食は食堂で食べたか、研究室で食べたかだ。

形容詞の場合、「する」で括ることはできないが、「だ」で括ることはできる。

(50) a. *太郎の作った料理はおいしいかまずいかした。
　　 b. 太郎の作った料理はおいしいかまずいかだ。

これは「する」が本動詞の「〜をする」という意味をまだ保持しているからであろう。

名詞の場合、(51b)のようになるが、これは名詞句を並列したものとも解釈できる。

(51) a. *今日の夕食はカレーだかラーメンだかだ。

b. 今日の夕食はカレーかラーメンかだ。

6. 「だか」

名詞句を並列する「だか」には以下のような特性があった。

「だか」の特性
「だか」は統語的には「−網羅性」、意味的には「共通の指示対象をもつ要素の集合」、語用的には「排他的推意なし」である。特定の指示対象について話し手の記憶がはっきりしない時に、その候補を並列する形式で、候補は同一のカテゴリーに属する。話者にとって望ましくないものの並列に使われることが多い。

これは述語を並列する「だか」にも共通すると考えられる。コーパスには節を並列する「だか」の例はみられなかったが、web 上には以下のような例がみられた。

(52) 歩いて知り合いの働いているお店に行ってて、その知り合いが本人の携帯に電話しただか、お友達の携帯に電話しただかして、無事確認されたんだって。
　　　（http://www.1101.com/joshi/2008-07-14.html　2008 年 8 月 31 日）

(52)は本人の携帯に電話したのか友達の携帯に電話したか話し手は定かではないが、そのどちらかが行われたということで、並列されている事態には共通の構造がみられる。(52)は動的事態の例であるが、形容詞、名詞が述語になる静的事態では「〜だか〜だかする」という形は使われない。

(53) *その日彼は調子がいいだか、気分が爽快だかして記録を更新した。

　一方、節を並列する「だか」にはどちらか不明であることを述べる用法が

ある。これはある事態に対して適切な表現の候補を並列する用法とは異なる。この場合には、反対語や静的事態でも並列できる。

(54) しかし、課題担当の人が来るだか来ないだか…
　　　　（http://ameblo.jp/ruka-h/day-20070812.html　2008年8月31日）
(55) やっぱり、まずいだかうまいだか、よくわからないというマクドナルドの製品なのでそれを知りたくて見た方が多かったかと思いますが、全体の2割以上のページビューとは。
　　　　（http://www.ravioly.com/blog/log/eid361.html　2008年8月31日）

　これは「んだか」と置き換えることができる。筆者の語感では(54)や(55)よりも「んだか」を用いた(56)や(57)の方が自然である。

(56) 来るんだか来ないんだか、よくわからない。
(57) まずいんだかうまいんだか、よくわからない。

　単純に動的事態を並列する「～だか～だかする」は「んだか」に置き換えられない。

(58) *本人の携帯に電話したんだか、お友達の携帯に電話したんだかして、無事が確認されたんだって。

　本来の「だか」は共通の構造をもつ事態を並列し、反対語を並列することはあり得ない。

(59) *本人の携帯に電話しただかしないだかした。

　「んだか」との置き換えの可否も考慮すると、(54)の「だか」は他の「だか」とは別の用法であると考えるべきであろう。(54)のような不明を表す「だか」は本来の「だか」から派生したとも考えられるが、「んだか」の「ん」

が抜け落ちた形とも考えられる。なお、「んだか」の「だ」が抜け落ちると「のか」となるが、これを用いた文も「だか」を用いた文とあまり意味は変わらない。

(60) 来るのか来ないのかわからない。
(61) まずいのかうまいのか、よくわからない。

また、「だか」も引用表現を並列することがある。この場合も反対語を並列することができるが、「んだか」で置き換えることはできない。

(62) なんだか、最近、世界中で大人気らしいですね。それで、日本に来るだか来ないだかで揉めたりしている、なんて話を聞きました。

「とか」「やら」「だの」「だか」はいずれも引用マーカーとして働くことができるが、このことについての詳しい考察は今後の課題としたい[1]。

7. 「なり」

名詞句を並列する「なり」には以下のような特性があった。

「なり」の特性
「なり」は統語的には「−網羅性」、意味的には「同一のカテゴリーに属する要素の集合」、語用的には「排他的推意なし」である。選択肢を提示する際に使われることが多く、過去の特定時に起きた事態を報告する文では使いにくい。

これは述語を並列する「なり」にも共通すると考えられる。

(63) その間に自分のスキルを高めるなり自分を、自分見つける、自分探しのことをするなりそういう時間を割くのも一つの手だと思います

(『日本語話し言葉コーパス』S05M1370)

名詞句の時と同様、特定時に起きた事態を報告する文では使いにくい。

(64) ??昨日は、テレビを見るなり本を読むなりした。

ただし、習慣を表す場合には「なり」も使える。

(65)　大学生の頃は、暇な時はテレビを見るなり本を読むなりしていた。

また、基本的には「なり」の前の動詞は現在形であるが連体修飾節では「た」が来ることもある。

(66)　勝ったなり負けたりした その原因 というのは、一体どの部分に自分
　　　が足りなかったのか　　　　（『日本語話し言葉コーパス』A07M0926）
(67)　これは「蒲田行進曲」を読むなり観たなりした 人 にはおわかりいた
　　　だけるかもしれない。
　　　　（http://ammo.jp/weekly/neg/0209/neg020904.htm　2008年8月14日）

また、「ている」などは表れることができる。

(68)　札幌OB選手には愛着とかいろんな熱い想いがあるので、皆さんそれ
　　　ぞれのお考えで、拍手するなり、ブーイングするなり、黙っているな
　　　りするのでしょう。
　　　　（http://www.consadole.net/maruta/article/451　2008年8月14日）

ただし、形容詞は並列できない。

(69)　*悲しいなり辛いなりすることが起こるかもしれません。

8.「わ」

ここでは並列を表す「わ」を考える[2]。並列を表す「わ」とは以下のようなものである。

(70) 何と翌日にはいきなりショートコースにデビューをさせられボールは色んなところに飛ぶわ池にぽちゃんとはまってしまうわ太陽の下さんざん走らされその上スコアは数えることができないくらい酷いものになっていました。　　　　　（『日本語話し言葉コーパス』S07F1561）

まず、形式的には「わ」は **1. 必ず述語の辞書形に接続する**、**2. 必ず並列される要素すべてに接続する**、**3. そのままで文を終わることはない**、という特徴がある。

(71) a.　太郎は部屋の中を走り回るわ、ものを壊すわ、手がつけられない子供だった。
　　 b.　*太郎は部屋の中を走り回ったわ、ものを壊したわ、手がつけられない子供だった。
　　 c.　*太郎は部屋の中を走り回るわ、ものを壊し、手がつけられない子供だった。
　　 d.　*太郎は部屋の中を走り回るわ、ものを壊すわ。

(71b)は **1.** に違反し過去形を使用したため、(71c)は **2.** に違反し後ろの要素に「わ」が接続していないため、(71d)は **3.** に違反しそのまま文を終えたため、不自然な文になっている。「わ」による並列は実際には挿入句としての性格をもつと考えられる。これは(72)のような繰り返しによる強調を表す「わ」と同じである。

(72) そういうことで集まるわ集まるわ、人がどんどこ集まってきちゃった訳です。　　　　　（『日本語話し言葉コーパス』S05M1093）

また、(72)は「わ」の後でそのまま次の節が続いているが、実際には(73)のように「で」を伴う例もある。

(73)　結局、何かもうかつらはずれてくる<u>わ</u>、何か着物は着崩れ起こす<u>わで</u>、最終的にとうとう着付けの方にもう少し花嫁さんなんですから落ち着いてくださいねって言われるぐらい何かもうテンション上がっちゃって。　　　　　　　　　（『日本語話し言葉コーパス』S05F0485）

ただし、後ろに「する」は接続しない。

(74)　＊この学科の学生達は、英語が話せる<u>わ</u>留学経験がある<u>わする</u>。

品詞の面では動詞の他、形容詞に接続する例もある。

(75)　私は特にブーツを持ってなかったので一生懸命歩いたんですけど背中はじりじり痛い<u>わ</u>足は痛い<u>わ</u>それからナマコの応酬で。
　　　　　　　　　　　　　　（『日本語話し言葉コーパス』S01F0217）

次に、統語的特性に注目する。本研究では統語レベルの議論として並列された要素がすべて他の要素と結びつくかどうかという網羅性を考える。以下に網羅性の定義を再掲する。

網羅性の定義
a. どのような場合でも並列されたすべての要素がセットとして扱われ、述語ならびに他の要素すべてと結びつくという性質を「網羅性」と名付ける。
b. 網羅性がある場合には「＋網羅性」、網羅性がない場合には「－網羅性」と表示する。

この定義に従えば、「わ」は「＋網羅性」である。

(76) この学科の学生達は英語が話せる<u>わ</u>、留学経験がある<u>わ</u>、世界に通用する立派な人材だ。

　(76)ではすべての学生が英語が話せ、かつ留学経験があるという解釈が成り立つ。

　「わ」は後ろに「する」を伴うことはできない。「わ」が「＋網羅性」であることは「－網羅性」の形式は後ろに「する」を伴いうるという予測に一致する。

　また、本研究では統語レベルの議論として2つの事態を1つの事態として結びつけるかどうかという事態の提示方法を考える。以下に事態の提示方法の定義を再掲する。

事態の提示方法の定義
a. 「結合提示」とは2つの事態を結合して、1つの事態として提示する方式である。この時、結合できるのは同一場面に存在する事態どうしだけである。
b. 「分離提示」とは2つの事態を結合せず、2つの事態としてそのまま提示する方式である。同一場面に存在しない事態であっても並列できる。

　「わ」は「結合提示」であると考えられる。
　このことの統語的な証拠としては「わ」が過去と未来の事態を並列しにくいこと((77))、現実と仮想現実の事態を並列しにくいこと((78))を挙げることができる。

(77) *この美術館は今までも多くの人が訪れる<u>わ</u>、これからも訪れる<u>わ</u>、大人気だ。
(78) *太郎は今まで休んだこともない<u>わ</u>、休むなら連絡してくる<u>わ</u>、信頼できる。

「わ」は基本的にそのままで終わることができず、後ろに並列された内容をまとめるような内容が来る必要である。つまり、いくつかの事態を素材として提示し、そこからより包括的な事態を導き出せる機能をもつ。そのため、並列される内容は1つの事態としてまとめることが可能なのである。

　次に、意味的特性を考える。意味レベルの議論とは並列される要素どうしにどのような意味関係が存在し、どのような動機によって集合を作り上げているのかということである。例は多くないが、実例中の「わ」による並列はすべて共通の構造ないし属性が認められた。

(79)　ただし、ファジーもこれを出すわ GA の結果も出すわって色々出すとですね、これ実はよく冗談で言うんですが、予備校が進学相談の時に申し込み者にシナリオ一だとあなたの合格、この大学の合格可能性はこれぐらいこれぐらいで、条件が変えってシナリオ二の場合はこれぐらいこれぐらい。もう五通り以上そうやって可能性を示されると申し込み者って言うかユーザーの方はもうもういいととにかく二つ三つ専門家なんだから絞ってくれということになります。

（『日本語話し言葉コーパス』A07M0298）

(80)　あたしも初めて経験した訳ですけど波の荒いことって言うかもう被る被るわ、船酔いはするわ、もうみんな最初にその船へ船乗した時にですね、みんな横になって寝ている訳ですね。

（『日本語話し言葉コーパス』S01M0638）

　(79)は「出す」が共通する「同形式」、(80)は「不快」という評価的意味が共通する「同評価」の例である。先にも述べたように「わ」は基本的にそのままで終わることができず、後ろに並列された内容をまとめるような内容が来る必要である。つまり、いくつかの事態を素材として提示し、そこからより包括的な事態を導き出せる機能をもつ。そのために、共通の構造や属性といったものが必要になってくるのであろう。

　最後に、「わ」について語用レベルの議論を行う。語用レベルの議論とは文に出現した要素以外についての議論である。

「わ」は「他にはない」という排他的推意を発生させないと考えられる。例えば上の(80)は「他に不快なことはない」という推意は発生させない。また、(79)でも出すのは2つだけというよりもむしろ他にもあるような推意を発生させると考えられる。

9. 「その他の並列を表す接続助詞」のまとめ

第15章で述べたことをまとめると、次のAからGのようになる。

A　コトを並列する「とか」はモノを並列する「とか」と同様、統語的には「−網羅性」、意味的には「共通の構造・属性に基づく集合」、語用的には「排他的推意なし」と表せる。ただし、「〜とか〜とかする」という形はあまりみられない。「〜とか〜とかする」は「する」が「〜とか〜とか」を格としてもったものと考えられる。

B　コトを並列する「やら」はモノを並列する「やら」と同様、不確定性のニュアンスを帯びているため、感情形容詞を並列して複雑な気持ちを表現したり、「わからない」内容を並列することができる。

C　コトを並列する「だの」は引用内容を並列する際に使われることが多い。話し手がその内容に対して低い評価を与えている際に使われる。

D　コトを並列する「か」はモノを並列する「か」と同様、並列された内容のどちらか1つは成り立つが、どちらかはわからない時に使われる。

E　コトを並列する「だか」はある事態について話し手が把握していない時に、その候補を述べる時に使われる。また、どちらかわからないことを明示的に述べる用法もある。

F　コトを並列する「なり」はモノを並列する「なり」と同様、選択肢を提示する際に使われ、過去の特定時の事態を並列することはできない。形容詞述語も並列できない。

G　「わ」は統語的には「＋網羅性」、意味的には「共通の構造・属性に基づく集合」、語用的には「排他的推意なし」と表せる。動詞にのみ接

続し、挿入句的に「辞書形＋わ、辞書形＋わ」という形としてのみ使われ、その後に、並列される事態を包括するような事態を要求する。

注
1 砂川千穂(1999)は並立の「とか」が副助詞の用法を経て引用マーカーへと発達したと考察している。副助詞の「なんて」にも引用的な用法があることから、例示と引用には深い関係があると考えられる。
2 寺村秀夫(1991)では「は」と表記されている。

第16章
並列を表す接続助詞の体系

　第16章では、**第10章**から**第15章**までで扱った「ば」「し」「て」「連用形」「たり」「とか」「やら」「だの」「か」「だか」「なり」「わ」の特性をまとめる。まず、**1.** でこれまでにみてきた形式の特性を集約する。**2.** では各形式の「網羅性」「類似性」についての傾斜を考える。**3.** では「網羅性」「類似性」の傾斜を元に並列助詞を体系化する。**4.** ではまとめを行う。

1. 並列を表す接続助詞の特性の集約

　まず、**第10章**から**第15章**までで扱った「ば」「し」「て」「連用形」「たり」「とか」「か」「だか」「なり」「わ」の統語的、意味的、語用的特性を**表16.1**にまとめる。「やら」「だの」は「とか」と全く同じ特性をもつので、ここでは「とか類」として集約する。

表16.1　並列を表す接続助詞の特性のまとめ

形式	統語的特性		意味的特性		排他的推意
	網羅性	事態の提示方法	類似性／隣接性	集合の形成動機	
ば	＋網羅性	結合提示	類似性	共通の構造	あり
し	＋網羅性	分離提示	類似性	共通の構造・属性	なし
て	＋網羅性	結合提示	隣接性	隣接性	あり
連用形	＋網羅性	分離提示	隣接性	隣接性	なし
たり	－網羅性	結合提示	類似性	出現可能性	なし
とか類	－網羅性	結合提示	類似性	共通の構造・属性	なし
か	－網羅性	結合提示	類似性	同一カテゴリー	あり
だか	－網羅性	結合提示	類似性	共通の指示対象	なし
なり	－網羅性	結合提示	類似性	同一カテゴリー	なし
わ	＋網羅性	結合提示	類似性	共通の構造・属性	なし

表16.1からいえるのは「−網羅性」のものが「結合提示」となっているということである。このことの動機としては**第14章**の**1.2.**で述べたように、わざわざ2度述語を述べるということはその述語が両方とも起きたという解釈がデフォルトであり、網羅的でないという解釈をさせるには、名詞句の並列は「−網羅性」が無標であるということを利用して、名詞句扱いしなければならない。その際に、テンスやモダリティといったコトとしての特徴が失われ、また、後の「する」などの動詞の項のように扱われることによって、結果として同一場面の事態のように扱われるのであると考えられる。そのため、「たり」や「とか類」の「結合提示」とは、「−網羅性」を実現するための結果であり、ことさら2つの事態を結合し1つの事態として結びつける機能は弱いといえるだろう。よって、2つの事態を結びつける力は「＋網羅性・結合提示」＞「＋網羅性・分離提示」＞「−網羅性・結合提示」の順に弱くなると考えられる。

並列助詞の特性では網羅性と排他的推意がきれいな分布をみせていたが、並列を表す接続助詞においては「し」のみが「＋網羅性・排他的推意なし」という組み合わせで、後は「＋網羅性・排他的推意あり」か「−網羅性・排他的推意なし」である。これらは典型的な全部列挙・一部列挙に該当し、接続助詞の方がわかりやすく分類できる。

また、「し」の「＋網羅性・排他的推意なし」という特性は「も」と同じであり、寺村秀夫(1984, 1991)が述べた「も」と「し」の共通性はこの点にある。ただし、集合の形成動機は、どちらも長期記憶を参照するという意味では類似性によるが、その詳しい部分は「も」は出現可能性であり、「し」は共通の構造・属性と異なっている。

また、**表16.1**の上の4つの形式、すなわち「＋網羅性」の形式だけに注目すると、集合の形成動機と事態の提示方法によって**表16.2**のように体系化することができる。これは、中俣尚已(2006a, 2007a)の結論と同じである。

表 16.2　集合の形成動機と事態の提示方法による分類

	結合提示 （命題レベルの並列）	分離提示 （モダリティレベルの並列）
類似性による集合 （長期記憶を参照する）	「ば」	「し」
隣接性による集合 （長期記憶を参照しない）	「て」	「連用形」

2. 傾斜

　ここでは並列形式の特性を決定する統語的な「集合内の要素と他の要素の関係」と意味的な「集合の形勢動機」をそれぞれ「網羅性の傾斜」「類似性の傾斜」という形で表す。

　まず、「網羅性」が強いということは要素が常にすべて他の要素と結びつくということであり、並列された要素は時間や場所が異なってもいつもセットとなっているということである。つまり、要素を結びつける力が強いということである。「網羅性」が弱いということは時間や場所が異なれば、要素のうちの1つでもよいということであり、要素の結びつきが弱いということである。つまり、網羅性は複数の要素を結びつける力の強弱であるといえる。また、「＋網羅性」には「結合提示」のものと「分離提示」のものがあった。「結合提示」とは2つの事態を1つの事態のようにまとめて提示する形式である。当然、「結合提示」の方が2つの事態を結びつける力が強いといえる。

　これらの結果から「網羅性」については以下の強さの傾斜(cline)が考えられる。

（1）　**網羅性の強さの傾斜**

　　強　「＋網羅性」「結合提示」　【ば】【わ】【て】
　　↑　　「＋網羅性」「分離提示」　【し】【連用形】
　　↓　　「－網羅性」　　　　　　　【とか類】【なり】【たり】
　　弱　「－網羅性」「選択性」　　【だか】【か】

また、意味的性質である集合の形成動機についても類似性という観点から傾斜を考えることができる。ここでの類似性とは長期記憶へのアクセスの有無やその量の多寡のことである。各マーカーが必要とする集合の形成動機は**図 16.1** の 5 種類に分類できる。

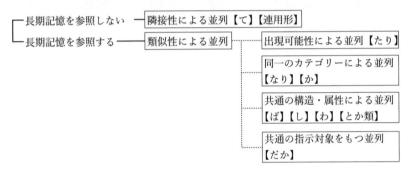

図 16.1　集合の形成動機の整理

以下、**図 16.1** の下に行くほど類似性が高い、つまり長期記憶を積極的に利用していることを示す。

「て」と「連用形」は長期記憶を参照しないので、必要な類似性はゼロである。その中でも、「て」には形式上の類似性があると使いにくいという制約があるため、「て」は最も類似性が低いといえるだろう。

（2）a.　？この店は安くもなく<u>て</u>、おいしくもない。
　　　b.　この店は安くもな<u>く</u>、おいしくもない。

また、「たり」も「話題に出現しうるか」という情報のみであり、さらに話し手がそのことを把握してさえいれば良い。つまり、聞き手のことまで考慮する必要はない表現であり、その分長期記憶へのアクセス量は少ないと考えられる。一方、「か」と「なり」は「同一のカテゴリーに属する要素」の集合であり、「し」「ば」「とか類」などは「共通の構造・属性をもつ要素」の集合である。この 2 つのどちらが類似性が強いかというのは難しい問題であるが、Barsalou, L. (1983) はアド・ホック・カテゴリーは一般カテゴリー

よりも記憶保持が難しく、文脈の助けを必要とすることを報告している。そのため、長期記憶のアクセス量は「共通の構造・属性を発見する」場合の方が多いと考え、「共通の構造・属性」の方が類似性が強いと考える。その中でも「ば」は「共通の構造」のみを集合の形成動機とし、「し」「とか類」は共通の構造・属性の双方を集合の形成動機とする。そして、「ば」並列にはアド・ホックな類似性による並列はできないという特徴がある。

（3）a. *この店は一階にカウンターがあれば、二階が座敷だ。
　　　b. ??この店は一階にカウンターがあるし、二階が座敷だ。

　よって、長期記憶へのアクセスの量は「し」「とか」の方が多いと考えたい。
　最後に、「だか」は必ず共通の指示対象をもつ。これはエピソード記憶の中のある要素の候補について並列や、ある語彙項目の音声情報の候補の並列であり、記憶の深い部分を参照していると考えられる。「だか」は必ず「思い出す」というプロセスに伴って使用されるということであり、最も能動的に長期記憶にアクセスしていると考えられる。

（4）　**類似性の強さの傾斜**
　　　強「だか」＞「とか類」「し」＞「ば」＞「か」「なり」＞「たり」＞
　　　＞「連用形」＞「て」**弱**

　これは、それぞれの形式があらかじめ集合がどのような動機によって結びついていれば使用できるかという条件の強さに相当する。

3.　並列を表す接続助詞の体系

　本章のまとめとして、**2.** で得た網羅性と類似性の傾斜を利用して、並列助詞の特性をマッピングすることにする。なお、本研究では「排他的推意」も取り上げたが、これは語用的特性であるため、マッピングには利用しない。

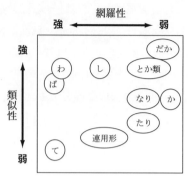

図 16.2　並列助詞の特性マップ

　横軸の網羅性は並列マーカー事態の統語的特性であり、並列マーカーがどれほど強力に要素を結びつけ、セットにするかということである。いわば、「結びつける力」である。一方、縦軸の類似性は並列される要素自体がもともともっているものであり、どのような動機で結びつくかということである。いわば「結びつく力」である。

　図 16.2 は「結びつける力」と「結びつく力」の強弱によるマッピングと読み解くことができる。そして結びつく力が弱いものは結びつける力が強く（「て」）、結びつく力が強いものは結びつける力が強い（「とか」類）という関係になっていることがわかる。

　結びつける力が最も強い「ば」と「て」は似た特性をもつ「し」「連用形」よりも一段結びつく力が弱いという点も興味深い。

　そして、「結びつける力」「結びつく力」がともに弱いものは存在しないため、表の右下は空白になっている。実際、「隣接性」「−網羅性」の形式は存在しない。つまり、要素自体に結びつく動機もないものを、緩やかに結びつける形式はないということである。そのような場合にはそもそもグループ化が行えないと考えられ、これは自然な現象である。

　反対に、表の左上には「結びつける力」「結びつく力」がともに強いものがあるが、「ば」はもともと条件表現に使われていたものである。使用時の制約も多く出現数も少ない特異な形式である。「わ」も同様に挿入句の形で

しか使われず、これもまた使用時の制約も多く出現数も少ない特異な形式である。並列助詞でもこの位置には「に」のように出現数が少ない形式や「も」のように異なるカテゴリーに属する形式が出現していた。「ば」に関していえば、類似性を動機として形成された集合を1つの事態として結合提示する形式が存在せず、体系の隙間であったため、この位置に並列の「ば」が入り込んできたと考えられる。

なお、当然のことながら、「とか」の位置は並列助詞の図でも同じ位置にあたる。

5. 結論

数多い日本語の並列を表す接続助詞も要素を結びつける力である「網羅性」と要素自体の「類似性」という2つの基準で体系化することができることがわかった。結論を述べると、日本語の並列を表す接続助詞は単に2つの要素の等位的関係を表しているのではなく、要素をどれだけ集合として結びつけるか、ということと要素にどれだけ類似性がみられるか、ということを表しており、そのために多様な表現が可能なのである。並列を表す接続助詞は要素と要素の論理関係のマーカーであるとともに、「隣接性」あるいは「類似性」のマーカーでもあるのである。

そしてそのやり方としては大ざっぱにいって「要素の類似性を無視して、強力に結びつける」ものと「要素の類似性に従って、緩やかに結びつける」ものがあるということになる。前者の代表例が「て」であり、後者の代表例が「とか」類である。

第4部
並列を表す接続詞の体系的記述

第 17 章
コーパスからみる並列を表す接続詞の全体的な傾向

　第17章では並列を表す接続助詞を調査した**第 9 章**と同様に、コーパスから並列を表す「それから」「そして」「また」「さらに」「しかも」「それに」「そのうえ」、そして「φ」を含む多数の例文を収集し、それにタグづけを行うという方法を用いて、各接続詞の傾向を探る。「一方」「次に」「なお」は(1)のように同主語の文では不適格になるという制約があることから、他の形式と同様には集計しない。

（１）　この店はおいしい。{＊一方／？次に／？なお} 安い。

　並列を表す接続詞の各形式には様々な用法があり、「累加」「強調」といった単純なラベリングによって、その本質を規定することは不可能である。そこで、重複的にタグをつけ、その割合を調べることで、各形式が実際の使用において主にどのような傾向をもっているのかを調査することにした。
　1. では調査に用いたコーパスの特徴と、調査の方法について述べる。**2.** では全体的な出現数と、接続詞が名詞句・節・文のどのレベルを並列するかを報告する。**3.** では本研究で用いたタグについて説明する。**4.** でタグを付与した際の割合を報告し、全体的な傾向や出現数との相関について述べる。

1.　調査の方法

1.1.　使用したコーパス
　この調査では**第 9 章**の調査と同様、話し言葉のコーパスとして『日本語話し言葉コーパス』、書き言葉のコーパスとして『CD-ROM 版　毎日新聞'02』を使用した。

『日本語話し言葉コーパス』には講演、摸擬講演、朗読、対話などのジャンルが含まれるが、全体量が多い講演と模擬講演だけを収集対象とした。なお、講演とは主に学会での口頭発表を録音したものであり、フォーマルなスタイル、固い言葉が多用されている。それに対して、模擬講演とはあらかじめテーマを与えられた話者がそのテーマについて自由に話すというものである。簡単なメモをみながら話す場合もあるが、多くは日常的なスタイルで話され、くだけた言い方や方言の使用も観察される。「模擬講演」という用語からふつう連想されるものよりもかなりインフォーマルな話し方であることに注意が必要である。

収集した範囲は各形式によって異なる。それは、本調査の目的がそれぞれの形式についてどのような用法がどれぐらい用いられるかを調べるためであり、それぞれの形式について十分な量が集まればよいからである。よって、各形式において十分な量が集まる範囲を調査した。その際、『日本語話し言葉コーパス』においては、講演／摸擬講演の偏りや男性／女性の偏り、またテーマの偏りないようにした。

ただし、10万語あたり何回出現したというような形で各形式の出現頻度を比較することは可能である。

1.2. 収集した形式

本調査で収集した形式について、その認定基準を以下に示す。全体的な原則として、時間的前後関係が認められないものを収集した。

「**それから**」……(2)のように並列を表すもののみを収集し、(3)のように継起関係を表すものや(4)のように時間の経過を表すものは収集しなかった。

(2) ないものはないっていう形で開き直る方がそうすね三割、<u>それから</u>いない方が七割と。　　　　　　（『日本語話し言葉コーパス』S00M0221）
(3) 高校教師になったとき、多くの生徒から悩みの相談を受けた。「なぜ生きるの？」との問いかけに、科学では答えられない。<u>それから心理</u>

学の道に転じ、人間の心の謎に迫った。

（『毎日新聞』2002 年 1 月 6 日朝刊）

（４）　1997 年 12 月、温暖化防止京都会議（COP3）が開かれた京都市。京都会議に先立つ同年 10 月、市民、事業者（企業・団体）、行政の 3 者が中心となった検討委員会が、同市のローカルアジェンダ「京のアジェンダ 21」を策定した。それから 5 年後の今、3 者で構成する推進組織は、ユニークな取り組みを推し進めている。

（『毎日新聞』2002 年 1 月 21 日朝刊）

「そして」……（5）のように並列を表すもののみを収集し、（6）のように継起関係を表すものは収集しなかった。

（５）　ですから、本当にこうある程度大人になってですね、遊びに行くには、まあまあ、面白いとこなのかもしれないですはい。そしてですね、イメージとしてはですね、イメージ、後現状ですね、で、下町でですね。　　　　　　　（『日本語話し言葉コーパス』S03M0106）
（６）　歯科医師の父裕一さん（40）は一瞬驚き、そして「やっぱり」と思った。　　　　　　　　　　　　　　　（『毎日新聞』2002 年 1 月 3 日朝刊）

「また」……（7）のように並列を表すもののみを収集し、（8）のような副詞と考えられるものは収集しなかった。

（７）　これは次の一の七の十五の発表で報告さしていただきたいと思います。また今後の課題として定量的な評価に基づく各設定値の最適化が必要になっていると考えられます。

（『日本語話し言葉コーパス』A01F0145）
（８）　寝正月を過ごしたら、また現場と責任が待っている。

（『毎日新聞』2002 年 1 月 1 日朝刊）

「さらに」……（9）のように並列を表すもののみを収集し、（10）のように

程度副詞と考えられるものは収集しなかった。

（9）　米国の同時多発テロに触発されて出版された本で、世界の人口を 100 人に縮めて見ると 70 人が有色人種で 30 人が白人。33 人がキリスト教で 19 人がイスラム教。<u>さらに</u>地球上の富の 59％をわずか 6 人が占有し、それはみんな米国人である―といった内容。

　　　　　　　　　　　　　　　　　　　（『毎日新聞』2002 年 1 月 7 日夕刊）

（10）　最適化することにより<u>更に</u>誤り率が減少していることが分かります。

　　　　　　　　　　　　　　　　　　　（『日本語話し言葉コーパス』A01F0066）

　「**しかも**」……基本的にすべて収集した。

　「**それに**」……(11) のように並列を表すもののみを収集し、(12) のように「に」が格助詞にあたるものは収集していない。後ろの述語が「に」格を必須成分として要求するかどうかで判断した。また、(13) の「それに対して」のような複合形式も収集していない。

（11）　年とった方が、人間、面白いと思う。<u>それに</u>今、シワクチャだけど、ムチャクチャ元気なご老人が多いでしょ。

　　　　　　　　　　　　　　　　　　　（『毎日新聞』2002 年 3 月 15 日夕刊）

（12）　今回のネットワーク文法では単語間の繋がりを表しただけなので、<u>それに</u>確率的言語モデルを<u>導入する</u>ことにより、ネットワーク文法自体の効率化、それから、認識速度の向上が図られます。

　　　　　　　　　　　　　　　　　　　（『日本語話し言葉コーパス』A01M0103）

（13）　1 つ目の設定で処理した音が出ると。で、<u>それに対して</u>ユーザーが良いから悪いで四段階で評価値を入れると。

　　　　　　　　　　　　　　　　　　　（『日本語話し言葉コーパス』S00M0153）

　「**そのうえ**」……(14) のように並列を表すもののみを収集した。(15) のような「そのうえで」は収集しなかった。「そのうえに」は (16) のように場所

を表す「その+上+に」となっているものは収集しなかったが、そうでないもの((17))は収集した。

(14) 掛けられますしそうすると何か気分も凄く高揚してでその上気持ち良く汗がかけるといういい時間の使い方が好きですね。
　　　　　　　　　　　　　　　　　　　（『日本語話し言葉コーパス』S10F1158)
(15) まず、予備認識を行なうことで、平均母音長を獲得しまして、その上で、この平均母音長を用いて、音素モデルの、修正制限を加えてやることにします。　　　　　　　（『日本語話し言葉コーパス』A01M0764)
(16) 間違えてトッピングを先にやっちゃってその上に、チーズを乗せてしまうとチーズがえらく焦げてしまいますので。
　　　　　　　　　　　　　　　　　　　（『日本語話し言葉コーパス』S08F1435)
(17) だから収穫の数が増えるっていうことは、一個当たりの使われる栄養のもとは少なくなっているってことなんですよね。その上に、土休ませることなくて作り続けていますよね。
　　　　　　　　　　　　　　　　　　　（『日本語話し言葉コーパス』S11F0578)

「φ」……並列を表すもののみを収集した。

2. コーパスにおける出現数

　表 17.1 に話し言葉における 10 万語あたりの出現数、**表 17.2** に新聞における 1 日あたりの出現数を示す。また、2 段目には（　）内に採取した用例の数／検索範囲を示す。CSJ のデータの**表 17.1** にはさらに 3 段目に講演／模擬講演の割合を示す。

表 17.1　CSJ における各接続詞の出現頻度（10 万語あたり）

形式	φ	それから	また	そして	さらに	しかも	それに	そのうえ
出現頻度	951.7	82.0	63.4	39.2	18.2	8.0	2.3	0.3
出現数／検索範囲	(574／6万)	(410／50万)	(317／50万)	(196／50万)	(91／50万)	(599／750万)	(175／750万)	(24／750万)
講演／模擬講演	69%／31%	80%／20%	75%／25%	74%／26%	90%／10%	31%／69%	18%／82%	8%／92%

表 17.2　新聞における各接続詞の出現頻度（1 日あたり）

形式	φ	また	そして	さらに	しかも	それに	そのうえ	それから
出現頻度	1057	24.3	12.3	8.2	3.2	0.9	0.3	0.2
出現数／検索範囲	(1057／1日)	(146／6日)	(370／30日)	(247／30日)	(96／30日)	(161／180日)	(126／364日)	(64／364日)

「それから」が話し言葉では「φ」の次に多く、形のあるマーカーでは最も多く使われているが、新聞ではほとんど使われていない。つまり、「それから」の使用は話し言葉に偏っているといえる。しかし、それ以外の形式では話し言葉と書き言葉の間に使用頻度の順位の差はない。ここで話し言葉に注目すると、並列を表す接続助詞の時と同じように、以下のことがいえそうである。

類似性と出現頻度の関係
並列される事態に類似性を強く要求するものほど、出現頻度は低い。

例えば、森山卓郎（2006）は「さらに」と「その上」を「同類異項目同傾向」と分類しているが、これは同じ傾向をもつ事態の並列であり、何らかの形で類似性をもつ事態の並列と解釈できるだろう。また、グループ・ジャマシイ（1998）も「それに」を「同じようなものを次々に付け加えるのに用いる」(p.177)、「そのうえ」(p.171) を「同じようなことをつけたしていく表現」、「しかも」を「1つの事について同じ傾向の条件を付け加えていく表現」(p.139) と説明している。3形式とも「同じような」という表現が使われており、類似性のある事態を並列するということが示唆されている。そして、

「さらに」「しかも」「それに」「そのうえ」の使用頻度は相対的にみて低い。

　これはある意味当然の帰結である。類似性を強く要求するものは類似性が強い事態にしか使えないが、類似性を要求しないもの、すなわち隣接性によって集合を作り上げるものは類似性があるものにもないものにも使える。結果として類似性を問題にしない形式がより多くの場合に使われるということである。

　以下、本章では上記の関係が正しいことを確認するため、各用例中の類似性をもつ並列の割合をタグ付けの手法を用いて調査するが、その前に各形式が名詞句・節・文のどのレベルの構造を接続しているのかを観察しておきたい。名詞句レベルの並列・節レベル・文レベルの並列にわけた結果が以下の**表 17.3** である。節か文かは、接続詞の前が言い切りの形になっているかどうかという判断である。また、連体修飾節内の並列は前の形を連体形と判断し、節レベルの並列とした。

表 17.3　レベル別の各形式の割合

	φ	それから	また	そして	さらに	しかも	それに	そのうえ
名詞句	0%	38%	5%	31%	10%	3%	21%	1%
節	0%	7%	13%	8%	7%	52%	7%	9%
文	100%	53%	81%	58%	83%	43%	71%	91%
その他・不明	0%	1%	0%	2%	0%	2%	1%	0%

　接続詞というと、一般に文と文を接続するものという印象が強いが、「しかも」に関しては節の並列に最も多く使われていた。また、「それから」「そして」「それに」は名詞句の並列にも比較的多く用いられることがわかる。なお、「φ」が文レベルの並列 100% になっているのは定義によるものである。すなわち、音形をもたない形で名詞句を並列する時は、並列助詞の「、」となり、音形をもたない形で節を並列する時は、接続助詞の「連用形」となるからである。

3. 付与したタグ

　ここでは本調査において付与したタグについて説明する。タグは重複してつけられる。

　まず、以下の4つのタグは首尾一貫性（coherence）を分類した研究であるKehler, A.(2002)の並列（parallel）、すなわち狭義の並列にあたるものである。

同形式：並列される要素に同じ形式がみられるもの。ただし、格助詞は同形式とカウントしない。

(18)　で刺激のノートナンバーと反応のノートナンバーが、合っていた場合はこの中央のこちらの、対角線上にデーターが乗るということになります。そしてこの両側の線はオクターブエラーを無視した場合にはこの線上に、データーの、プロットが乗るということになります。
　　　　　　　　　　　　　　（『日本語話し言葉コーパス』A01F0067）

　(18)では、「が乗ることになります」という形式が共通している。

同構造：並列される要素が同じ事態構造をもつもの。類義語の動詞の並列。同形式とは排他的である。

(19)　高木社長は、「3年で黒字にできる店を閉めるのはもったいない。この1年でずいぶん改善し、採算ラインに乗るはず」と述べた。さらに、「3カ年の中でだめな時は、追加閉店もある」と語った。
　　　　　　　　　　　　　　（『毎日新聞』2002年1月25日朝刊）

　(19)では述語は異なる動詞が使われているが、「述べた」と「語った」はどちらも発話行為であり、ほぼ同じ構造の事態であると考えられる。同形式はこの同構造の特殊な場合であると考えられるため、同形式と同構造はどちらか1つのみが付与される。

同評価：並列される要素に対する評価的意味、あるいは要素から推論される意味が共通であるもの。

（20）　液晶ディスプレーより薄くて軽い。そのうえ、電源を切っても文字が消えないし、バックライトも必要ないため、消費電力も少ないというのです。　　　　　　　　　　（『毎日新聞』2002年4月21日朝刊）

(20)で並列されている事態はいずれも「よい」という評価的意味をもつ。

理由：並列される事態がすべて他の事態の理由となっているもの。同評価とは排他的である。

（21）　私は女子なので、しかも独りぼっちなので、もう力もないんで、火は起きないだろうと思いました。
　　　　　　　　　　　　　　（『日本語話し言葉コーパス』S07F1111）

　(21)は後ろに「ので」があることからもわかるように「火は起きないだろう」と判断する根拠が並列されている。しかし、この「理由」は「同評価」と区別することは難しい。というのも、「この店は安い。それにおいしい」は「よい」という評価をもつ同評価と考えられるが、「この店は安い。それにおいしいから、いつもここで食べます」にすると理由と考えられる。つまり、理由の並列であるためには、同評価であることが必要だともいえるし、理由の並列というのは「「ある事態を発生させうる」という共通の属性をもつ事態の並列」「ある事態の判断の根拠となる共通の評価的意味をもつ事態の並列」とも考えられる。そのため、本調査では理由を同評価の特別の場合と考え、同評価と理由はどちらか1つのみを付与した。

　「同形式」「同構造」「同評価」「理由」はKehler, A. (2002)の並列（parallel）にあたるものであるが、Kehler, A. (2002)ではそれら以外の関係も「類似」（resemblance）に含まれている。本調査では狭義の並列に限定せずに用例を収集し、以下の4種のタグを付与した。

対比：反対の意味ないし反対の評価的意味をもつもの。

(22)　疑いの場合は F2 が<u>高い</u>それから A がアドミレーションで感心なんですがその場合は<u>低い</u>という関係がはっきり見て取れます
　　　　　　　　　　　　　　　　（『日本語話し言葉コーパス』A01M0074)

　(22)の「高い」と「低い」は反対語である。

例示：後の要素が前の要素の例になっているもの。

(23)　で、家出をしてしまったんですけども、家出した時はですね、<u>凄い寂しい思いをしました</u>。そしてですね、<u>どうしたんだろうと、ちゃんと食べるものは食べてんのか</u>ということでですね
　　　　　　　　　　　　　　　　（『日本語話し言葉コーパス』S02M0191)

　(23)はまず「寂しい思いをした」と大きな内容を述べ、次にその具体例として「ちゃんと食べるものは食べてんのか」という不安を述べている。

一般化：前の要素が後の要素の例になっているもの。

(24)　しかしその土地を目にしたこともない人がまことしやかに流す噂のいい加減さには本当に驚かされました。<u>そして</u>こうした現象は何もメキシコに限った話ではなく世界中のあちこちにそして日本でも多分起きているに違いありません。　（『日本語話し言葉コーパス』S00F0173)

　(24)では「その土地を目にしたこともない人がまことしやかに流す噂」というのがまず例としてあげられ、その現象が一般化して後で述べられている。

精緻化：後の要素が前の要素と同じ指示対象をもっているもの。普通、後

者の方が詳しい描写になっている。

(25) 先日急な引っ越しがありまして、しかも、二週間以内に場所を移動しなければ、というお話になりまして。

(『日本語話し言葉コーパス』S10M1580)

(25)では2つの事態があるわけではなく、前件の「急な引っ越し」をさらに詳しく述べたものが「二週間以内に場所を移動」ということである。

さらに、必要に応じ、以下の3種のタグも付与した。

付加：前の要素の成立が後の要素の成立の前提条件になっているもの。

(26) 次期総選挙は現行制度で行い、抜本改革は第9次選挙制度審議会で検討するという「さらなる先送り案」で与党3党が基本合意したためだ。そして、この流れは、小泉純一郎首相と山崎拓・自民党幹事長が二人三脚で一気に作ったものだった。

(『毎日新聞』2002年1月9日朝刊)

(26)の「そして」の後の「この流れ」はその前の文の内容を指している。つまり、前の文がなければ指示対象を同定できない。

細分化：前の要素で範囲を限定し、その中から後ろの要素でさらに範囲を限定するもの。事態をより細かく捉えていくという関係。

(27) 正に雪見の露天風呂状態しかも硫黄泉しかも混浴なんですね

(『日本語話し言葉コーパス』S00F1576)

(27)はまず露天風呂状態という事態を示し、さらにその中でも硫黄泉であり、さらにその中でも混浴というように、大きな集合からどんどん範囲を狭

めていく用法である。

> 代替：実際には1つの事態を肯定形と否定形の2つの述語を使って表したもの。「前件ではなくて後件」あるいは「前件であって後件ではない」という関係。

(28) オレは機械やみかん作ってんじゃねえ。φ人間作ってんだ。

（『毎日新聞』2002年1月1日朝刊）

　(28)では機械やみかんを作ることが否定され、人間を作ることが肯定されている。これは複数の事態が存在するわけではなく、1つの事態を別の側面から述べたというでは精緻化と同じである。本調査では代替を精緻化の特別の場合と考え、代替と精緻化はどちらか1つのみを付与した。
　以上、11種のタグを付与した。続いて**4.**では分析を行う。

4. タグ付与の結果

　表17.4にタグ付与の結果を示す。タグを付与したのは接続詞が使われた例のうち、節の並列と文の並列のみである。数字の単位は各形式の節の並列

表17.4　接続助詞に対するタグ付与の結果（%）

	同形式	同構成	同評価	理由	対比	例示	一般化	精緻化	補足	細分化	代替	無
φ	16%	6%	14%	1%	3%	5%	1%	15%	4%	1%	1%	39%
それから	33%	16%	18%	2%	1%	0%	0%	0%	1%	0%	0%	33%
また	25%	40%	14%	4%	4%	0%	0%	0%	6%	0%	0%	16%
そして	22%	27%	18%	3%	1%	1%	1%	1%	13%	1%	0%	23%
さらに	19%	33%	32%	4%	0%	0%	0%	0%	6%	2%	0%	16%
しかも	17%	7%	64%	12%	1%	0%	0%	5%	7%	12%	0%	5%
それに	11%	17%	43%	24%	0%	0%	0%	0%	10%	0%	0%	3%
そのうえ	3%	6%	72%	19%	1%	0%	0%	0%	4%	0%	0%	1%

と文の並列の全体数に対するパーセンテージである。

表 17.4 はそれ自体が各形式の特性を表す分析結果と捉えることができると考えられる。列を縦にみた場合、最も大きな数字については強調表示を、平均値以上の数字については太枠で囲った。これが各形式の特性を表していると考えられる。

例えば、「細分化」は「しかも」に集中している。また、「精緻化」も「ϕ」を除けば「しかも」が最も多い。これはつまり、「細分化」や「精緻化」と呼ばれるような関係が、「しかも」によって選択的に表されるということである。

また、この表の上下の順は恣意的なものではなく、CSJ での出現頻度の順に並んでいる。そのことを踏まえて眺めると、例えば、同形式は下にいくほど数値が下がっている。逆に同評価は下に行くほど数値が高い。また、タグが付けられない「無」も上が高く、下が低いという傾向である。「無」とは長期記憶にアクセスするような関係が全くみいだせない関係のことである。このことから、**2.** で主張した関係が裏付けられたと考えられる。

類似性と出現頻度の関係

並列される事態に類似性を強く要求するものほど、出現頻度は低い。

このことを図 17 のグラフで示す。同形式と同構造のタグは排他的であるため、2 つをまとめた値を使用する。また、「同評価」と「理由」も排他的であるため、2 つをまとめた値を使用する。

出現頻度は右側の軸を使い、対数で示している。また、各タグは左側の軸を使い、パーセントで示している。まず、「CSJ 出現頻度」と「無」はどちらも右下がりの傾向を示している。また、「同形式＋同構造」という構造的な類似性に基づく関係の線は「また」より右では右下がりの傾向を示している。これに対して、「同評価＋理由」という評価的な類似性に基づく関係の線は、右上がりの傾向を示している。

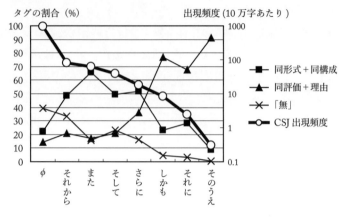

図 17　出現頻度とタグの関係

　次に、それぞれの数値について、相関関係をみた。まず、8 形式についての相関表が**表 17.5** である。

表 17.5　接続詞 8 形式に関する相関関係

	CSJ 出現頻度	同評価＋理由	同形式＋同構造	無
CSJ 出現頻度	1			
同評価＋理由	-0.245	1		
同形式＋同構造	-0.447	* -0.725	1	
無	0.692	0.337	** -0.866	1

*5％水準で有意　**1％水準で有意

　一番左の列をみればわかるように、出現頻度とタグの間には有意な相関関係はみられなかった。しかし、これは「φ」の出現頻度があまりにも突出して高いためと考えられる。「φ」は並列を表すマーカーではなく、あらゆる接続関係に使用可能であり、他の形式よりも幅広く使われていると考えられる。そこで「φ」を除外し、有形のマーカーに限って相関関係をみたものが**表 17.6** である。

表 17.6　有形の接続詞 7 形式に関する相関関係

	CSJ 出現頻度	同形式 + 同構造	同評価 + 理由	無
CSJ 出現頻度	1			
同形式 + 同構造	* 0.754	1		
同評価 + 理由	* -0.847	** -0.957	1	
無	** 0.884	0.725	* -0.874	1

*5%水準で有意　**1%水準で有意

　一番左の列をみればわかるように、CSJ の出現頻度と「同形式 + 同構造」および「無」との間には強い正の相関がみられた。また、CSJ の出現頻度と「同評価 + 理由」との間には強い負の相関がみられた。特に、「CSJ の出現頻度」と「無」の相関は 1％水準で有意であり、出現頻度が増えれば増えるほど、長期記憶に頼らない「無」の割合が増加することが顕著であるといえる。なお、「同評価 + 理由」は「同形式 + 同構造」および「無」との間に強い負の相関がみられた。つまり、同評価や理由を表すのに選択的に用いられる形式は「無」や「同構造」にはあまり用いられないと解釈することができる。

　このように、統計的にも出現頻度と意味の間に密接な関わりがあることが証明できた。

　第 18 章以降は**表 17.4** のデータを使用しつつ、各形式の特性についてさらに細かく分析していく。

5. 「コーパスからみる全体の傾向」のまとめ

　第 17 章で述べたことをまとめると、次の A のようになる。

A　並列される事態に類似性を強く要求する接続詞ほど、出現頻度は低い。すなわち、類似性がある場合に多く使われ、類似性がない場合には使われない形式は出現頻度が少なく、類似性がある場合にあまり用いられず、類似性がなくても使える形式は出現頻度が多い。

第18章
「それから」

　第18章では「それから」の特性について記述する。**1.** では「それから」の特性について、節・文レベル、段落レベル、名詞句レベルに分けてそれぞれ議論する。**2.** では「それから」が使用できる文と使用できない文について文のタイプや談話機能の面から考察する。

1. 「それから」の特性

1.1. 節・文レベルの並列に使われる「それから」

　ここでは節・文レベルの並列に使われる「それから」の特性をみる。まず、統語的特性のうち、網羅性については「＋網羅性」であることは明らかである。

（1）　この学科の学生は全員英語が話せる。それから、フランス語が話せる。

　(1)はすべての学生が英語もフランス語も話せるという解釈である。また、語用的特性については**第1章**で述べたように考察は行わない。
　そこで、まずは集合の形成動機について観察してみたい。**第17章**で行ったコーパス調査の結果を再掲する。

表18 「それから」の用例に付与されたタグ(%)

	同形式	同構造	同評価	理由	対比	例示	一般化	精緻化	付加	細分化	代替	無
それから	33%	16%	18%	2%	1%	0%	0%	0%	1%	0%	0%	33%

同形式の割合はすべての形式の中で最も高い。また、無形の「φ」を除けば、無の割合も有形の接続詞の中では最も高い。以下に「無」の例を取り上げる。

（2） 純音条件、IRN 条件、狭帯域ノイズ条件の三つの条件があります。それから相対ピッチ同定課題の基準が1つの場合でこちらの条件では先程と同様に六十音からランダムに一音が出てくるんですけれどもその、前に必ずこの中央の、C の音が基準として提示されます。

（『日本語話し言葉コーパス』A01F0067）

（3） あたしら子供は大きなおどんぶり食べきれませんからね。おわんに 4 すじか 5 すじ、おつゆちょっと入れてもらって。それからあのお揚げがおいしくてね。あまーく炊いてありますからね。

（『毎日新聞』2002 年 8 月 14 日夕刊）

（4） 実は星が奇麗に見えるんです。東京よりはですよ、川崎よりは見えるんです。それからもう一つ風邪を引かなくなりました。

（『日本語話し言葉コーパス』S03M1133）

　(2) は実験の説明をしている場面で、文には類似性はないため「それに」は使えない。「また」は使える。一方、(3) は「そして」「また」でも言い換えにくい文である。(4) も「また」に置き換えにくい。これは前に話題が提示されていないためか、あるいは継起性をもつ「もう一つ」があるためかであると思われる。

　このことから、本研究では「それから」について以下のような主張を行う。

「それから」の意味的な使用条件
「それから」はいかなる時にも使える無標の並列形式である。類似性を必要としない。

　次に、なぜ「それから」はこのように多くの場合に使えるのかを考察する。ひけひろし（1996b）や森山卓郎（2006）は「それから」が継起性をもつとし

ている。これは「それから」が元来継起性をもっていたという意味においては正しい。しかし、以下の文は事態生起の継起性は含意しない。

（5）「昨日の勉強会、誰が来た？」
　　　「鈴木さんが来たでしょ、それから、山田さんも来た」

　(5)は鈴木さんが来た後で、山田さんが来た、ということは含意しない。ここでは継起性は**発話の継起性**へと移行している。しかし、言語の線条性から発話は常に継起性をもつ。
　よって、(6)の三段論法が成立する。

（6）　大前提：すべての発話は継起性をもつ。
　　　　小前提：継起性があれば、「それから」が使える。
　　　　結論：**すべての発話は「それから」が使える。**

　つまり、「それから」の集合の形成動機は発話の継起性に求められる。継起性とは時間的な隣接性であるため、「それから」は隣接性をもとに集合が形成されているといえる。そのため、森山卓郎(2006)が主張するように、異なるタイプの発話の並列にも使えるのである。

　　　(中学校で先生が生徒に)担任の先生はどこですか。それから、君、シャツを入れなさい。だらしないですよ。
　　　のように、違ったタイプの文を連続させる場合、いわば、「一連の談話の連続の中で発話をする」という最も根底的なところでの最低限の同類性によって「それから」が使えると言っていいであろう。
　　　　　　　　　　　　　　　　　　　　　　　　（森山卓郎 2006: 192）

　森山卓郎(2006)の観察は正しいが、ここでの「同類性」とはかなりゆるい概念であり、本研究でいうところの「隣接性」である。上記の例では長期記憶から何か共通の属性なりを参照しているとは思えず、その場で気づき、

思いついたことを発話しているからである。「また」や「それに」が必要とする「類似性」とはかなり異なることに注意しなければならない。

次に、統語的特性である「事態の提示方法」についてもみてみたい。事態の提示方法には2つの事態を1つの事態として提示する「結合提示」と2つの事態として提示する「分離提示」があった。

先ほどあげた例のように、全くことなるタイプの文を接続できることから見ても、「それから」は分離提示であると考えられる。

また、以下の文の比較も参考になると考えられる。

（7）a. 台風が来た時、それから、電車が止まった時は休講です。
　　　b. 台風が来た時、そして、電車が止まった時は休講です。

「それから」を用いたaは「台風が来た時、または、電車が止まった時」という解釈が自然であろう。一方、「そして」を用いたbは「台風が来、かつ、電車が止まった時」のように解釈できる。実際にはどちらの文も両方の解釈が可能であると考えられるが、「かつ」の解釈が自然であるのは「そして」を用いたbの方である。これは「それから」が分離提示であり、2つの事態を結合して1つの事態にする機能をもたないからであると考えればうまく説明できる。

1.2. 段落レベルの並列に使われる「それから」

「それから」が分離提示の機能をもつことと関連して述べられるのは、「それから」が段落レベルの並列に使われることが多いということである。少し長いが、例を挙げる。

（8）　（A）問題のあるって言い方はあれですけれども、注意すべき学生さんを注目するとかですね、そういったことに、速やかに対応できるようにという機能を、実現しました。
　　　（B）それから、もう一つは指導支援ということなんですが、学生さんの学習状況を把握するだけではなくて、これはちょっと手を入れな

きゃいけないな、という学生さんに対しては、オンラインもしくはオフラインで指導をするということをしなければならない訳ですが、特にここでは、メールを使った指導というものをできるだけこれも効率良くできるようにという仕掛けを作りました。これは後程、ちょっと画面をお見せしたいと思います。

(C) それから、三点目は教材評価支援ということで、実はこれまでですね、私共、学校関係者といいますか教員の側はですね、教材というのを客観的に評価するという手立てをあまりもたなかったんですね。確かに授業をやってテストの結果でこの教材は良かった悪かったっていうのが言える訳ですが本当に教材がどの程度、学習成果に深く関与しているのかっていうその部分は必ずしも客観的ではなかった、でこれは客観的、すべて客観的とはいませんけれどもその学習履歴からですね教材がどのように使われたか、あるいは個々の項目についてどのような学生にとっては難易度だったかというのはある種の側面として、客観データーが示されます。で、それを用いてですね、使われた教材がこの学生さん、対象となる学生さんにとって、良かったのか悪かったのかということをですね示唆するような情報支援機能ですねといったものをもっています。

(D) それから、コミュニケーション支援は通常のフォーラムメッセージによる情報交換ということで特別なものではございません。

(E) それから、学習者に対する支援機能これは大きく三点ございまして、一点目は、自己学習助言ということで、学生さん個々のですね学習状況に応じて、カリキュラム情報等の教育知識と照らし合わせてですね、その学生さん学生さんに応じたメッセージを送信するという機能です。

(F) それから、二番目の、学習単元組み込みという機能はですね、教材コンテンツは基本的に決められたストーリーで作られている訳ですが、進捗の非常に速い学生とかある項目に関して理解の深い学生に対してはプラスαの単元をですね、動的に組み入れて、これをやるようにという指示を出すということによって、一律ではない学生さんの状

況に、多少ですね、ほんの少しですけれども、応じた教材提供というものを行ないます。　　　　（『日本語話し言葉コーパス』A04M0026)

　(8)は「それから」によって段落が形成されている。しかもその接続の仕方は単調なものではなく、(9)のように入れ子構造になっている。

（9）　[(A)→(B)→(C)]　→　[(D)]　→　[(E)→(F)]

　このように、段落がいくつか合わさったような大きな集合体も「それから」で並列することができる。これは、「それから」が2つの事態を1つの事態として結合して提示するような機能はもたず、2つの事態をただ並べて例示する分離提示の機能をもつからである。
　なお、森山卓郎(2006)は「また」が段落レベルで使われることが多いと指摘している。確かに、(8)の「それから」は「また」で置き換えてもよいように思える。しかし、実際には「また」は(10)のような同一主体の行為の並列に使われる場合がほとんどである。

(10)　米国防総省のクラーク報道官は2日、アフガニスタンの反タリバン勢力などがタリバン最高指導者のオマル師を拘束した場合、アフガン暫定政権が米側に同師の身柄を引き渡すことへの期待を表明した。<u>また</u>報道官は、米側が身柄を拘束したタリバン兵などの人数はこれまでに221人に上ったことを明らかにした。
　　　　　　　　　　　　　　　　（『毎日新聞』2002年1月4日朝刊）

1.3.　名詞句レベルの並列に使われる「それから」
　「それから」は名詞句の並列にもよく使われる。全体の38%が名詞句の並列に使われ、この割合は有形の接続詞7形式の中でも最も高い。さらに興味深いことに、名詞句の並列に使われる際、他の並列助詞と共起する割合が高く、33%が何らかの形式と共起する。一番多いのは「と」、次が「とか」である。

(11) で、白人二十代と見られる白人の女性とそれから男性が、二人でやっている番組で　　　　　（『日本語話し言葉コーパス』A05F0039)
(12) 今中国とかそれから韓国の方、日本も含めてですね、そういうヴィトン好きの人が、多いみたいでですね。

（『日本語話し言葉コーパス』S02M0245)

　これらの名詞句の関係は並列助詞ですでに示されている。よってこの「それから」は、「発話がまだ継続すること」を表すフィラー的な機能をしていると考えられる。特に、「それから」はもともと「＋網羅性」であるのに、「－網羅性」である「とか」と共起することは興味深い。これも、名詞句の並列に使われる「それから」がフィラーのような働きをするだけで、実質的意味を失っているからである。なお、新聞にはインタビュー記事を除いてこのようなケースはみられない。これも、この「それから」がフィラー的であることの証拠である。

2. 文のタイプと談話機能

　ここでは「それから」がどのようなタイプの文で使われるのかをみる。
　まず、「それから」は後件の内容が定まっていない時にも使える。

(13)「ご注文は？」
　　「なすの一本漬けと、刺身盛り合わせと、カキフライ。えーっとそれから……」

　これは「それから」が類似性を契機とせず、隣接性を契機としている証拠でもある。類似性の場合、長期記憶を参照する必要があるが、まだ発話する内容が定まっていない以上、長期記憶は参照することができないからである。他の並列助詞の場合にも同様の現象がみられる。

(14) a. なすの一本漬けと、刺身盛り合わせと、カキフライと、えーっと

……
　b. なすの一本漬けとか、刺身盛り合わせとか、カキフライとか、
　　　えーっと……

　(14a)は店でメニューを見て悩んでいる感じを受けるが、(14b)はむしろ昨日注文した内容を翌日に聞かれて、それを思い出しているという感じを受ける。定まっていない内容の並列にも使えるのは隣接性を契機とする「と」である。
　一方、浜田麻里(1995: 450)は「それから」は演述型、疑問型、情意表出・訴え型の文には使えるが、感嘆型の文には使えないとしている。

(15) *このコロッケでかっ！　それからうまっ！

　浜田麻里(1995)はこれを「感動や驚きの気持ちを表すという感嘆型が、知識を検索するということと相容れないからであろう」としている。本研究においても基本的にこの言明を支持するが、「知識を探索する」という述べ方は修正が必要である。というのも、先のメニューを選んでいる(13)では知識を探索しているとは考えにくいからである。
　そこで、「それから」の機能に以下のような使用条件を付け加える。

「それから」の機能と使用条件[1]
「それから」の機能は「話す内容がまだある」ということを伝達することである。そのための使用条件として「発話の区切り」が必要である。

　つまり、(13)の場合は、「注文する内容がまだあるが、何かわからない」という状況であるために使用可能である。一方、(15)では「驚く内容がまだある」ということをわざわざ伝達する必要はない。そもそも(15)は、必ずしも聞き手への伝達を目的としていないために使用できないのである。
　また、浜田麻里(1995)、森山卓郎(2006)でも指摘されているように、「それから」には単に「それから？」と聞いて相手の発話を促す用法がある。こ

れも「発話に区切りがついたけど、話す内容がまだあるのでは？」という意味である。

　「それから」との相性が悪い感嘆文は今、実際に自分の周りで起こっていることを即時的に述べる文である。そして、感嘆文でなくても、即時的に事態を次々と述べていくような文では「それから」は使いにくい。継起の場合にも同様の現象がみられる。

(16)　キッカー冨永のボールは高橋の頭上へ！　そして高橋、ヘディングシュートの体勢！　（中略)ペナルティエリア内でボールをキープした1回生 綱田が、相手DF2人の間をすり抜けてウラへ走る冨永へ絶妙のスルーパス！　そして、このボールを冨永がシュート！
　　　　　　　　　(http://www.geocities.jp/daifudaisoccer/wcsl200402.htm
　　　　　　　　　　　　　　　　　　　　　　2008年8月14日）

　(16)はweb上にあるサッカーの試合のレポートであるが、まるで実況中継のように目の前で起こったことを描写するような文体になっている。そして、実際の実況中継でも(16)のように「そして」が使われると思われる。(16)を「それから」にするとおかしくなる。

(17)　キッカー冨永のボールは高橋の頭上へ！　それから高橋、ヘディングシュートの体勢！

　この文から受ける印象では高橋はボールがきてから「どっこいしょ」とヘディングシュートの姿勢をとったという感じであり、とてもゴールは決まりそうにない。
　これは「それから」が分離提示であり、2つの事態を1つの事態に結びつける機能はもたないこと、そしてもう1つ、「それから」の機能に「発話の途中で区切りをつける」ということが含まれているからと考えられる。つまり、(17)は実際には連続して行われている事態であるのに、区切りをつけて述べているためにおかしいのである。
　次に、なぜ使用条件に「発話の途中で区切りをつける」ということが含ま

れているのかについて述べる。「それから」の本来の機能としては「話す内容がまだある」ということを伝達するものと考えられるが、そもそも人間の発話は連続的に行われるため、「話す内容がまだある」というのは当然である。それをあえて「話す内容がまだある」というメッセージを伝達するからには、何らかのきっかけが必要である。それが「話の区切り」だと考えられる。

この「話の区切り」は意図的に話し手が設ける場合もあるし、非意図的に生まれてしまう場合もあると考えられる。意図的な例は **1.2.** でみた段落の変わり目で用いられる「それから」である。これは意味のまとまりをもった段落を意識させる機能がある。非意図的な例は「えーっと、それからー……」のように次に言うべきことを考えているような場合である。浜田麻里(1995)のいうように知識の探索（ただし、言うべき内容を探すというほうが近い）が行われるのはこの非意図的な区切りの場合においてのみであると考えられ、「それから」すべてに共通する意味としては「発話がまだ続く」ということを伝達することであると考えられる。

森山卓郎(2006)は「「それから」を使うと、継起性が全面に出るため、ひとつひとつの事態が順序的に並べられるというニュアンスになるのである」としている。この観察自体に異論はないが、継起性からすべてを説明できるだろうか。「そして」も継起性をもつため、単に継起性の強弱で、感嘆文や即時的な文に使えないことを説明することは難しいのではないだろうか。本稿ではそれに代わって「それから」の発話機能を「内容がまだ続く」ことを伝達することとした上で、そのためには発話の区切りが必要であり、それが即時的な文や感嘆文との相性の悪さにつながると主張した。

3. 「それから」のまとめ

第18章で述べたことをまとめると、次のAからDのようになる。

A 「それから」は統語的には「＋網羅性」「分離提示」である。また、意味的には隣接性を契機とするため、並列する事態の意味内容について

制限をもたない。
B 段落レベルの並列にも使われる。
C 他の形式と比べて、名詞句の並列に使われる割合が高く、接続助詞とも共起する。
D 「それから」の機能は「話す内容がまだある」ということを伝達することである。そのための使用条件として、「発話の区切り」が必要である。よって、発話内容が定まっていない時や相手の発話を促す時に使える一方、感嘆文や即時的に次々と物事を述べていくような文には使えない。

注

1 浜田麻里(1995: 450)は「それから」は発話行為に含まれずにメタ的に機能することができると述べている。そのメタ機能の内実がこれである。

第 19 章
「そして」

　第 19 章では、「そして」について記述する。**1.** では「そして」の特性について節・文レベル、名詞句レベルに分けてそれぞれ議論する。**2.** では「そして」が使用できる文と使用できない文について文のタイプや談話機能の面から考察する。

1. 「そして」の特性

1.1. 節・文レベルの並列に使われる「そして」

　ここでは、節・文レベルの並列に使われる「そして」の特性をみる。まず、統語的特性のうち、網羅性については「＋網羅性」であることは明らかである。

（1）　この学科の学生は英語が話せる。そして、フランス語が話せる。

　(1) はすべての学生が英語もフランス語も話せるという解釈である。また、語用的特性については**第 1 章**で述べたように考察は行わない。
　そこで、まずは集合の形成動機について観察してみたい。**第 17 章**で行ったコーパス調査の結果を再掲する。

表19　「そして」の用例に付与されたタグ（%）

	同形式	同構成	同評価	理由	対比	例示	一般化	精緻化	付加	細分化	代替	無
そして	22%	27%	18%	3%	1%	1%	1%	1%	13%	1%	0%	23%

特徴的なのは、付加の割合が高いことである。しかし、それ以外に特筆すべきは、代替以外のすべての例が「そして」にはみられるということだろう。

(2) 同形式
二点目は男女どちらにも使われるくだけた相づちの形式から突然男性的な相づちに形式が変わったことです。そして三点目は男性的な相づちから男女のどちらにも使われている相づちに形式が変わったということです　　　　　　　　　　　（『日本語話し言葉コーパス』A06F0049)

(3) 同構造
トヨタの高橋監督は「早稲田のダブル・ハーフには驚かなかった」と平然と話した。そして、常に疑問の声が出る日本選手権のあり方について、こんなアイデアを提案した。（『毎日新聞』2002年1月21日朝刊）

(4) 同評価
同様の事件を取材するたびに、子供たちのストレスや差別意識に、やりきれなさがこみ上げる。そしてそれが暴力として弱者に向かうことに深い怒りを感じる。　　　　（『毎日新聞』2002年1月28日朝刊）

(5) 理由
また、被告は、89年に強制わいせつ罪で執行猶予付きの有罪判決を受け、その執行猶予期間中に本件略取、逮捕監禁致傷の犯行を犯したものであり、規範意識は相当欠如していて再犯のおそれが高い。そして、本件は、その特異性などから事件発覚当初より広く報道されるなど、近隣住民をはじめとする社会に大きな衝撃を与えており、その社会的な影響の大きさも軽視し得ない。

（『毎日新聞』2002年1月23日朝刊）

(6) 対比
この図を見ますと、上昇する音に順応した場合の条件では、この統制条件よりも右側にシフトしています。そして逆に下降する順応音に順応した場合には、この心理測定関数は左の方にシフトしています。
　　　　　　　　　　（『日本語話し言葉コーパス』A01F0143)

(7) 例示

で家出をしてしまったんですけども、家出した時はですね、<u>凄い寂しい思いをしました。そしてですねどうしたんだろうとちゃんと食べるものは食べてんのかということでですね</u>。

　　　　　　　　　　　　（『日本語話し言葉コーパス』S02M0191）

（8）**一般化**

しかしその土地を目にしたこともない人がまことしやかに流す噂のいい加減さには本当に驚かされました。<u>そして</u>こうした現象は何もメキシコに限った話ではなく世界中のあちこちにそして日本でも多分起きているに違いありません。　（『日本語話し言葉コーパス』S00M0025）

（9）**精緻化**

結果に縛られず、真剣に打ち込む姿が人々の心を捉え、<u>そして球児一人一人がその力をもっている</u>―（『毎日新聞』2002年1月31日朝刊）

（10）**付加**

次に、クエリーの中のタームを決定木を用いて有効なものとそうでないものというように分類し得る訳ですがその分類には、機械学習システムであるC4.5を使用しています。<u>そして、その決定木は</u>入力としてタームの属性を与え出力としてタームのクラスを得ると、このような形になっています。　　　（『日本語話し言葉コーパス』A03M0045）

（11）**細分化**

<u>10年ほど前から退部した3年生全員が、ノックを行うなど練習をサポート</u>。そしてミスがあれば何が原因かを全員に考えさせ「分かる人！」と挙手を求める油井監督の「自分で考える野球」の教えが、ほどよい緊張感を持続させる。　　（『毎日新聞』2002年1月21日夕刊）

（12）**無**

日本人が英語を話し書いたり読んだりすることはできるけど、話すことはできないっていいますけれども、中国人だっておんなじじゃないかと思って、気は楽になりました。<u>そして</u>これはまた、区の主催なんですけれども、手話の講習会を募集したんです。

　　　　　　　　　　　　（『日本語話し言葉コーパス』S03F0214）

「無」の割合も23%とかなり多いことから、「そして」は長期記憶を参照せず、隣接性に基づいて集合を構成しているとみることができる。この多彩な用法を統一的に説明するには、「て」と同様に「2つの事態を隣接性によって結びつけ、1つの事態のようにまとめて提示する」というような規定が考えられる。

隣接性によって結びつけるということは、意味的な制約はもたないということである。また、1つの事態のようにまとめて提示するということは統語的には「結合提示」であるということである。

次に、この「結合提示」について考えてみたい。ひけひろし(1996a, b)は「そして」は「一まとまり性」をもつということを主張している。ひけひろし(1996b)は以下のような例を挙げ、「そして」を用いた場合には「複合動作」になるということを主張している。

(13) a. ふろにはいった。そして、さけをのんだ。
　　 b. ふろにはいった。それから、さけをのんだ。

（ひけひろし 1996b: 18）

また、森山卓郎(2006)も「そして」が「何らかの関連性が含意され、一連の動きである」という意味を表すとしている。

本研究における「結合提示」とはこの「複合動作」「一連の動き」のことである。そして、以下ではこの結合提示が様々な形で現れることを主張する。

まず、「そして」は付加の割合が最も高い形式である。付加とは前件が後件の前提条件になっており、後件は前件に依存する。このような両者の関係は当然依存しない関係よりも結びつきが強いと考えられる。

また、「そして」はタグがつけられない「無」の例にも、二者の間に緩やかな因果関係・継起関係があるものが多い。

(14)「今の大学生は、講義にちょっとでも退屈すると私語はする、携帯はかける。教室を出ていったりもする。だから冗談をいったりして興味を引きつけないと」。

テレビの作り手が、リモコンですぐに番組を変えられないようにアノ手コノ手を使うのと心情では似ている。{そして／？それから}自治体は今年、「成人式の参加者に静かにしてもらうために」、時間を短縮し、ディズニーランドに行き、新成人を企画段階から参加させた。

（『毎日新聞』2002年1月19日夕刊）

(15) どん底は、そんなに長くは続かない。必ず出口はある。{そして／？それから}、いつか成長した娘と会える日、寂しさを知った「父ちゃん」ならではの言葉をかけてやりたい。

（『毎日新聞』2002年1月6日朝刊）

　これらを「それから」にするとこうした因果関係・継起関係が失われてしまい、少し違和感が生まれる。
　逆に、二者があまりにも独立している場合には「そして」は使いにくい。

(16) 今後の課題としまして、この実験条件の見直しや、他の話者照合話者他の枠組みの話者照合システムに対する検討が挙げられます。{また／？そして}、合成音声人間が聞けば明らかに合成音声だと分かりますので、合成音声と、自然音声の違いを検討して、合成音声を有効に棄却する手法を、開発することも挙げられます。

（『日本語話し言葉コーパス』A01M0099）

　なお、(16)では「挙げられます」が共通しているのに「そして」が使いにくいことから、類似性は「そして」の使用とは関係ないことがわかる。
　また、「そして」は対比や反義にも使いにくい。「そして」の対比は基本的に(17)のように同形式が使われている。

(17) この図を見ますと、上昇する音に、順応した場合の条件ではこの統制条件よりも右側にシフトしています。そして逆に下降する順応音に順応した場合には、この心理測定関数は左の方にシフトしています。

（『日本語話し言葉コーパス』A01F0143）

最後に、**第17章**で挙げた例を再掲する。「そして」が使われたｂの方が2つの事態が結合した「かつ」という読みをとりやすい。

(18) a. 台風が来た時、<u>それから</u>、電車が止まった時は休講です。
　　 b. 台風が来た時、<u>そして</u>、電車が止まった時は休講です。

この例も「そして」が「結合提示」であることを示す。

1.2. 名詞句レベルの並列に使われる「そして」

「そして」も31％が名詞句の並列に使われ、「それから」に次いで高い割合である。

そして、「それから」の違いとして「と」や「とか」とは共起しないという点が上げられる。一方で、「も」と共起する例は7例みられた。

(19) "普通"とはちょっと違うが、佳子さんに<u>も</u>良夫さんに<u>も</u>、<u>そして</u>大輝君に<u>も</u>、これがかけがえのない「家族」のカタチには違いない。
　　　　　　　　　　　　　　　　　　　（『毎日新聞』2002年1月1日朝刊）

「も」のみ共起できるのは、「も」は出現可能性に基づく並列であり、あくまでも要素が談話記憶にあるということだけを示す。そこに加えて「そして」が「結合提示」を表し、集合を作り上げているのではないか。

つまり、名詞句の並列を表す「そして」は「と」など、他の並列助詞と同じように要素を結ぶ役割を果たす。その役割は、「＋網羅性」でありかつ「隣接性」に基づくということから「と」に似ていると考えられる。役割が同じであるため、「と」と「そして」の両方を使うことはない。また、「とか」は「と」「も」と異なり、「－網羅性」である。一方、「そして」は「＋網羅性」である。よって「とか」とは共起しない。

また、名詞句を並列する「そして」の特徴としては一般化の例がみられるということも挙げられる。

(20) 野球、そしてスポーツには国境がないことをあの時、強く知った。スポーツの素晴らしさを実感した瞬間だった。

(『毎日新聞』2002年1月31日朝刊)

このような用法は他の形式にはない。(20)の「そして」を無理矢理「それから」「また」にすることは可能であるが、そうすると野球とスポーツが別個のものののように扱われ、ニュアンスが大きく異なってしまう。興味深いことに並列助詞を用いても(20)のニュアンスは表せない。「そして」を使うと野球とスポーツが包摂関係にあることが明示される。つまり、「そして」の「結合提示」には依存関係・因果関係・継起関係の他に包摂関係も含まれる。**1.1.** で述べたように「そして」には多彩な用法がみられたのもこのためである。逆にいえば、「そして」は並列・依存・因果・継起・包摂などを統合したような関係をスキーマ的な意味としてもつと考えられる。

2. 文のタイプと談話機能

「そして」は後に述べる内容が定まっていない時には使用できない。

(21) 「ご注文は？」
「なすの一本漬けと、刺身盛り合わせと、カキフライ。*えーっとそして…」

一方、浜田麻里(1995)が主張するように感嘆文には使用できる。ただし、(22)の例文は森山卓郎(2006)も指摘するようにあまり言わないのではないだろうか。

(22) 空が真っ青だ。そして、海もきれいだなあ。　(浜田麻里 1995: 442)

ここでは(23)の卑近な例を使って議論を進める。

(23) このコロッケでかっ！　そしてうまっ！

　大事なのは、後半の「うまっ！」は「コロッケでかっ！」をいう時点には頭の中に浮かんでいなかった可能性があるということである。つまり、まずコロッケを見て「このコロッケでかっ！」と驚き、その後に一口かじって「そしてうまっ！」と発話しても(23)の文連続は十分に自然である。「そして」は森山卓郎(2006)のいうように、「その場で取り上げられるというよりはむしろ、あらかじめ述べられるべき項目がある場合に使われる」と思われがちであるが、(23)はその反例となる。森山卓郎(2006)は「そして」はあらかじめ取り上げる内容が決まっている状況で、感嘆するということが少ないため、感嘆文にもあまり用いられないとしているが、(23)では感嘆文であっても自然である。「そして」はあらかじめ話すべき内容が決まっていなくても使うことができるのである。(23)では、「うまっ！」という感情が後から「でかっ！」という感情と一まとまりになった、ということが使用動機であると考えられる。つまり、「そして」において重要なのは後件が、前件と一まとまりになるという点なのである。よって、後件が定まっていないような(21)のような文脈では使いにくい。

　以下のような文の対比も考えてみたい。

(24)　じゃあ、そろそろ帰りますね。{それから／？そして} これ、お土産です。
(25)　北京で、日本豆ってのを見つけたんですよ。{？それから／そして} これがその日本豆です。

　森山卓郎(2006)のいうように、**直前の文と関係をもつ場合は「そして」が使われ**、そうでない場合は使いにくいということである。以下に「そして」の機能をまとめる。

「そして」の機能

　「そして」は後件を前件と合わせて一連の事態であるというように解釈さ

せる。

すでに**第 18 章**でも観察したが、継起の場合でも、サッカーの実況中継などでは「そして」が多用される。(26)で継起関係にある事態は得点するための一連の動きであり、決してバラバラの事態ではないからである。

(26) キッカー冨永のボールは高橋の頭上へ！　そして高橋、ヘディングシュートの体勢！　(中略)ペナルティエリア内でボールをキープした 1 回生 綱田が、相手 DF2 人の間をすり抜けてウラへ走る冨永へ絶妙のスルーパス！　そして、このボールを冨永がシュート！
(http://www.geocities.jp/daifudaisoccer/wcsl200402.htm
2008 年 8 月 14 日)

また、「それから」には段落レベルの並列がみられることを**第 18 章**で述べたが、「そして」にはみられなかった。「そして」はあくまでも結合提示であり、二文の一まとまり性、同一場面性が重要である。「そして」を連発すると稚拙な文章になるのもこのためであろう。

3.　「そして」のまとめ

第 19 章で述べたことをまとめると、次の A から C のようになる。

A 「そして」は統語的には「＋網羅性」「結合提示」である。また、意味的には隣接性を契機とするため、並列する事態の意味内容について制限をもたない。
B 他の形式と比べて、名詞句の並列に使われる割合が高いが、「も」以外の接続助詞とは共起しない。「そして」自体が「1 つにまとめる」という並列助詞的な機能を果たすからである。
C 「そして」の機能は後件の事態を前件事態と合わせて一連の事態であるというように解釈させることである。よって、後件が定まっていな

い時にフィラー的に使うことはできない。

第 20 章
「また」

　第 20 章では「また」の特性について記述する。**1.** では「また」の特性について節・文レベル、名詞句レベルに分けてそれぞれ議論する。**2.** では「また」が使用できる文と使用できない文について文のタイプや談話機能の面から考察する。

1. 「また」の特性

1.1. 節・文レベルの並列に使われる「また」

　ここでは、節・文レベルの並列に使われる「また」の特性をみる。まず、統語的特性のうち、網羅性については「＋網羅性」であることは明らかである。

（1）　この学科の学生は英語が話せる。また、フランス語が話せる。

　(1)はすべての学生が英語もフランス語も話せるという解釈である。また、語用的特性である排他的推意については**第 1 章**で述べたように考察は行わない。
　そこで、まずは集合の形成動機について観察してみたい。**第 17 章**で行ったコーパス調査の結果を再掲する。

表 20　「また」の用例に付与されたタグ（％）

	同形式	同構造	同評価	理由	対比	例示	一般化	精緻化	付加	細分化	代替	無
また	25%	40%	14%	4%	4%	0%	0%	0%	6%	0%	0%	16%

同構造が多いことがわかる。「また」は書き言葉や公演などの固い文体でよく使われるが、新聞では 75% が同構造の文であった。同構造の特別な場合である同形式もそれに比例して多いが、同構造の多さの割には、同形式は「それから」などの他の形式に比べると少ない。これは、推敲が可能な新聞の文では同じ表現を使わず、陳腐化を避けるという意識があったものと考えられる。一方、話し言葉ではそこまでの余裕はなく、そのまま同じ形式を使うということが多いと考えられる。以下に、同形式と同構造の例を挙げる。

（2） **同形式**
ここでは無声区間が滑らかに近似され更に F0 値が<u>連続になっている</u>ことが分かります。<u>また</u>この微分値も<u>連続になっております</u>がこれは指令推定の際に示すことにします。

(『日本語話し言葉コーパス』A01F0145)

（3） **同構造**
陛下は米国での同時多発テロに触れ「世界の安定と平和を維持するため、国々の間に更なる友好と協力が強く求められている」と<u>語った</u>。<u>また</u>日本の厳しい経済状況などについて「戦後の苦難を克服した国民の英知と努力を思い、国民がこの困難を必ず乗り越えていくものと信じています」と<u>述べた</u>。 (『毎日新聞』2002 年 1 月 1 日朝刊)

一方で、「対比」や「付加」の例の割合も他の形式に比べると相対的に高い。

（4） **対比**
同省によると、出生数は 90 年代以降、ほぼ毎年、増減を繰り返しながら低下傾向が続いている。01 年は前年より約 1 万 6000 人減り、人口 1000 人当たりの出生率は 9.5 から 9.3 に<u>低下した</u>。<u>また</u>、人口 1000 人当たりの離婚率は、2.10 から 2.30 に<u>上昇した</u>。

(『毎日新聞』2002 年 1 月 1 日朝刊)

（5） **付加**
本研究ではこの三つ組み・四つ組みモデルという統計モデルを提案し

ました。これは文法とヒューリスティクスで候補を三つ以下に制限しています。また、その制限された候補を RMC と呼びました。
(『日本語話し言葉コーパス』A03M0010)

　そして、「無」の例も 16% みられる。このことから「同形式」「同構造」が多いというのは、あくまでも傾向レベルの特性であるということができる。
　先行研究においては、すでに浜田麻里（2006）などが「また」がある特定の話題についての叙述を並べ立てる特徴があることを指摘している。今回得られた「無」の用例からもそのような特徴が共通してみられた。

（６）　まず発声の特徴には発声速度に帰着するものとスペクトル情報に帰着されるもの、こういったものが考えられる訳ですけれども例えば高齢者のような場合には発声速度が著しく遅い高齢者がいるというようなことがこれまでの研究で知られております。また一方、スペクトル情報に起きましては年齢層固有の身体的特徴これに起因するような情報がスペクトル情報に反映されるということが予想されます。
(『日本語話し言葉コーパス』A01M0115)

（７）　私の家の近所には藤の大きな大木とキンモクセイの大木があるんですがもうそれが凄く見事の一言で本当は線路の周りにはお花を植えたりしてはいけないんですけれどもあまりにも見事なので線路の人も切れないと言っていました。で私のまた家の近くの日暮里駅とそれに隣接する谷中という地域は江戸時代の江戸城の裏鬼門という場所に当たりますでその裏鬼門というのは風水学で東北の方向が鬼門と言うようで悪い方の気が入ってくるっていう方向なんですが。
(『日本語話し言葉コーパス』S03F0133)

（８）　NTT では、すでに単電子トランジスタを集積化する技術を開発し、単電子トランジスタを組み合わせたコンピューターの基本回路の試作に世界で初めて成功している。また、量子コンピューターは従来の情報を量子状態に写像し、現在のコンピューターより処理速度も数兆倍

速くなるといわれている。また、オリンパス工業などが開発を進めている電子ビームを使った顕微鏡が完成すると、現在の光学顕微鏡で見ることができる０．３〜０．５マイクロメートルの世界が、ナノサイズまで広がる。　　　　　　　　（『毎日新聞』2002年１月５日朝刊）

　(6)(7)は「スペクトル情報」「私の家」といった前の文に出現した話題が「また」の後でも使われている。一方、(8)は必ずしも前の文に出現した話題が使われているわけではない。ここでは「最新テクノロジーの話」という大きな話題が設定されており、その範囲内で出てもおかしくない文が並列されているのである。つまり、「また」で並列される命題はある話題が設定されており、その話題についての異なる側面である[1]。(7)はかなり突飛な展開をみせているようにみえるが、話し手はある話題について関連があると信じていると思われる。この特性は「たり」の特性と同じであり、出現可能性と呼ぶことができる。

「また」の機能
「また」は出現可能性をもつ命題を並列する。ある話題についての異なる側面の並列である。

　「また」と「たり」は論理的には前者は「＋網羅性」で後者は「−網羅性」という違いが存在するが、並列できる事態の意味的な制約については共通する点があるということである。
　逆に話題が変わる場合には「また」は使いにくい。

(9)　地下鉄の中で皆静かなんだけど、自分を抑えているのか？　僕の国は騒がしいヨ。{それから／??また}日本人って背が高いんだね。特に若い男性。低いのかと思ってたよ。
　　　　　　　　　　　　　　　　（『毎日新聞』2002年６月20日朝刊）

　「また」は新聞では(10)のような同一主体の行動の並列に、講演では(11)

(12)のように、冒頭部や実験計画・結果の説明、まとめの部位によく使われる。これらはいずれもあらかじめ大きな話題が設定され、聞き手にもどんな内容が出現するかわかりやすいためである。

(10) ローマ法王ヨハネ・パウロ２世は１日、法王庁（バチカン）のサンピエトロ大聖堂で開かれた新年のミサで「聖地エルサレムをはじめ、世界中で平和を求める『血の叫び』が響き渡っている。神の名による暴力は決して許されない」と述べた。法王は<u>また</u>、「昨年９月の米同時多発テロが世界を震撼(しんかん)させた」と語り、「どんな困難な状況でも絶望せず、平和を実現する信念を持ち続けなければならない」と訴えた。
（『毎日新聞』2002年１月３日朝刊）

(11) 被験者は聴覚視覚共に正常な成人男女八名です。<u>また</u>脳磁図測定はニューロマグ社製の百二十二チャンネル全頭型脳磁界計測装置により行ないました。　　　　（『日本語話し言葉コーパス』A01M0025）

(12) まとめといたしまして音声の組み合わせによってその聞き分け易さが大きく異なることが分かりました。<u>また</u>被験者と再生用音源の設置位置関係が聞き分け易さに影響を及ぼすことも確認いたしました。
（『日本語話し言葉コーパス』A01M0110）

　なお、(10)のような例は、実際には何らかの継起的関係にあったと考えられるが、「また」を使うことにより、その継起的関係が薄れていると考えられる。(10)は実際の発話の順番を含意してまではいないと考えられる。

　また、「また」は言い忘れの補足や注釈的な用法もある。これも「今から言う内容はこの談話に出現してもおかしくない」という情報を付加することで聞き手の注意を促していると考えられる。

(13) 結構こう動的特徴量を使うとわりと滑らかなピッチパターンが得られると。それから<u>また</u>言い忘れたんですが今これらの例出す例はこの四百五十文に含まれていない学習データーには含まれてない。
（『日本語話し言葉コーパス』A01M0007）

(14) ここで申し上げます後期咄本というのは江戸小咄本中期小咄本後期小咄本であることをお含みおきください。<u>また</u>発表中に私が咄本咄本と言うと思いますけれどもこれは後期咄本を指します。

(『日本語話し言葉コーパス』A02F0116)

　浜田麻里(2006)は節の見出しを例に挙げて「「あるいは」「また」は、いわば2.2、2.3などの小節の見出し番号に相当し、前の節とレベルは代わらない新しい小節が始まることを示す」(p.176)としている。実際、「それから」は段落の切れ目に用いられることが多く、「また」は1つの段落の中で事態の並列に使われることが多い。

(15) 　レイコ　ただ、理屈ですべてスッキリ割り切れへん。例えば所得税の累進税率があまりに極端で、懸命に働いても税金でゴッソリ取られ過ぎるのでは勤労意欲をそぎかねず、中立原則に反する。<u>また</u>、消費税は、食品など生活に最低限必要なものを考えると、所得が低い人ほど所得のうち食費の割合が高く、消費税の負担も重くなる。これを累進性の反対の「逆進性」って言うねん。
　　　マナ　難しいね。
　　　レイコ　<u>それから</u>、最近は「世代間の公平」ということを財務省が盛んに言っている。財政赤字の増加で、このままだと今の世代の借金を返すために次世代は税金をたくさん負担することになり、世代間の公平を損ねる、せやから、今から財政再建に取り組めというんや。

(『毎日新聞』2002年3月15日朝刊)

　(15)は対談の体裁をとった記事であるが、連続した文の中では「また」が、マナの発話によって一度切れ目が入った場合には「それから」が使われている。
　また、「また」には2つの事態を1つの事態としてまとめて提示するような機能はなく、あくまでも2つの事態を2つの事態として提示すると考えられる。

(16)　台風が来た時、また、電車が止まった時は休講です。

　(16)の文は「あるいは」の読みはしやすいが、「かつ」の読みはしにくい。このことから「また」は統語的に「分離提示」といえる。

1.2. 名詞句レベルの並列に使われる「また」
　名詞句レベルの並列に使われる「また」も出現可能性を契機とすると考えられるが、採集した例をみると、類似性をもつケースも多かった。ほとんどの場合は「や」で置き換えられる。

(17)　共有されやすい含意というのは良識を前提とする含意、また会話当事者の共有意識が前提となる含意です。
　　　　　　　　　　　　　（『日本語話し言葉コーパス』A06F0120）

　ただし、以下のような例は「や」で置き換えられない。

(18)　でこういう研究に対する海外国内国内外の動きとして海外ではTRECまた国内では学術情報センターが主催するNTCIRというような情報検索のコンテストがありその中で1つのタスクとして位置付けられています。　　　　（『日本語話し言葉コーパス』A03M0018）

　(18)には「という」が使われている。そのため、聞き手が長期記憶内の情報を参照する必要がある「や」は使用できない。ここではある話題の異なる側面である「出現可能性」が集合の形成動機と考えられる。
　一方、「また」は出現可能性をもつといっても「も」の「出現可能性」とは異なる。「また」の「出現可能性」は聞き手が予測できる必要はなく、自分が設定した話題の異なる側面という条件さえ整えば、聞き手の知識とは無関係に使用可能である。(17)も「も」で置き換えられない。(17)は倒置指定文であり、述語位置に聞き手の予測できない新情報がくるためである。このような場合でも「また」が使えることから「また」は聞き手の予測は関係

ないことがわかる。

2. 文のタイプと談話機能

「また」は後に述べる内容が定まっていない時には使用できない。

(19)　「ご注文は？」
　　　「なすの一本漬けと、刺身盛り合わせと、カキフライ。*えーっとまた…」

　逆に、朝礼での伝達事項などで、すでに述べることが決まっている場合などは「えー、またー……」と言いながらごそごそとメモを見ることは可能である。
　また、「また」は感嘆文の並列には使用できない。

(20)　*このコロッケでかっ！　またうまっ！

「また」は疑問文には使用できる。

(21)　今朝は何時に起きましたか？　また、何を食べましたか？

　しかし、(22)のような疑問文には使用できない。これはその場で驚きを表明しているためである。(23)のように埋め込み文にすると使えるようになる。

(22)　どうしてここにいるの？　*また、どうやってここに入ったの？
(23)　私は彼にどうしてここにいるのか、また、どうやってここに入ったのかを尋ねた。

　これらの現象はすべて「また」が出現可能性をもつ事態を並列すると考え

れば説明することができる。つまり、「また」で並列される事態は発話の前から出現可能性をもっていなければならず、発話の時点であらかじめ話し手の頭の中で準備されていなければならないのである。**前件を話し始めた時点で、後件で話すべき内容も決まっている**、そういう状況でなければ用いられないのである。

森山卓郎（2006）は「そして」について「その場で取り上げられるというよりはむしろ、あらかじめ述べられるべき項目がある場合に使われる」と述べているが、この説明はむしろ「また」にこそ当てはまるといえる。

そして、あらかじめ述べられるべき項目が決まっているというのは推敲して書くような書き言葉や、あらかじめ話す内容を決めておくスピーチなどがその典型である。今回の調査では、新聞で「φ」の次に多く用いられた形式が「また」であった。これも、「また」の「あらかじめ内容が決まっている」という特性に由来することと考えられる。

3.「また」のまとめ

第20章で述べたことをまとめると、次のA、Bのようになる。

A 「また」は統語的には「＋網羅性」「分離提示」である。また、意味的には出現可能性を契機とし、ある話題に関する異なる側面を並列する機能をもつ。そのため、「並列する内容がすべて発話時点で決まっている」時にしか用いられず、フィラーや感嘆文には用いられない。

B 「同形式」「同構造」の並列によく使われる傾向がある。

注

1 「異なる側面」ということに関しては天野みどり（1994）が「「また」が、基準命題と共通性を持ち同時に何らかの異種性を持った命題の累加を表している」(p.304)としている。

第 21 章
「さらに」

　第 21 章では「さらに」の特性・機能について記述する。**1.** では「さらに」の特性について節・文レベル、名詞句レベルに分けてそれぞれ議論する。**2.** では「さらに」が使用できる文と使用できない文について文のタイプや談話機能の面から考察する。

1. 「さらに」の特性

1.1. 節・文レベルの並列に使われる「さらに」

　ここでは節・文レベルの並列に使われる「さらに」の特性をみる。まず、統語的特性のうち、網羅性については「＋網羅性」であることは明らかである。

（1）　この学科の学生は英語が話せる。さらに、フランス語が話せる。

　(1) はすべての学生が英語もフランス語も話せるという解釈である。また、語用的特性である排他的推意については**第 1 章**で述べたように考察は行わない。

　そこで、まずは集合の形成動機について観察してみたい。**第 17 章**で行ったコーパス調査の結果を再掲する。「さらに」とともに「また」のデータも再掲する。

　一見してわかる通り、「さらに」は「また」と非常によく似た分布を示している。

　一般に「P。さらに Q」という文構造があった場合、P と Q が同じような意味を表し、さらに Q の方が程度が大きい、と漠然と考えられてはいな

表21 「さらに」の用例に付与されたタグ(%)

	同形式	同構成	同評価	理由	対比	例示	一般化	精緻化	付加	細分化	代替	無
さらに	19%	33%	32%	4%	0%	0%	0%	0%	6%	2%	0%	16%
(また)	25%	40%	14%	4%	4%	0%	0%	0%	6%	0%	0%	16%

いだろうか。伊藤俊一・阿部純一(1991)は「程度増大」、森山卓郎(2006)は「同類異項目同傾向」とレッテル付けを行っているところからもこのような考えが伺える。この考えは(2)のような比較を表す文においては成り立つ。

(2) 来月まで待つと、今買うよりさらに500円安くなる。

しかし、接続詞の「さらに」の場合コーパス分析の結果は全く異なる。まず、一番多いのは同構造の文である。

(3) ウズベキスタンのカリモフ大統領は記者会見で、中央アジアでのロシアの影響力について「古いステレオタイプの考えだ」といっしゅう。さらに米軍の駐留をいつまで認めるかは「国益に基づいて決定する」と独自路線を強調した。　　　（『毎日新聞』2002年1月16日夕刊）

付加の割合も6%で相対的に高いことも「また」と同じである。

(4) 各講演を、再度認識し、認識率を求めました。更に、このようにして得られた、認識結果を使って、もう一度話者適応化を行なった実験も行ないました。　　　　　（『日本語話し言葉コーパス』A11M0369）

また、「無」の割合も「また」とほぼ同じである。

(5) レッカー移動、クレーンつり上げがあったかどうかを検知すると、SOKの受付センターから遠隔操作でハザードランプを点滅させた

り、ホーンを鳴らしたりすることができる。<u>さらに</u>、インターネット接続可能な携帯電話やパソコンで持ち主にクルマの異常信号を送る。
　　　　　　　　　　　　　　　　　　(『毎日新聞』2002 年 1 月 24 日朝刊)

　(4) は「実験の内容」、(5) は「異常があった時に行うこと」が話題になっているが、二文に直接的な共通の属性・共通の構造は認められない。よって、「さらに」は「また」と同じくある共通のテーマについて異なる側面を述べる**出現可能性に基づく並列**であると結論づけられる。また、(5) からは後文の方が程度が増大しているとは読み取れない。
　では、「さらに」と「また」の違いはどこにあるのであろうか。
　まず、あくまでも傾向としてであるが、**表 21** からは「さらに」の方が共通の評価的意味がある時に使われる場合が多いことが読み取れる。そしてその中には程度副詞の「さらに」と同様に、後件の方が程度が増大するという意味を保持しているものがある。

(6)　で駅周辺には、もう今は銀行とか、飲食店とかもう商店が日に日に増えてきてもう凄い盛んに、もう夜なんか煌々と電気が遅くまで付いて、何か夜は怖く歩い夜遅く歩いても怖くはないっていう感じです。で最近はもう<u>更に</u>、相撲ブームもありましてこの若乃花貴乃花の大人気で、近くに二子山部屋が近くにありますのでもうその相撲の開幕中って言うんですかその時はもう地域の応援も大変盛大だし
　　　　　　　　　　　　　　　　　(『日本語話し言葉コーパス』S03F1577)

　(6) の「更に」を「また」にすると、「それに加えて」というニュアンスが落ちるように感じられる。
　程度の増大が、時間的継起関係の意味に転じたものもある。

(7)　しかし、その後、海峡横断鉄道を橋で結ぶか、トンネルにするかで論議が持ち上がった。<u>さらに</u>、検察庁が鉄道省の財政支出疑惑捜査を開始し、鉄道相の責任問題に発展。(『毎日新聞』2002 年 1 月 11 日夕刊)

「また」も継起関係の事態を接続できるが、(7)は「また」に置き換えにくい。これは最後の「発展」に増大するという意味があるからであろう。**「また」は継起関係にある事態を接続できるが、その時に継起の意味を薄れさせる**というのが正しい。一方、「さらに」を使って継起関係にある事態を接続した場合にはその継起性は保持されることが多いと思われる。

　結局、「さらに」の意味は**「Pだけでなく Q も成立する」**というニュアンスがあるといえよう。Not only A but also B と説明すればよいのではないだろうか。

　「さらに」は後の文を前と結びつけることで、より大きな効果を生む機能があるといえる。後件の程度が増大しているのではなく、前件に加えて後件もあるということで、結果的に程度が増大するのである。このように前件と後件を結びつける機能があることから「さらに」は「結合提示」であると認定できる。以下の例文の比較も参考になる。

(8) a. 台風が来た時、さらに、電車が止まった時は休講です。
　　 b. 台風が来た時、また、電車が止まった時は休講です。

　「さらに」を用いた(8a)の場合は「台風が来、かつ、電車が止まった時」という「かつ」の読みが可能である(ただし、「あるいは」の読みの方が優勢ではある)。一方、「また」を用いた(8b)は「かつ」の読みは(8a)よりも困難であると思われる。ここから「さらに」と「また」が2つの事態を結びつける強さが異なっていることがわかる。

　また、継起的な事態であるが、サッカーの実況など眼前の事態を即時的に述べる場合でも「さらに」は使えるが「また」は使いにくい。

(9)　小野のパスを受けた小笠原が前線の久保に浮き球のスルーパスを送る。これはファーストタッチが乱れてボールが流れる。さらにこのボールを巻が追うが、DF がタックルでクリアする

　　　　　　　(http://live.sports.yahoo.co.jp/sportsnavi/jpn_20060218.html
　　　　　　　　　　　　　　　　　　　　　　　　　　　　2008 年 8 月 14 日)

(10)の「さらに」を「また」にすると一連の流れが失われるように感じられる。

(10) 小野のパスを受けた小笠原が前線の久保に浮き球のスルーパスを送る。これはファーストタッチが乱れてボールが流れる。<u>また</u>このボールを巻が追うが、DF がタックルでクリアする

「さらに」は「また」よりも更に固いイメージがある。CSJ のコア 50 万語内の模擬講演では「また」は 78 例みられたが、「さらに」はわずか 8 例しかみられなかった。

1.2. 名詞句レベルの並列に使われる「さらに」

「さらに」にも名詞句を並列する用法がある。「また」と同様、「出現可能性」、つまりあるテーマでまとめられた名詞句の並列に使われる。(11) は聞き手には並列された名詞句から共通点を発見することはできないと考えられる。

(11) ジョギング、テニス、水泳、<u>さらに</u>、世の中の動向を感じ取るためにマスメディアの勉強と、やりたいことはたくさんある。

(『毎日新聞』2002 年 1 月 18 日朝刊)

2. 文のタイプと談話機能

「さらに」は後に述べる内容が定まっていない時には使用できない。

(12) 「ご注文は？」
　　「なすの一本漬けと、刺身盛り合わせと、カキフライ。*えーっと<u>さらに</u>…」

逆に、朝礼での伝達事項などで、すでに述べることが決まっている場合

は、「えー、さらにー……」と言いながらごそごそとメモを見ることは可能である。

また、「さらに」は感嘆文の並列には使用できない。

(13) *このコロッケでかっ！　さらにうまっ！

　これらの現象はすべて「さらに」が出現可能性をもつ事態を並列すると考えれば説明することができる。つまり、「さらに」で並列される事態は発話の前から出現可能性をもっていなければならず、発話の時点であらかじめ話し手の頭の中で準備されていなければならないのである。**前件を話し始めた時点で後件で話すべき内容も決まっている**という状況でなければ用いられないのである。

　そして、あらかじめ述べられるべき項目が決まっているというのは推敲して書くような書き言葉や、あらかじめ話す内容を決めておくスピーチなどである。**1.1.** で「さらに」が書き言葉的で、固い文体で用いられると述べたが、それは「述べられるべき項目が決まっている」という制約のためでもあると考えられる。

　「また」と「さらに」のさらなる違いとしては、疑問文では「また」は使われるが、「さらに」は使われない。

(14) a.　今朝は何時に起きましたか？　また、何を食べましたか？
　　 b. *今朝は何時に起きましたか？　さらに、何を食べましたか？

　Googleを用いた調査でも「また誰ですか」「また何ですか」「またどこですか」「またいつですか」は疑問文を並列している用法が見つかるのに対し、「さらに誰ですか」「さらに何ですか」「さらにどこですか」「さらにいつですか」は疑問文としての用法は見つからなかった。

　「さらに」が疑問文と共起しないのは「**PだけでなくQも成立する**」というニュアンスを疑問文はもないからだと考えられる。つまり、PとQの真理値が未定であったり、疑問詞によって不確定の情報が含まれている場合に

は「PだけでなくQも成立する」とはいえないと考えられるのである。

3. 「さらに」のまとめ

第21章で述べたことをまとめると、次のA、Bのようになる。

A 「さらに」は統語的には「＋網羅性」「結合提示」である。また、意味的には出現可能性を契機とし、ある話題に関する異なる側面を並列する機能をもつ。そのため、「並列する内容がすべて発話時点で決まっている」時にしか用いられず、書き言葉的で固い文体でよく用いられるフィラーとしての用法や感嘆文には用いられない。

B 「PだけでなくQも成立する」というニュアンスをもつ。そのため、疑問文には使用できない。

第 22 章
「しかも」

　第 22 章では「しかも」の特性について記述する。**1.** では「しかも」の特性とその背後にある認知機能、そしてそこから生まれる効果について議論する。**2.** では「しかも」が使用できる文と使用できない文について文のタイプや談話機能の面から考察する。

1. 「しかも」の特性

1.1. 節・文レベルの並列に使われる「しかも」

　ここでは節・文レベルの並列に使われる「しかも」の特性をみる。まず、統語的特性のうち、網羅性については「＋網羅性」であることは明らかである。

（1）　この学科の学生は英語が話せる。しかも、フランス語が話せる。

　（1）はすべての学生が英語もフランス語も話せるという解釈である。また、語用的特性である排他的推意については**第 1 章**で述べたように考察は行わない。
　そこで、まずは集合の形成動機について考察してみたい。**第 17 章**で行ったコーパス調査の結果を再掲する。

表 22　「しかも」の用例に付与されたタグ(%)

	同形式	同構成	同評価	理由	対比	例示	一般化	精緻化	付加	細分化	代替	無
しかも	17%	7%	64%	12%	1%	0%	0%	5%	7%	12%	0%	5%

一見すると「同評価」の例が多い。しかし、「しかも」に特徴的なのは細分化である。これは他の形式ではほとんどみられないタグで、また接続助詞においてもあまりみられることのないタグであった。まずはこの細分化について詳しくみていきたい。

（2） 都内の女子大学生を被験者にいたしましたから、しかも、英文科の学生なんかも半分ぐらいおりましたので、彼女達は恐らくあんまり漢字とかに興味はないだろうと考えていた訳です

（『日本語話し言葉コーパス』S01M0215）

これは、まず都内の女子大学生という範囲を示し、その都内の女子大学生の中に英文科の学生が半分いたという関係である。これを図示すると図22.1のようになる。

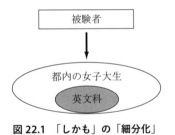

図22.1 「しかも」の「細分化」

一方、これまでにみた他の形式、例えば、「また」を用いた例を図示すると図22.2のようになる。

（3） 日本もこの一環で総務省が00年12月から脳しゅよう患者と一般人計1000人以上を目標に、携帯電話の使用時間やアンテナを伸ばして使っていたかどうかなどを聞き取り調査している。03年ごろには最終結果がまとまる予定だ。また、同省は携帯電話と同じ800〜1500メガヘルツ（メガは100万）の高周波電磁波をラット頭部に長期間や短期間、照射して記憶障害や血流の変化をみる実験も続けている。

第 22 章 「しかも」　317

(『毎日新聞』2002 年 1 月 7 日朝刊)

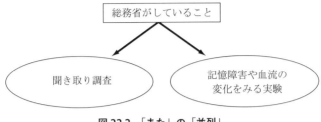

図 22.2　「また」の「並列」

　他の並列が一般に発話時の時間の流れに従って事態を**付け加える**という機能をもっているとすれば、「**しかも**」**の機能は発話時の時間の流れに従って事態を掘り下げることである**といえる。
　他に細分化の例を挙げる。

(4)　父の釣りは川釣りでございましたしかもヤマメと。
　　　　　　　　　　　　　(『日本語話し言葉コーパス』S02M0478)
(5)　二日後に病院に電話いたしましたら、何か、気管支炎だったということででしかも何かとても悪いと言われまして。
　　　　　　　　　　　　　(『日本語話し言葉コーパス』S00F0230)

　(4)は川釣り、その中でヤマメ、と掘り下げている。(5)は気管支炎、その中でもとても悪い気管支炎と掘り下げている。
　また、**表 22** をみればわかるように、「付加」の割合も高い。「付加」とは前件の存在を前提条件に後件が成立というタイプであるが、**図 22.1** の「しかも」の構造から必然的に、前件に依存する例が出てくると考えられる。

(6)　で、こちらとこちら別の実験をやってもちゃんと、データーを説明する式が得られたと。しかも、お互いにＦテストでちゃんときちんと検定した結果アクセプトされるということは別の実験で追試しても同じ結果が等価な結果が得られたということでこの式っていうのが、信憑

性が高いと考えられると。(『日本語話し言葉コーパス』A04M0489)

　(6)の後件の検定は、前件の実験を行った後で行われるべきものである。その上で、データが得られた、その中で、さらに検定の結果でアクセプトされた(＝有意なデータが得られた)というように掘り下げが行われている。
　また、精緻化は5％で、**表22**では太枠で囲ってはいないが、これは「ϕ」を除く有形の接続詞の中では最も高い数値である。

(7)　先日急な引っ越しがありまして、しかも、二週間以内に、場所を移動しなければというお話になりまして。
　　　　　　　　　　　　　　　(『日本語話し言葉コーパス』S10M1580)

　精緻化は前件と後件が同じ事態を指すもので、前件で大ざっぱに事態を導入し、後件でその事態を詳しく叙述するというタイプである。これも**図22.1**で示した「掘り下げ」という機能と合致するものであると考えられる。
　また、「同評価」「理由」も相対的に多いが、これらも掘り下げのメカニズムが働いていないとは言い切れない。

(8)　文書できるだけ漏れなくですねしかも正確な正確にということは要するに本当に必要なものだけ取り出すということが重要だと言いましたけれど　　　　　　　(『日本語話し言葉コーパス』A01M0958)
(9)　お茶が自生されているところが発見されたのは世界の中でも中国の雲南省とインドのアッサム地方だけだからですしかもインドのアッサム地方は十九世紀になってから発見されたのですから世界で初めてお茶を飲んだのは中国人と言ってもいいと思います
　　　　　　　　　　　　　　　(『日本語話し言葉コーパス』S09F1065)

　(8)は同評価であるが、まず、漏れなく、という限定を行い、その中でさらに正確という風に掘り下げていったとも考えられる。(9)は理由であるが、まず、世界で初めてお茶を飲んだのは中国かインドのどちらかであると

いう根拠を述べ、次に、その中で中国が初めてであるということの根拠を述べるという構造になっている。

また、タグが付けられなかった「無」の例もほとんどが掘り下げのメカニズムを適用できる。

(10) 本当文字だけのシンプルなだけどこう全面でどどんとしたそういう広告が朝日新聞に出てうん何かびっくりしましたそれもういきなりだったんでねんで<u>しかも</u>活動中止ってもう引退ではなく中止っていうところに何か凄くこうきっぱりとした意志みたいなものがやっぱ感じられたんですよね　　　　　　（『日本語話し言葉コーパス』S09F1713）

(10)もまず、新聞広告の全体の感想を述べ、次にその書かれた内容へと焦点が移っている、これも全体から一部へという一種の掘り下げのメカニズムを想定することができる。

本研究では、「しかも」の機能を以下のように定義する。

「しかも」の機能
「しかも」は全体から部分へという掘り下げのメカニズムによって事態を並列する機能がある。

次の問題は「しかも」が類似性を元にした並列なのか出現可能性を元にした並列なのか、である。(10)で「朝日新聞に全面で広告が出る」ということと「引退ではなく中止と書かれている」ということの間に共通の構造や属性のようなものは明らかに見当たらない。また、「しかも」には対比の例もある[1]。

(11) しかしながら、結婚相手となる妻に妻では妻はですね、運命の出会いということから<u>全く血のつながりもなく</u>、しかも、<u>両親との生活期間よりも遥かに長い期間一緒に苦楽を共にし、人生を歩んでいく</u>ということになる訳です。　　（『日本語話し言葉コーパス』S10M0504）

(11)は「血のつながりがない＝疎遠」、「人生を歩んでいく＝親しい」であり、共通の属性とはいえない。共通の属性・構造がなくても「しかも」は使用可能なのである。

しかしながら、「しかも」が図 22.1 のような構造をとる以上、どちらがどちらに含まれるか、という知識は必要であり、その時点で長期記憶にアクセスし、古典的カテゴリー構造を参照していると考えられる。(11)は前件と後件を入れ替えることが可能かもしれないが、実際には(12)のように、順番を入れ替えられない例が多い。

(12) 平行コーパスってのは赤と、紫で書いてあるように、英語と日本語の例ですが、こんな風に同じ対訳文があってしかも、アラインメントと右に書いてありますが、つまり、単語間での対応付けが取れているということですね。　　　　　(『日本語話し言葉コーパス』A04M0685)

また、以下のようにはいえないことからも、カテゴリー構造に基づく制限であると考えられる。

(13) *男が銃殺された。しかも、殺された。
(14) ?太郎は大学に行った。しかも、次郎は家で勉強した。

(13)のようにカテゴリー構造の下位にあたるものを先に述べ、上位にあたるものを後に述べることはできない。また、(14)のようにカテゴリー構造的に等位にあるものの並列には何らかの文脈が必要になると考えられる。

同評価の例が 64％ と高く、タグをつけられない例が 5％ と少ないことからも、「しかも」は長期記憶を参照する類似性に基づく並列であると考えられる。その中でも特にカテゴリー構造に関する知識を参照していると考えられる[2]。

次に、事態の提示方法について考えてみたい。「しかも」はある事態を掘り下げていくメカニズムであるから、当然 2 つの事態はつながりをもった 1 つの事態として扱われていると考えられる。また、今までに行ったテストか

らも、「しかも」は「結合提示」であると判断できる。(15)は台風が来、かつ、電車がとまるという読みしかできない。

(15)　台風が来た時、しかも、電車が止まった時は休講です。

1.2. 事態の捉え直しと情報量

伊豆原英子(2004)は「しかも」を用いると事態の捉え直しが起こるとしている。これを図示すると図 22.3 のようになる。

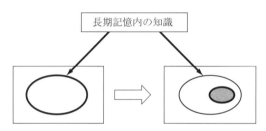

図 22.3　「掘り下げ」と事態の捉え直し

そして、ここから強調の意味が生まれるという伊豆原英子(2004)の説明も正しいと思われる。しかし、話し手にとって強調したいのは後件であるというのは強すぎる説明である。以下のような例が反例となると考えられる。

(16)　例えば漱石と鴎外とか、志賀直哉と何とかとか、そういう風なことも、できる訳です。しかも、テキストデーターさえあれば、簡単にできるということですね。　(『日本語話し言葉コーパス』A03M0405)
(17)　PSPで漫画読めました。しかも音楽聴きながら。
(http://vt250z.blog55.fc2.com/blog-entry-148.html)

いずれも「しかも」の後は付随的なことがらを述べていて、特に主張したいことがらになっているというわけではない。また、伊藤俊一・阿部純一(1991)のいうような「程度増大」のレッテルも当てはまらないと考えられ

る。

　そこで、情報量という概念を導入して「しかも」の後件が強調されるかのようなニュアンスをもつことを説明する[3]。情報量とは情報理論における概念で、事態の生起確率によって定義される。ある事態Eの生起確率をPとした時、情報量Iは(18)の式によって表される。

(18) 　I(E) = -logP(E)

　この式は確率の対数を求めるものであり、I(E)の数値は分母の桁数に相当する。生起確率が低い事態は情報量が大きく、生起確率が高い事態は情報量が小さいという関係にある。この式は「「犬が人間を噛んだ」はニュースにならないが「人間が犬を噛んだ」はニュースになるという、われわれの情報に関する扱いに適合しているものといえる」(金子知適 2006: 42)。
　ここで、「PしかもQ」という文を考えた時、その関係は図22.4のようになる。

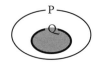

図22.4　「PしかもQ」という構造

　図22.4において、Qの生起確率はPよりも低い。例えば(19)のような文を考えてみよう。

(19) 　こらもてるにはバンドしかない<u>しかも</u>ボーカルしかないっていうことで。　　　　　　　　　　　　(『日本語話し言葉コーパス』S01M0215)

　Pがバンドで、Qがボーカルである。ある人間がバンドに参加してボーカルを歌う確率はある人間が単にバンドに参加する確率よりも低い。そのため、ここでは後件の方が情報量が大きくなっている。一方、同評価の並列の

場合などには一見、PとQの生起が独立していると考えられる場合がある。例えば(20)のような例である。

(20) この店は安い。しかもうまい。

　この場合、安い店とうまい店の確率は比較できない。しかし、「しかも」は同評価の場合であっても**図 22.4** のように「掘り下げ」というプロセスで事態を捉えていると考えられる。そうすると、Pは「安い」であるが、Qは単に「うまい」に相当するのではなく、「安い」の中の「うまい」相当する。そのため、Qの生起確率はPより低くなり、情報量が大きくなるのである。
　このように、「しかも」が「掘り下げ」というプロセスを経る以上、必然的に後件の情報量は大きくなる。このことが従来「強調」「程度増大」といった言葉で表現されてきたと考えられる。しかし、情報量という概念は生起確率の高さとのみ関係があり、話し手が特に伝えたいとか強調したいとかいうこととは関係がないのである。
　ただし、「しかも」を使うと必然的に後件の情報量が大きくなるため、あえて後件の情報量を大きくするために「しかも」が使われるというケースも考えられる。例えば(20)はあえて「しかも」を使うことで、「安い店の中でも、うまい店というものはそうそうあるものではないが、この店はそのめったにないうまい店である」というようなニュアンスになる。このことが従来「強調」などと呼ばれてきたと考えられる。

1.3. 名詞句レベルの並列に使われる「しかも」

　「しかも」にも名詞句を並列する用法があるが、割合は3%と「そのうえ」に次いで少ない。用例はほとんど連体修飾節と関係があるもので、以下の2つのパターンがみられた。

(21)　連体修飾された名詞句どうしを並列する場合
　　　それから、教材にしても、韻律に関しての 教材 、しかも初級の人が分かるように、学習者の言語で、できれば説明してあるような もの が

欲しいんですが　　　　　　　（『日本語話し言葉コーパス』A05F0574）
(22) 「AのしかもBのN」という構造になっている場合
　　合計二百万人以上のしかも大半が民間人の 人 がその戦争とかで命を落としてます。　　　　（『日本語話し言葉コーパス』S11F1347）

　「しかも」の背後には「掘り下げ」というプロセスがあるため、連体修飾によってモノをどんどん限定していくような時には使われやすいが、そうでない時にはあまり使われないといえよう。

2. 文のタイプと談話機能

　「しかも」は後に述べる内容が定まっていない時には使用できない。

(23)　「ご注文は？」
　　「なすの一本漬けと、刺身盛り合わせと、カキフライ。*えーっとしかも…」

　これは「掘り下げ」のプロセスではないからである。
　一方、「しかも」は感嘆文の並列には使用できる。

(24)　このコロッケでかっ！　しかもうまっ！

　(24)の文脈では他に「そして」や「それに」も使えるが、間の接続詞を空白にして、何が入るのが適切かを答えさせる形にすると「しかも」を選択する話者が多い。これは「しかも」が1つの事態を掘り下げて捉え直すという機能をもつからである。
　また、「しかも」が感嘆文との相性が良いことの裏には「しかも」を使うと情報量が大きくなるということがあると考えられる。つまり、我々が感嘆文を発するのはその情報量が大きい（＝めったに起こらない）出来事に遭遇したからである。「うわっ！　普通の味！」と驚くことは普通はない。

3. 「しかも」のまとめ

第 22 章で述べたことをまとめると、次の A から C のようになる。

A 「しかも」は統語的には「＋網羅性」「結合提示」である。また、意味的には「掘り下げ」のプロセスによって並列する。この時にカテゴリー構造の知識を参照するため、類似性に基づく並列である。
B 「同評価」に多く使われる傾向がある。また、「精緻化」「細分化」に特徴的に使われる。
C 「掘り下げ」のプロセスの結果、後件の事態の情報量が大きくなる。そのため、感嘆文の並列にも使われる。

注
1 「しかも」に逆接的な例があることは伊豆原英子(2004)で指摘されている。伊豆原英子(2004)は「しかも」を注釈型・逆接型・累加型に分類している。
2 鍋島弘次朗(2007)は 2 つの名詞句の評価的類似性を診断するテストとして「しかも」テストを提案している。しかし、本章で述べたように、「しかも」は必ずしも共通の評価的意味を必要としない。共通の評価的意味の診断にもっとも適しているのは**第 24 章**で扱う「そのうえ」である。
3 ここでの情報量とはある個別の事態の情報量であり、「選択情報量」と呼ばれるものである。

第23章
「それに」

　第23章では「それに」について記述する。**1.** では「それに」の特性について議論する。**2.** では「それに」が使用できる文と使用できない文について、文のタイプや談話機能の面から考察する。

1. 「それに」の特性

1.1. 節・文レベルの並列に使われる「それに」

　ここでは節・文レベルの並列に使われる「それに」の特性をみる。まず、統語的特性のうち、網羅性については「＋網羅性」であることは明らかである。

（1）　この学科の学生は英語が話せる。それに、フランス語が話せる。

　(1)はすべての学生が英語もフランス語も話せるという解釈である。また、語用的特性である排他的推意については**第1章**で述べたように考察は行わない。
　そこで、まずは集合の形成動機について観察してみたい。**第17章**で行ったコーパス調査の結果を再掲する。

表23　「それに」の用例に付与されたタグ（％）

	同形式	同構造	同評価	理由	対比	例示	一般化	精緻化	付加	細分化	代替	無
それに	11%	17%	43%	24%	0%	0%	0%	0%	10%	0%	0%	3%

一見すると、「同評価」・「理由」の例が多い。

（2） まず重要な問題点としましてはキーワードとは考えられない区間その区間の検出も行なってしまいます。それにそして再生区間について自然性がなかなか確保されません。

（『日本語話し言葉コーパス』A01M0095）

（3） でも、書くことをやめるわけにはいかなかった。記事を書くことで、何らかの役に立てていると信じて仕事をしているのだから。それに、事件に対する人々の関心は高かったし、女性が今どうしているか、知りたい読者の気持ちに応える必要があると思ったからだ。

（『毎日新聞』2002年2月6日朝刊）

　（2）は最初に「重要な問題点」と述べているように、2つの文の内容は「問題である」「よくない」という共通の評価的意味をもっているといえる。（3）は理由の並列である。

　また、「同形式」・「同構造」の例もみられる。

（4） 今日はこっからここまでとページ数を決めて本当に丸暗記するぐらいに読めるんじゃないかなと思う。それにそういう風な知識を頭に入れておけば一人でぼうっと過ごしていて頭を使うこともなくて頭が退化しそうなのでそういう知識を取り敢えず頭に入れておけば頭の脳の刺激にもなって頭の体操の為にもいいんじゃないかなと思う。

（『日本語話し言葉コーパス』S07F0345）

（5） 夏ごろから、とにかくいつでも冷静でいられる体を作ろうと、筋肉トレーニングと体力増強を徹底的にやった。昨年に比べ20%は体力アップしたと思う。それに視力を強くしたかった。

（『毎日新聞』2002年1月25日朝刊）

　一方、「同形式」「同構造」「同評価」「理由」以外の用法はほとんど見つからないことがわかる。「付加」が10%あるが、これはその他の「それに」と

はかなり特性が異なることを **1.2.** で示す。言うなれば、「それに」は並列される事態に何らかの類似性がある時に使われる「それに$_1$」と、付加に使われる「それに$_2$」に分かれるということである。そして、「それに$_1$」の特性は以下のようにまとめることができる。

「それに$_1$」の使用条件
「それに$_1$」は並列される事態に共通の構造・属性がある時に使われる。特に、同評価や理由など、評価的な類似性がある時に使われる「傾向」がある。

共通の構造・属性がある時に使われるのは「や」、「し」と同じである。特に、「同評価」と「理由」が多いという傾向は「し」とよく似ている。
ただし、「し」と異なり、聞き手に発見させるという機能はないと考えられる。

(6) a. 高校1、2年の時の担任は鈴木先生という人でした。それに、3年の時は佐藤先生という人でした。この2人にはとてもお世話になりました。
　　b. ?高校1、2年の時の担任は鈴木先生という人だし、3年の時は佐藤先生という人でした。この2人にはとてもお世話になりました。

(6b)では「し」は使いにくい。これは「という」がついていることからもわかるように、聞き手にとっての新情報だからである。しかし、(6a)のように「それに」を使えば「し」よりは許容度が上がる。聞き手に発見させるというような条件が関連するのは名詞句と名詞句、あるいは節と節のレベルまでで、文と文のような大きな構造体では、あくまでも話し手が自由に関係を規定できると考えられる。

ここまでは「それに$_1$」の集合形成動機について共通の構造・属性が必要であることを述べた。次に、事態の提示方法について考えてみたい。以下の(7)は台風が来た時、または、電車が止まるという読みしかできない。

（7）　台風が来た時、それに、電車が止まった時は休講です。

　このことから2つの事態を1つの事態にする機能はないといえる。よって、「それに」は「分離提示」である。「分離提示」であるのも「し」と同じである。

1.2.　付加用法の「それに$_2$」

　ここでは「付加」のタグをつけられた「それに$_2$」が特殊な特性をもち、1.1.で述べた「それに$_1$」とは異なることを示す。
　まず、新聞では「無」の1例を除くすべての例が、「同形式」「同構造」「同評価」「理由」のいずれかのタグをつけられる。つまり、「付加」の例は話し言葉にのみみられたということである。そして、この「付加」の例には、共通の属性や構造が見つからないものが多い。
　以下に例を挙げる。

（8）　確率の計算はちょうどこのfって書いてあるのはこの正規分布の確率密度関数です。でそれにこんなような形でやれば計算すればいいとでそうすると一応一次元の積分計算をすればそれで事は足りるという訳です。　　　　　　　　　（『日本語話し言葉コーパス』A07M0207）
（9）　んで今その猫を新しい家に連れて帰ってきて。で一匹で昼間いるのはかわいそうだなっていうんで今度はそれに犬を飼おうっていうことで。　　　　　　　　　　　　　　（『日本語話し言葉コーパス』S01F0633）

　本研究での「付加」は**後件の成立が前件の成立を前提にしている場合**と定義される。つまり、（8）ではまずfがなければ、計算ができないということであり、（9）では猫がいなければ、犬を飼おうということにはならないということである。これらの「それに」はfがあって、それに計算を加えるということ、猫があって、それに付け加えて犬を飼うということであり、働きかけの対象を表す格助詞の「に」の特性を色濃く残しているといえる。
　すでに述べた通り、「付加」は新聞にはみられない。また、料理など物の

作り方を説明する際によく使われる。順番に事態が展開し、前の文を前提に後から付け加えるということが行われやすいからであろう。

(10) いつも作っているんですけど材料として大根が三キロなんです。わりと多めの大きめの大根が三本です。てそれに鷹の爪昆布柚とお酢が一カップお塩が百グラムお砂糖が二百五十グラム。
　　　　　　　　　　　　　　　　　　　（『日本語話し言葉コーパス』S08F1244)

(11) それを削ったり切ったりしてってサーフボードの形を作っていきます。それにただそれだけだと防水性だとか強度性がないのでガラスクロスと言って結局ガラス繊維ですねの布生地みたいなもの、ロールになって思い浮かべればじゅうたんみたいなもんですよねそういうものを必要になってきます。　　　　（『日本語話し言葉コーパス』S08M1210)

また、興味深いことに「付加」の場合のみ反義的な用法が可能になる。

(12) で中山道には昔からの町並みが残っていてあれ多分国で保存されている家が多いんだと思うんですけれどもそれこそ昔の街道沿いの家並みって言うんですかが残っていましてそれに新しい住宅も随分建ってきましてきましたので新しい家並みと古い町並みと交ざっているようなちょっと不思議な空間です。
　　　　　　　　　　　　　　　　　　　（『日本語話し言葉コーパス』F03M0900)

反義的な用法は3例のみみられた。ただし、どの例も共通の構造も観察され、完全な反義ではない。そして、付加以外の場合では反義的内容は並列しにくい。

(13) この部屋には英語がわかる人がいる。?それに英語がわからない人がいる。

また、「付加」の「それに$_2$」は「また」や「そして」など他の並列を表

す接続詞と置き換えにくい。「それに $_1$」は基本的に置き換え可能である。

(14) 確率の計算はちょうどこのfって書いてあるのはこの正規分布の確率密度関数です。で｛それに $_2$／?また／?そして｝こんなような形でやれば計算すればいいとでそうすると一応一次元の積分計算をすればそれで事は足りるという訳です。(＝(8))

(15) 夏ごろから、とにかくいつでも冷静でいられる体を作ろうと、<u>筋肉トレーニングと体力増強を徹底的にやった</u>。昨年に比べ20％は体力アップしたと思う。｛それに $_1$／また／そして｝<u>視力を強くしたかった</u>。

(『毎日新聞』2002年1月25日朝刊)

　他の並列の形式と置き換えができない、対比にも使える、共通の構造・属性を必要としない、そして話し言葉にしかみられないという点から付加の「それに $_2$」は指示詞「それ」＋格助詞「に」の意味をかなり保持した用法であると考えられる。

1.3. 名詞句レベルの並列に使われる「それに」

　ここでは名詞句を「それに」で並列する場合についてみる。この場合、(16)のように並列される名詞句に類似性がみられるものもあれば、(17)のように全く類似性がわからないものもある。新聞では(18)のように固有名詞に使われることも多い。

(16) 有名な庭園の側には<u>小学校</u>とか<u>高等学校</u>とかそれに<u>中学</u>ですねそういったのが必ず有名な史跡の側にありました。

(『日本語話し言葉コーパス』S09F1418)

(17) 中身のちゃんと入ったワイン一本、<u>それに後紙と鉛筆</u>、これがあれば取り敢えず無人島に行くもの三つを考えられるのではないかと。

(『日本語話し言葉コーパス』S07M1627)

(18) ゲスト・コメンテーターが佐高さん、ジャーナリストの大宅映子さん、経済学者で慶大教授の金子勝さん、<u>それにスポーツキャスターの</u>

中西哲生さんという顔触れを2日前に知った。
（『毎日新聞』2002年4月30日朝刊）

　しかし、この問題は「それに」に必要なのはモノレベルの類似性ではなくコトレベルの類似性であると考えれば解決できる。つまり、(16)(17)は「ある」という共通の述語をもつこと、「Xがある」という共通の構造をもつことが「それに」が使われる動機である。(18)では「ゲスト・コメンテーターがXだ」という共通の構造が「それに」が使われる動機である。
　このように考えると、「それに」と「と」は等価値である。ただし、「それに」は接続詞であるため(19)のように他の並列助詞と共起できる。ただし、この例は **1.2.** で述べた「付加」的な側面もあると思われる。

(19)　タイトルとして二十一世紀に残したいIT革命とコミュニケーション。キーワードはあたくしは<u>パソコン</u>とか<u>携帯電話談話の中のコミュニケーション</u>とそれに<u>人情</u>を選びました。
（『日本語話し言葉コーパス』S11F0983）

2.　文のタイプと談話機能

　「それに」は後に述べる内容が定まっていない時、使用できる場合と使用できない場合がある。これには母語話者であっても判定に個人差があるようであるが、大体以下のような傾向を示す。

(20)　「彼氏のどんなとこが好き？」
　　　「背高いし、いつも優しくしてくれるし、<u>えーっと…それにー…</u>」
(21)　「ご注文は？」
　　　「なすの一本漬けと、刺身盛り合わせと、カキフライ。?<u>えーっと…それにー…</u>」
(22)　「昨日、何してた？」
　　　「ずっと家におったで。昼に起きて、ご飯食べて、レポート書いて、

インターネットして。*えーっと…それにー…」
(23) 「昨日の学会、どうだった？」
「山下さんの発表は無事に終わったよ。シンポジウムは思ったほどでもなかった。*えーっと…それにー…」

　(20)のような「いいところ」の並列という評価的意味が明らかな場合は、後に述べる内容が定まっていなくても、フィラー的に使用できる。一方、(21)は「〜を注文する」という構造は存在するものの、言語的に明示化されていない。この場合は許容度は落ちる。(22)(23)は共通の評価的意味も構造ももたないため、当然使用できない。後に述べる内容が定まっていない時は「それに」は類似性が明らかな場合にのみ使用できる。「それに」の使用条件は共通の属性・構造であり、「えーっと…それにー…」と言うことで前件の属性・構造と同じ属性・構造をもつ後件が来ることを予想させる機能があるのである。(20)は共通の評価的意味をもつ場合であるが、共通の構造を明示的にもつ(24)のような例文も許容度は比較的高いと思われる。

(24) 「明日は誰が来るの？」
「山下が来るし、大野が来るし、えーっと…それにー…」

　次に、共通の構造・属性に基づいた並列である「それに」は、命令・禁止といった働きかけの文および疑問文と共起しにくい。これは「し」や「ば」のように共通の構造・属性に基づく節の並列においても同じである。

(25) しっかり睡眠をとってください。{?それに／また}風呂には入らないように。
(26) しっかり睡眠を{*とれば／*とるし／とって／とり}風呂には入らないでください。
(27) 今朝は何時に起きましたか？{?それに／また}何を食べましたか？
(28) 今朝は何時に{*起きれば／*起きたし／起きて／起き}何を食べましたか？

これは、命令文ないし疑問文は真理値をもたないのと同様に、評価的意味ももたないのではないかと考えることができる[1]。つまり、「おいしい」と「きれいだ」という述定に対して、何らかのプラスの価値を認めることができるが、「おいしいか？」「きれいか？」という疑問に対しては、価値判断の対象外になるのではないかということである。

ただし、「それに」は「のだ」を伴うと使いやすくなる。

(29) フットサルって、サッカーとは違うんですか？　それに、なんであんな不思議な名前なんでしょう。。。？

(http://detail.chiebukuro.yahoo.co.jp/qa/question_detail/q119770486
2008 年 8 月 14 日）

これは、(29)の例は単なる疑問にとどまらず、「不思議だ」という感情を発露しているからである。そこに評価的意味が入り込む余地があるのである。

一方、「それに」は感嘆文の並列には使える。感嘆文（「でかっ！」）は評価的意味をもつからである。

(30) このコロッケでかっ！　それにうまっ！

なお、(30)は誰もいない場所で独り言で言うことも十分に考えられる。このことからも、「それに」に関しては、「聞き手が」共通の構造・属性を発見するというプロセスは含まれていないことがわかる。一方、「し」は「聞き手が共通の構造・属性」を発見するというプロセスが含まれる。そのため、以下のように独り言で言うことはできないと思われる。

(31) ?このコロッケでかいし、うまっ！

3. 「それに」のまとめ

第 23 章で述べたことをまとめると、次の A から C のようになる。

A 「それに」は統語的には「＋網羅性」「結合提示」である。また、意味的には「それに」は 2 種類に分類される。「それに$_1$」は並列される事態に共通の構造・属性がある時に使われる。特に、同評価や理由など主観的な類似性がある時に使われる「傾向」がある。「それに$_2$」は類似性を必要とせず、格助詞「に」の意味を保持しており、「付加」に使われる。

B 「それに」は名詞句の並列に使われる。必要なのは事態の共通の構造・属性で、名詞句に共通の構造・属性は必要としない。そのため、「と」のような機能をもつ。

C 共通の構造・属性がはっきりしている時にはフィラー的な使用も可能である。疑問文・命令文には使えないが、感嘆文には使える。

注

1 文の真理値を問題にする命題論理学では疑問文・命令文は扱わない。

第24章
「そのうえ」

　第24章では「そのうえ」について記述する。**1.** では「そのうえ」の特性について議論する。**2.** では「そのうえ」が使用できる文と使用できない文について、文のタイプや談話機能の面から考察する。

　ただし、「そのうえ」については名詞句レベルの並列は1例しかみられなかったため、ここでは節・文レベルの並列に使われる「そのうえ」のみを扱う。

1.　「そのうえ」の特性

　「そのうえ」の統語的特性のうち、網羅性については「＋網羅性」であることは明らかである。

（1）　この学科の学生は英語が話せる。そのうえ、フランス語が話せる。

　（1）はすべての学生が英語もフランス語も話せるという解釈である。また、語用的特性である排他的推意については**第1章**で述べたように考察は行わない。

　そこで、まずは集合の形成動機について観察してみたい。**第17章**で行ったコーパス調査の結果を再掲する。

表24　「そのうえ」の用例に付与されたタグ（％）

	同形式	同構成	同評価	理由	対比	例示	一般化	精緻化	付加	細分化	代替	無
そのうえ	3%	6%	72%	19%	1%	0%	0%	0%	4%	0%	0%	1%

圧倒的に「同評価」の例が多く、次に理由が多い。このような主観的な類似性によって集合が形成されていると考えられるだろう。

（2）　主食は必ず豚カツやステーキなど脂っぽいものばかり。その上、御飯を二杯も三杯もお代わりしてそれでも満足できず子供のおやつだったり、長いポテトチップやお菓子やケーキまで食べていたのです。
　　　　　　　　　　　　　　　（『日本語話し言葉コーパス』S04F1151）
（3）　試合で多量に汗をかき、疲れきる。移動の航空機で、水分補給を忘れ、足を座席から放り出すように、下方にしたまま寝入ってしまう。そのうえスポーツ選手であるから下半身の筋肉は発達し、血流も多い。まさに血栓が形成されやすい環境ができあがってしまっていたのである。　　　　　　　　　　（『毎日新聞』2002年6月17日朝刊）

　(2)は「体に悪い」という評価的意味をもつ事態の並列、(3)はJリーガーがエコノミークラス症候群を起こしやすい理由の並列になっている。
　「そのうえ」は特に共通の「属性」によって集合を形成する形式であるといえるだろう。また、「それに」と比べて「そのうえ」が有しているニュアンスについては伊豆原英子（2004: 8）の「前件だけで十分なのに、さらにまだあるんだよ。すごいんだよ。大変なんだよ」という記述が当を得ていると思われる。
　「そのうえ」の意味的特性を以下のようにまとめる。

「そのうえ」の意味的な使用条件
「そのうえ」は共通の属性Xをもつ事態の並列に使われる。「PだけでもXなのに、QもあるのでなおさらX」という意味をもつ。

　「そのうえ」は「それに」と同様、継起的な事態を並列できない。共通の属性の発見には総括的走査を必要とするからである。

（4）?彼はドアを乱暴に開けた。そのうえ、すぐ怒鳴りながら出て行った。

（5）?太郎が入ってきて、そのうえ、直後に次郎が入ってきた。

　次に、事態の提示方法について考えてみたい。以下の(6a)は台風が来た時、かつ、電車がとまった時という読みしかできない。「または」の読みしかできない「それに」とは対照的である。

（6）a.　台風が来た時、そのうえ、電車が止まった時は休講です。
　　　b.　台風が来た時、それに、電車が止まった時は休講です。

　このことから2つの事態を1つの事態にする機能があるといえる。よって、「そのうえ」は「結合提示」であるといえる。「結合提示」である点や「PだけでなくQもある」というニュアンスをもつ点では「そのうえ」は「さらに」とよく似ている。違うのは「そのうえ」は必ず共通の属性をもつのに対して、「さらに」はそうとは限らないという点である。

2.　文のタイプと談話機能

　「そのうえ」は後に述べる内容が定まっていない時には使用できない。

（7）「ご注文は？」
　　　「なすの一本漬けと、刺身盛り合わせと、カキフライ。*えーっとそのうえ…」

　これは「PだけでもXなのに、QもあるのでなおさらX」という意味に当てはまらないからである。
　次に、共通の属性に基づいた並列である「そのうえ」は「それに」と同様に、命令文や疑問文と共起しにくい。

（8）　しっかり睡眠をとってください。*そのうえ風呂には入らないように。
（9）　その店は食べ放題ですか？*そのうえ飲み放題ですか？

これらの現象に対する説明として、命令文ないし疑問文は真理値をもたないのと同様に、評価的意味ももたないのではないかと考えることができる。つまり、「おいしい」と「きれいだ」という述定に対しては、何らかのプラスの価値を認めることができるが、「おいしいか？」「きれいか？」という疑問に対しては、価値判断の対象外になるのではないかということである。
　ただし、疑問文の場合、節の並列に「そのうえ」が使われることはあり得る。もちろん、共通の属性が必要である。

(10)　え、その店、本当に食べ放題で、そのうえビールも飲み放題ですか？

　この場合は「食べ放題で、そのうえ、ビールも飲み放題」という命題の真偽を問う文であり、その命題部分は評価的意味をもつからである。なお、(10)は「それに」にするとやや許容度が下がると思われる。

(11)　?え、その店本当に食べ放題で、それにビールも飲み放題ですか。

　「そのうえ」は「結合提示」で２つの事態を１つの事態にまとめる機能があるため、１つの事態の真理値を問えるのに対して、「それに」は「分離提示」であるため、２つの事態を１つの事態にまとめる機能がなく、結局のところ２つの事態の真理値を別々に聞く、つまり疑問文どうしの並列と同様に解釈されるためであると考えられる。
　また、「そのうえ」は感嘆文にも使えない。これは、「PだけでもXなのに、QもあるのでなおさらX」という構造がPを発話する時点ですでに話し手の頭の中に存在する必要があるからであると考えられる。

(12)　（コロッケを見て）このコロッケでかっ！
　　　（一口食べて）?そのうえうまっ！

3. 「そのうえ」のまとめ

第24章で述べたことをまとめると、次のA、Bのようになる。

A 「そのうえ」は統語的には「＋網羅性」「結合提示」である。また、意味的には共通の属性をもつ事態の並列に使われる。共通の属性をXとした時、「PだけでもXなのに、QもあるのでなおさらX」という意味をもつ。

B 「そのうえ」はフィラー的用法、疑問文、命令文、感嘆文には用いられない。ただし、節の並列の場合には疑問文に使うこともできる。

第 25 章
「φ」

　第 25 章では接続詞を用いない形式、「φ」の特性について記述する。**1.** では「φ」の特性について議論する。**2.** では「φ」が使用できる文と使用できない文について文のタイプや談話機能の面から考察する。

　ただし、「φ」については**第 1 章**で述べたように、定義上、文の並列だけに限られる。よって本章でも文の並列だけを扱う。

1.　「φ」の特性

　まず、「φ」の統語的特性である「網羅性」については以下の文が参考になる。

（1）　この学科の学生は英語が話せる。? φフランス語が話せる。
（2）　この学科の学生は英語が話せる。φフランス語も話せる。

　(1)は「も」がないため、少し落ち着きが悪いが、(2)はすべての学生が英語もフランス語も話せるという解釈である。また、語用的特性である排他的推意については**第 1 章**で述べたように考察は行わない。

　次に、集合の形成動機について観察してみたい。**第 17 章**で行ったコーパス調査の結果を再掲する。

表 25　「φ」の用例に付与されたタグ

	同形式	同構成	同評価	理由	対比	例示	一般化	精緻化	付加	細分化	代替	無
φ	16%	6%	14%	1%	3%	5%	1%	15%	4%	1%	1%	39%

一見してわかる通り、すべてのタグが出現しており、幅広い使われ方をしている。もともと「φ」に固有の意味はないため、他の形式で表しにくいような関係も「φ」では表すことができると考えるべきであろう。

その中でも最も多いのがいかなる類似性ももたない「無」の割合である。以下に例を挙げる。

（３）　刑事役の長瀬が構える本物の拳銃が、腹に響く銃声を放った。
　　　　φ韓国に容疑者を護送していった日本人刑事が、事件に巻き込まれるアクション映画。φ東宝や電通など日本側が10億円を出資。撮影はすべて韓国内で、キャストは長瀬以外、全員韓国人。φ長沢雅彦監督以下、スタッフは日韓半々の構成だ。
　　　　　　　　　　　　　　　　　　　　（『毎日新聞』2002年1月1日朝刊）
（４）　七つの短いエピソードというかシーンがつながりって、一つの曲になっています。φオーケストラに尺八と二十弦の箏(そう)が加わります。
　　　　　　　　　　　　　　　　　　　　（『毎日新聞』2002年1月1日朝刊）
（５）　期間はですね昨年度なんですが四か月、実際四か月半ですね。φで参加学生数は学生が二百五十六名講師三十名
　　　　　　　　　　　　　　　　　　（『日本語話し言葉コーパス』A04M0026）

このように、前件と後件に全く類似性がない場合でも「φ」は使われている。このことから、「φ」は類似性を必要とせず、隣接性によってグループを作り上げていると考えられる。実際には、グループを作り上げるというよりも連続的に流れる文の意味を処理する上で一時的にまとめられているにすぎない。その際、一貫性や結束性など様々な情報が文と文のつながりの解釈に使われると考えられるが、「φ」が提供するのは、せいぜい発話が連続しているという程度の広い意味での隣接性であると考えられる。

「φ」の意味的な使用条件

「φ」は並列される事態に意味的制約をもたない。隣接性を契機とする。

また、(5)のように話し言葉では「で」などのフィラーが使われることが多く、完全に何も使われない例は珍しい。一方、新聞では(3)(4)のように、完全に「φ」のままで使われる。

　「無」が多い一方で、「同形式」「同構造」「同評価」「理由」など、いわゆる類似性をもつ関係は相対的に割合が低い。ただし、「φ」は出現数が膨大であるため、割合が少なくても、文章全体からみる出現頻度は決して少なくはない。以下に例を挙げる。

（6）　**同形式**
　　　毛百パーセントは家庭の洗濯機で洗うのにはあまり向かないと思います。φどちらかと言うとちゃんとドライクリーニングを出してちゃんとした手入れをした方がいいと思います。
　　　　　　　　　　　　　　　　（『日本語話し言葉コーパス』S04F0013）

（7）　**同構造**
　　　そのためにも、大学の諸制度の改革、産官学の連携、教育のあり方などを考える必要がある。φこうした時代だからこそ、創造力をもつ日本人を育てていかなければならない。
　　　　　　　　　　　　　　　　　　　（『毎日新聞』2002年1月1日朝刊）

（8）　**同評価**
　　　家族の喜ぶ顔を見ることや、記録が伸びるのがうれしい。φ前は何をするにも中途半端だったけど、今は充実しています。
　　　　　　　　　　　　　　　　　　　（『毎日新聞』2002年1月1日朝刊）

（9）　**理由**
　　　日本は金を出すけど人は出さないと言われてますけど別にそれでいいじゃないですか。国連の活動、あるいは、PKFも、多額の資金が必要なんですね。φで、今のところ日本以上に多くの金を出せる国はありません。そういう訳ですから、金を出してあれこれ言われる筋合いはないんですね。　　　　（『日本語話し言葉コーパス』S06M0373）

　その他にも多くのタイプが見られる。一例を挙げる。

(10) **対比**

本当の書の魅力を教えていけば、興味をもつ人はどんどんついてくる。φ書の技術面だけ教えている人もいるが、それでは興味をもたない。（『毎日新聞』2002年1月1日朝刊）

(11) **例示**

かなり詳細で膨大な学習履歴が蓄積されます。φ具体的にはですね、どのページを何秒見たとかですね、どういう順番で見たとか何回見たとかですね　　　（『日本語話し言葉コーパス』A04M0026）

(12) **一般化**

富士山では最近、富士山クラブや行政が、夏山に公衆バイオトイレを設置するなど、改善が進んでいる。φ富士山を世界遺産に近づけるためには、一つ一つの積み重ねが大切なのだ。

（『毎日新聞』2002年1月1日朝刊）

(13) **精緻化**

隣接する鳥屋野潟から飛び立つハクチョウをイメージしたデザインだ。φ観客席の約90％を覆う大小のアーチで構成された白い屋根の曲線が、羽ばたく大きな翼を表している。

（『毎日新聞』2002年1月1日朝刊）

(14) **付加**

こちらの白い方が変形旋律の聴取時間平均です。φでこの有意差を見ましたところ五か月児八か月児のいずれにおいても有意差は認められませんでした　　（『日本語話し言葉コーパス』A01F0055）

(15) **細分化**

僕はですね旅が好きです。φ特にですね、自転車を使った旅が好きです。　　　　　　（『日本語話し言葉コーパス』S01M0005）

(16) **代替**

夢は見るものではない。φかなえるものなんです。

（『毎日新聞』2002年1月1日朝刊）

この中では特に「精緻化」が15％と多い。これは1つにはカウントの問

題もあると考えられる。話し言葉の講演や新聞の記事では (17) (18) のように まず小さなテーマについて述べ、次にその内容を述べるという展開が多いが、今回はこれらをすべて精緻化、広義の並列と解釈した。

(17) 言語モデルの語彙数と未知語率の関係を示します。φ一万語のモデルと二万語のモデルの未知語率の差は、およそ、1.4パーセント程度。
　　　　　　　　　　　　（『日本語話し言葉コーパス』A11M0369）
(18) 小泉純一郎首相と韓国の金大中(キムデジュン)大統領が1日付で、両国民に向けた新年のメッセージを交換し合った。
　　φ首相は、5月から日韓両国が共同開催するサッカー・ワールドカップ (W杯) について「互いに手を取り合い、心を通い合わせて成功させたい」と抱負を語った。　　（『毎日新聞』2002年1月1日朝刊）

　次に、統語的特性である「事態の提示方法」について考えてみたい。「φ」の事態の提示方法を認定するのは難しい。今までテストに使ってきた文は名詞句レベルの並列であるからである。

(19) 台風が来た時、電車が止まった時は休講です。

　しかし、これは「φ」ではなくむしろ「、」として分析するべきである。そこでいささか人工的な感じはするが、以下の様に変形する。

(20) 「休講になる条件って何？」
　　「台風が来た時だよ。φ電車が止まった時もだよ」

　(20)は「あるいは」と解釈される。つまり、「φ」にはことさら2つの事態を1つの事態として提示する機能はないといえる。
　また、以下の文では2つの事態の連続性を示すために「そして」が使われているが、これを「φ」に変えると、やはり1つの複合的事態であるという意味は薄れると考えられる。

(21) 9分、左サイドをドリブルで抜け出した渡邊が逆サイドへパスを送ると、津田はボールを受けると見せかけて、このパスをスルー。{そして、／φ}津田の右側から走り込んできた井上が、このボールを受けてシュートを放つと、これがゴール右隅に突き刺さり、開始早々に名古屋の先制点となる。

(http://www.so-net.ne.jp/grampus/result/2008_r/0505chukyo/index.html
2008年12月21日)

これらの現象から「φ」は「分離提示」であると認定する。

2. 文のタイプと談話機能

1. で(22)のような文は使いにくく、(23)のように「も」が必要になることを述べた。

(22) この学科の学生は英語が話せる。？φフランス語が話せる。(=(1))
(23) この学科の学生は英語が話せる。φフランス語も話せる。(=(2))

特に、「同形式」「同構造」「同評価」のように類似性が明らかな場合、主語が同一の時には「φ」は使いにくいという制約がある。特に、話し言葉では使いにくい。

(24) コンビニでパンを買った。？φお菓子を買った。
(25) 首相は「景気回復が最優先課題だ」と述べた。？φ「失業対策にも取り込む」と意欲を見せた。
(26) この店はおいしい。？φ値段が安い。

これらは何か他の並列の接続詞を使うことで許容度が上がる。

(27) コンビニでパンを買った。それからお菓子を買った。

(28) 首相は「景気回復が最優先課題だ」と述べた。また「失業対策にも取り込む」と意欲を見せた。
(29) この店はおいしい。それに値段が安い。

あるいは、「も」などの並列マーカーを使うと許容度が上がる。

(30) コンビニでパンを買った。φお菓子も買った。
(31) 首相は「景気回復が最優先課題だ」と述べた。φ「失業対策にも取り込む」と意欲も見せた。
(32) この店はおいしい。φ値段も安い。

類似性が明らかでない場合は同一主語でも「φ」は使える。

(33) この店のパンはおいしい。φ唐揚げパンとか売っている。
(34) 前回大会では、前線で相手守備陣に取り囲まれながら、両足でボールをはさんで突破するユーモラスなプレーが話題になった。φ名前の「クアウテモク」は16世紀、スペインによる侵略で戦死したアステカ帝国の皇帝に由来するという。φ予選突破後、チーム移動の条件をめぐって自国サッカー協会と対立し、本大会参加辞退もほのめかした。φ 28歳。　　　　　　　　　　（『毎日新聞』2002年1月1日朝刊）

つまり、以下のような制約が考えられる。

類似性がある並列の制約
日本語では類似性が明らかな二文を並列する時は、「φ」だけでは許容度が下がり、何らかの有形の並列マーカーを使わなければならない。

上記の制約は疑問文や命令文においても有効である。

(35) できるだけ多く野菜を食べてください。?φできるだけ多く水を飲ん

でください。
(36) パイナップル食べる？ #φりんご食べる？

　(35)と(36)は相手の反応を伺わずに、連続して発話すると許容度が下がる。なお、(36)はどちらを食べるかという選択疑問文ではなく、2つのYes-No疑問文と解釈した場合、許容度が下がる。最初から2つのことを聞こうと思っていた場合に、このような聞き方をすることは少ないと考えられる。これらは何か適当な接続詞を入れることで許容度が上がる。
　命令文の場合は、指示と禁止のように同じ形式を使わないタイプであれば「φ」が使用できる。

(37)　しっかり睡眠をとってください。φ風呂には入らないように。

　また、主体が異なる場合、つまり、複数の人間に別々に指示を出す場合も、「φ」は使用可能である。

(38)　山本さんは受付をしてください。φ佐藤さんは案内をしてください。

　疑問文の場合も、同じ形式を使わないタイプであれば「φ」が使用できる。ただし、(40)は選択疑問文と解釈される例である。

(39)　昨日どこ行った？　φ何食べた？
(40)　今日は家にいる？　φ大学に行く？

　一方、主体や主題が異なる疑問文には使いにくい。

(41)　明日山本さんは来ますか？　?φ佐藤さんは来ますか？
(42)　今日朝ご飯は何食べた？　?φ昼ご飯は何食べた？

　これは、そもそも疑問文が「質問→回答」という隣接ペアを前提としてお

り、同時に 2 つの質問をすること自体が会話では不適切となると考えられる。その不適切さを補うためには、「それから」などの接続詞が必要になると考えられる。

また、web 上では以下のような例もみられる。

(43) 基礎練習と言えば、教則本は<u>使ってましたか？</u>　φ<u>何を使ってましたか？</u>(http://www.synapse.ne.jp/kitamakura/100.html　2008 年 8 月 14 日)
(44) さて今年の父の日、がじぇいる。のゆーまさんは TUMI のカバンを貰ったようですが皆さん<u>は何を贈りましたか？</u>　φ<u>何を貰いましたか？</u>(http://easyrider.air-nifty.com/pocketbook/2005/06/post_4282.html　2008 年 8 月 14 日)

書き言葉ではいちいち相手の答えが返ってこないため、このように疑問文をまとめて書くことが許容されやすいと考えられる。

最後に感嘆文についてみる。感嘆文では「φ」が使用されるが、(46)のように同じ形式を使う場合には「も」などの並列マーカーを使う方が自然であると考えられる。

(45)　このコロッケでかっ！　φうまっ！
(46)　うわっ、セミでかっ！　ゴキブリ {? φ／も} でかっ！

3.「φ」のまとめ

第 25 章で述べたことをまとめると、次の A、B のようになる。

A　「φ」は統語的には「＋網羅性」「結合提示」である。また、意味的には「φ」は並列される事態に意味的制約をもたない。隣接性を契機とする。
B　日本語では類似性が明らかな 2 つ以上の文を並列する時は、「φ」だけでは許容度が下がり、何らかの有形の並列マーカーを使わなければ

ならない。この制約は命令文、疑問文、感嘆文においても成り立つ。

第 26 章
その他の並列を表す接続詞

第 26 章ではこれまで扱ってこなかった並列を表す接続詞について記述する。**1.** では「一方」、**2.** では「次に」、**3.** では「なお」を扱う。この 3 形式には同一主体の並列には使えないという制約があり、他にも多くの制約がある。

1. 「一方」

1.1. コーパス調査の結果

「一方」についても他の形式と同様のコーパス調査を行った。まず、その出現頻度を**表 26.1** に示す。

表 26.1　コーパスにおける「一方」の出現頻度

CSJ における 10 万語あたりの出現頻度	**82.2**
CSJ における出現数／検索範囲	411 ／ 50 万語
講演／模擬講演の比率	89%／ 11%
新聞における 1 日あたりの出現頻度	**13.1**
新聞における出現数／検索範囲	394 ／ 30 日

まず、CSJ での出現頻度は 82.2 と非常に高く、これは有形の接続詞で最も出現数の多かった「それから」よりも多い。ただし、出現は講演に偏っており、模擬講演での出現頻度はそれほど高くない。また、新聞でも 13.1 と「φ」「また」に次いで高い数値を示している。このことから「一方」は固い文体で多く使われていることがわかる。

出現頻度の高い形式は以下のことが予想される。

（1）　どのタグもつけられない「無」の割合が高い。
（2）　客観的な類似性である「同形式」「同構造」の割合が高い。
（3）　主観的な類似性である「同評価」「理由」の割合が低い。

タグ付けの結果は**表 26.2** の通りである。

表 26.2　「一方」の用例に付与されたタグ(%)

	同形式	同構成	同評価	理由	対比	例示	一般化	精緻化	付加	細分化	代替	無
一方	25%	14%	6%	0%	23%	0%	0%	0%	2%	0%	0%	38%

「無」の割合は「φ」に次いで高かった。「同形式」+「同構造」は 39% で、平均よりはやや高いが、突出しているわけではない。一方、「同評価」+「理由」は 6% で、この数値は最も低い。ただし、これは主に「一方」が対比を表すという意味的特性によるものと考えられる。

次の **1.2.** では一方の統語的な特性を、**1.3.** では表 26.2 に基づいて「一方」の集合形成動機を考える。

1.2.　「一方」の統語的な諸特性

まず、前提として「一方」は異なる主題を必要とする。ここでの主題とは意味上の主題ではなく、形式主題である[1]。

（4）　この学科の学生は英語が話せる。?一方、フランス語が話せない。
（5）　この学科の学生は英語が話せる。　一方、フランス語は話せない。

(4)は(5)のように後件にも形式主題として「は」が存在すれば、適格な文になる。また、(5)はすべての学生が英語が話せ、フランス語が話せないという解釈であり、ある学生は英語が話せ、ある学生はフランス語が話せないという解釈ではない。よって、「一方」は「＋網羅性」であるということができる。

事態の提示方法については「一方」は2つの場合を対比、すなわち異なるものとして提示するため、2つの事態を1つに結合する機能は薄いと考えられる。つまり、「分離提示」である。このことを示す統語的現象としては、「結合提示」である「て」と「一方」が共起しにくいという事実を上げる。

（6）?太郎は野球部に入って、一方、次郎は吹奏楽部に入った。
（7） 太郎は野球部に入り、一方、次郎は吹奏楽部に入った。

（中俣尚己 2006a: 20）

1.3.「一方」の集合形成動機

続いて、表 26.2 をもとに「一方」の集合の形成動機について論じる。

「一方」に付与されたタグで最も目立つのは「対比」である。他の形式は多くても4%ほどであるのに対し、「一方」は23%もある。以下に例を挙げる。

（8） つまりゼロ位相でなければ、どれを取っても類似度が高いという結果が出ました。一方、それを、帯域幅を広くしていくと、一部の、この辺りのものですね、つまり、符号が反転するようなものに関しては、類似度が下がってくると。（『日本語話し言葉コーパス』A01M0581）
（9） 建築家の方が一般的に社会的な地位も高いですし、大体尊敬される職業と言われてます。一方、建築屋の方はちょっと悪くすると土建屋という風に呼ばれて、あまり芳しくない評判を得たりしてますけども。
（『日本語話し言葉コーパス』S01M0547）
（10） Ｊ－フォンは、携帯内蔵のカメラで撮った写真をメールで送れる「写メール」対応端末が昨年 12 月 25 日で 300 万台を超えるなど好調。一方、au は昨年 12 月から、衛星による位置情報機能が使える GPS（全地球測位システム）端末と動画の受信・再生ができるムービー端末を投入したが、伸び悩んでいる。（『毎日新聞』2002 年 1 月 11 日朝刊）

しかし、必ずしも「対比」の例ばかりではなく、「無」の例も多かった。

(11) 形式主義っていうのは、チョムスキーのいう風にやはりナショナリストな考えを哲学的な基盤としている、<u>一方</u>、機能主義っていうのは、経験主義に似たアプローチを取っているということですね。
　　　　　　　　　　　　　　（『日本語話し言葉コーパス』A05M0890）

(12) 先程も別の発表でありましたカラーレーションあるいは先行音効果、それから、非発音体が音波を遮断するという遮音効果などというものが考えられています。て、<u>一方</u>、障害物の知覚の音響心理的側面についてですが、それはまだまだ解明されることがないということが現状です。　　　　　　　（『日本語話し言葉コーパス』A01M0410）

(13) 出生前診断には、今回のフランスで議論のきっかけとなった超音波検査のほか、妊婦の血液中のたんぱく質を調べる「母体血清マーカー検査」、羊水検査などがある。特にダウン症などの診断に利用される母体血清マーカー検査は手軽にできるため日本でも普及した。しかし、この検査では異常になる確率が推定できるだけで、当時の厚生省は99年7月、妊婦の不安をあおらないように「医師は検査の情報を積極的に知らせる必要がない」との通知を出している。
　<u>一方</u>、欧州では出生前診断で難病と判明したため中絶し、結果的に患者数が減った病気もある。　　　（『毎日新聞』2002年1月12日朝刊）

また、数は少ないが共通の形式や評価的意味をもつものさえある。

(14) 三井建設は01年3月期に旧さくら銀行などの取引金融機関から1420億円の債権放棄を受けたが、01年9月末現在で売上高の<u>7割近い2853億円の有利子負債を抱えている</u>。<u>一方</u>、住友建設も売り上げの<u>9割近い3093億円の有利子負債を抱えている</u>。
　　　　　　　　　　　　　　　　　（『毎日新聞』2002年1月23日夕刊）

(14)は「～億円の有利子負債を抱えている」という部分が共通し、また、同時に「好ましくない」という共通の評価的意味の事態の並列にもなっている。

しかし、広い意味では(11)から(14)の文も対比になっているといえる。つまり、(11)は形式主義と機能主義が対比されており、(12)は先行音効果や遮音効果と障害物の知覚の音響心理的側面が対比されており、(13)は日本と欧州が対比されており、(14)は三井建設と住友建設が対比されているといえる。

　本研究で「対比」のタグを付与したのはあくまでも Kehler, A. (2002) にならい、反義的な意味をもつ語の組が前後の節にみられる場合のみである。しかし、「一方」の「対比」の機能はもっと幅広く捉えられるということであろう。

　1.2. で指摘したように、「一方」の対比の条件として、主題が異なることが考えられる。しかし、主題が異なっても(15)のようにいうことはできない。

(15)　太郎は、大学に行った。＊一方、次郎は大学に行った。

　つまり、完全に同じ内容の時には「一方」は使いにくい。そこで、以下のようにまとめることができる。

「一方」の機能
一方は事態を対比するのに使われる。ここでの対比とは(形式)主題が異なり、さらに、別の要素が最低1つ異なる状態のことである。

　また、「一方」は「それから」のように命令文と疑問文のように全くつながりのない文を並列することはできない。何かを対比するということは共通の比較基盤、共通のテーマが必要である。つまり、対比とは何らかのテーマが与えられた時に、その異なる側面を述べるという行為である。あるものの異なる側面を述べるというのは出現可能性を元にした並列であるということができる。

2. 「次に」

並列を表す「次に」とは(16)のようなものである。

(16) 刺激音の種類は実験ゼロと同じで各実験で低高高低弱強強弱の四種類があります。次に刺激音の音響特徴もほぼ実験ゼロと同一です。
（『日本語話し言葉コーパス』A01F0122）

しかし、伊藤俊一・阿部純一(1991)は「次に」を「それから」「そして」と同じく「順序関係」に分類しているように、接続詞の「次に」は「継起」を表す語彙的意味をかなり保持していると考えられる。つまり、「P。次にQ」という文が一見並列的であったとしても、その影には「Pと述べる。次に、Qと述べる」という構造が隠れていると考えられる。命題で表される事態には継起関係はなくても、命題を発話する発話行為に継起関係があるのである。(17)のように発話行為を表す動詞が明示される例もある。

(17) この二十三番の表現が何かくだけた、はすっぱな表現調子があるのはこれが省略された形だからと説明できます。次に、縮約形、もう一つの縮約形を論じます。例えば、「苦しめる」は「苦しませる」の「さす」を省略した結果です。　（『日本語話し言葉コーパス』A03M0523）

ここで、発話行為動詞を省略すると、例えば(18)のようになる。

(18) この二十三番の表現が何かくだけた、はすっぱな表現調子があるのはこれが省略された形だからです。次に、もう一つの縮約形ですが、例えば、「苦しめる」は「苦しませる」の「さす」を省略した結果です。

これが並列を表す「次に」である。単に1つの主体の属性を並列する場合には使われない。

(19) ?この店は安い。次に、おいしい。

　「次に」は講演が含まれる日本語話し言葉コーパスで多く見つかった。調査範囲は50万語で、実験の手順を説明するような行為の継起的連鎖や、(17)のように発話行為動詞が現れるものを慎重に排除しても**10万語あたり15.4回**の出現がみられた。また、そのうち92%を講演が占めた。一方で「次に」は新聞にはあまり出現せず、**1日あたりの出現頻度は0.1**に留まった。
　「次に」は「それから」と同様、段落レベルの並列に使われることがある。

(20)　まず私の好きなものは犬です。去年の今頃までシェットランドシープドッグという犬を飼ってました。(中略)
　　　では次に私の好きなもの、好きなこと2つ目は、書くことです
　　　　　　　　　　　　　　(『日本語話し言葉コーパス』S00F0031)
(21)　まず、上場企業は配当利回りが預貯金の金利を常に上回る水準になるよう、配当金を設定すべきだ。(中略)。
　　　次に、証券業界は株式投資の利回り感覚を復活させ、投資家に配当利回りの高い銘柄を勧め、「値上がり確実」といったセールスをやめるべきだ。　　　　(『毎日新聞』2002年10月2日朝刊)

　(20)(21)をみればわかるように、段落レベルの並列の時は「まず」「次に」というようにセットになって使われることが多い。また、(22)のように今までの話題をまとめ、次の話題に転換する場合にも使われる。

(22)　以上みてきたように連用形名詞と動詞の意味のずれはずれ方は六つの型と合成語の一部などのその他に類型されました。次に、2.3の意味のずれ方と動詞の自他について述べたいと思います。
　　　　　　　　　　　　　(『日本語話し言葉コーパス』A02F0038)

　「次に」の特性をまとめる。まず、並列された事態がともに成り立つことから「＋網羅性」である。また、段落と段落の並列に使われることから、特

に2つの事態を1つに結合する機能はないと考えられ、「分離提示」といえる。

また、意味的には発話と発話の時間的継起性が使用動機であると考えられ、隣接性を元にした並列であると言うことができる。Pという一連の内容の後に、Qというまた別の一連の内容を述べるということを聞き手に提示する談話マーカーであるといえよう[2]。

3. 「なお」

並列を表す「なお」とは(23)のようなものである。

(23) こちらが頭の前方部に当たりましてからこちらが後ろを<u>指しております</u>。なお、赤で示しました部分が磁界の湧き出し部位を<u>示しておりまして</u>、青で示しましたところが磁界の吸い込み部位に<u>なっております</u>。なお、この矢印はダイポールの向きと大きさを<u>表わしております</u>。（『日本語話し言葉コーパス』A01M0126）

出現頻度はCSJでは**10万語あたり2.6**で、うち95%が講演と、固い文体で使われる場合がほとんどである。また、新聞では**1日あたり0.4**と少ない。

この「なお」は前件の情報に対して補助的、注釈的な情報をつけたすのに使われる。(23)は後件にも重要な情報が含まれているが、実際には談話の目的とは関係のない情報をつけたすことも多い。(24)がその例である。

(24) その際各対人距離における呼応数それからやり取りのし易さの主観的<u>評価を測定いたしました</u>。なお、発声の長さとか発声間の間隔声の音圧レベルなども<u>測定いたしました</u>が、今回は、この二点について御報告させていただきたいと思います

（『日本語話し言葉コーパス』A01F0034）

(24)の後件は研究発表の中で発表しない内容であり、明らかに談話における重要度が低い。「なお」の後件の重要度が低いことは、以下の作例からも確かめられる。

(25) a. *山下さんが、夏休みに行われた剣道の県大会で準優勝しました。なお、大野さんは、全国大会でベスト4になりました。
　　 b. 大野さんが、夏休みに行われた剣道の全国大会でベスト4になりました。なお、山下さんは県大会で準優勝でした。

　重要度に違いのある複数の情報がある時、より重要な情報から伝えるか、そうでない情報から伝えるかは選択の余地がある。しかし、(25a)のように重要でない情報から伝える場合には「なお」は不自然になる。(25a)は「そして」を使えば自然である。「なお」が使えるのは(25b)のように後に来るニュースの重要度が低い時だけである。
　ここでの重要度は話し手の意図に関することで、いわば、その情報が談話の目的を達成するのにどれだけ貢献するか、その貢献度の量である。「しかも」のように純粋に事態の生起確率だけで決まる、情報理論における情報量とは異なる。(25)は一見、確率で説明できそうであるが、(24)では、確率では説明できないであろう。「なお」は「しかも」と違って「掘り下げ」のプロセスをもっておらず、事象はあくまでも独立した複数の事象である。
　また、「なお」が使われた文の後では話題が転換することが多い。これはある話題の最後に、最も重要度の低い情報を「なお」でつけたし、その後別の話題へと移行するという場合が多いからであろう。

(26) 発話ラベルというものは、発話開始時刻、発話終了時刻、発話内容そして話者情報のことです。なお、発話単位をまず百ミリセカンド以上の無声区間で区切られた有声区間とし、それに基づいて、発話、発話話者情報、そして、発話開始時刻、終了時刻などを付与していきました。こっから分析した結果なんですが、当研究室では、この文献検索をタスクとした音声対話データーを過去三年間収録しておりまして、

　　　　それにすべて合わせたデーターで、まず発話文を調査しました
　　　　　　　　　　　　　　（『日本語話し言葉コーパス』A01M0906）

　(26)では「なお」の文の後に、分析した結果へと話題が移行している。「なお」も「一方」「次に」と同様に、同一主体の属性の並列には使いにくい。

(27)　この店は安い。*なお、おいしい。

　また、「なお」は言い切りの形で終わる文と文しか接続することができず、節の並列には使われない。

(28)　*大野さんが、夏休みに行われた剣道の全国大会でベスト4になり、なお、山下さんは県大会で準優勝でした。

　「なお」の集合の形成動機として、(23)は同構造、(24)は同形式の関係になっており、この2つの例が多いが、そのほかにも(29)のようにいかなるタグもつけられないような、ほとんど何の関係もないような情報も多い。

(29)　無理せず楽しみながらの森と渓谷清流への散策は日頃のストレスを解消し、明日への活力の原動力となりリフレッシュできる唯一の方法と私なりに考えております。なお毎回私とウォーキングに付き合ってくれる友人は第二の人生として再就職し同時入社したA氏であります。
　　　　　　　　　　　　　（『日本語話し言葉コーパス』S08M0896）

　ただし、すでに述べたように、談話の目的への貢献度に関する制約は存在する。そのため、その点に関してのみ、長期記憶、特に談話に関する記憶だけは参照していると考えられる。話題への関わりの有無という点では「また」「さらに」といった出現可能性と同様の動機に従っていると考えられる。出現可能性をもつ事態のうち、特に後件の重要度が低い時に「なお」が使わ

れると考えられる。例えば(23)や(24)では「また」「さらに」も使えるが、明らかに重要度が低い(29)では「なお」しか使えない。

「なお」の特性をまとめる。まず、並列された事態がともに成り立つことから「＋網羅性」である。また、並列される情報に明らかに重要度の差があることから、特に2つの事態を1つに結合する機能はないと考えられ、「分離提示」といえる。

また、意味的には出現可能性をもつ事態のうち、重要度が特に低いものを後から付加的に述べる機能がある。その後に別の話題へと移行することが多い。

4.「その他の並列を表す接続詞」のまとめ

第26章で述べたことをまとめると、以下のAからCのようになる。

A 「一方」は統語的には「＋網羅性」「分離提示」であり、同一主体の並列には使われない。意味的には事態を対比する機能がある。ここでの対比とは主題が異なり、さらに、別の要素が最低1つ異なる状態のことである。そのためには共通の基盤が必要であるため、出現可能性が集合の形成動機である。

B 「次に」は統語的には「＋網羅性」「分離提示」であり、同一主体の並列には使われない。Pという一連の内容の後に、Qというまた別の一連の内容を述べるということを聞き手に示す機能がある。発話の継起性、すなわち隣接性を集合の形成動機としている。

C 「なお」は統語的には「＋網羅性」「分離提示」であり、同一主体の並列には使われない。出現可能性をもつ事態のうち、重要度が特に低いものを後から付加的に述べる機能がある。

注

1 「この学科の学生は英語が話せる一方、フランス語が話せない」のように、切り方を変えれば使用できる。しかし、この時の「一方」はすでに接続詞ではないと考えられる。今回、このような例は採集していない。
2 「次に」は独り言では使えないと考えられる。

第 27 章
選択型の接続詞

　第27章では「または」「あるいは」「もしくは」「ないし」「それとも」を「選択型の接続詞」として位置づけ、その意味・機能を記述する。「それとも」と「あるいは」は伊藤俊一・阿部純一（1991）では「選択型」と位置づけられている。これはこれまでみてきた「添加型」とは異なるクラスターであるが、「添加型」に最も近いクラスターである。また、「あるいは」と「または」は類義表現として沖裕子（1998）、浜田麻里（2006）といった先行研究でもよく比較されている。本書では寺村秀夫（1970）にならい、「あるいは」「または」「もしくは」「ないし」を含めて取り上げることにする。
　1. でこの5形式に共通する統語的特性について述べ、本研究における「選択」とはどういうことかを述べる。その後、**2.** で「または」、**3.** で「あるいは」、**4.** で「もしくは」について述べる。**5.**、**6.** では使用頻度の少ない「ないし」「それとも」について簡単に触れる。

1.　選択型の接続詞の統語的特性

　第26章までで扱ってきた「それから」「そして」「また」「さらに」「しかも」「それに」「そのうえ」「一方」「次に」「なお」はすべて「＋網羅性」であった。これに対して、本章で扱う「または」「あるいは」「もしくは」「ないし」「それとも」はすべて「－網羅性」である。まず、網羅性の定義について再確認する。

「網羅性」の定義
　a.　どのような場合でも並列されたすべての要素がセットとして扱われ、述語ならびに他の要素すべてと結びつくという性質を「網羅性」と名

付ける。
b. 網羅性がある場合には「＋網羅性」、網羅性がない場合には「－網羅性」と表示する。

次に、例文を挙げる。

（1）　この学科の学生は英語が話せる。<u>または</u>フランス語が話せる。
（2）　この学科の学生は英語が話せる。<u>あるいは</u>フランス語が話せる。
（3）　この学科の学生は英語が話せる。<u>もしくは</u>フランス語が話せる。
（4）　この学科の学生は英語が話せる。<u>ないしは</u>フランス語が話せる。
（5）　この学科の学生は英語が話せるか。<u>それとも</u>フランス語が話せるか。

　(1)から(5)のいずれの例文もすべての学生が英語とフランス語の両方を話せることを含意しない。よってこれらの形式はすべて「－網羅性」である。
　第2部、第3部での議論と同様に「－網羅性」は実際には様々な解釈があり得る。(1)から(5)の各例文はある学生は英語、ある学生はフランス語が話せるという**複数個体読み**である。これに対して、複数個体の名詞が出現しない場合は、(6)のような**別時間読み**になる。

（6）　両親が家にいない時は祖母が料理を作ってくれた。｛<u>または</u>／<u>あるいは</u>／<u>もしくは</u>／<u>ないしは</u>｝叔母さんが来てくれた。

　(6)はある時は祖母、ある時は叔母という解釈である。(7)は不特定の事態について述べた文であるが、特定の事態の場合はどちらが真かわからないという**不確定読み**になる。

（7）　良子は英語が話せる、｛<u>または</u>／<u>あるいは</u>／<u>もしくは</u>／<u>ないしは</u>｝フランス語が話せるはずだ。

　「それとも」を用いた(5)も不確定読みである。**6.** で詳しく述べるが「そ

れとも」の場合は不確定読みに固定される。

　また、この四形式はいずれも「**選択性**」をもつ。ここでの選択性とは排他的論理和を表す。すなわち、**並列された事態が同時に成立することはなく、必ずどちらか一方だけが成立する**という意味である。

　「選択」という用語については浜田麻里 (2006) が (8) のような例を挙げ、「選択」という用語は「それとも」には相応しいが、「あるいは」には相応しくないとしている。

(8)　今回の東京出張は飛行機ですか、{?? あるいは／それとも} 新幹線ですか？
　　　　　　　　　　　　　　　　　　　　　（浜田麻里 2006: 172）

　確かに聞き手にどちらか選ばせる、聞き手に選択権がある文脈では「それとも」が相応しい。これらは「**能動的な選択**」といえるだろう。しかし、本研究ではそのような能動的な選択に留まらず、排他的論理和という論理関係をもつ語について「選択性」をもつというように捉えたい。また、グループ・ジャマシイ (1998) が述べるように「または」「あるいは」「もしくは」にも能動的な選択を表す用法は存在する。

(9)　申し込み書類は、郵送するか {または／あるいは／もしくは／ないしは} 事務所まで持参してください。　（浜田麻里 2006: 172 を改変）

　このようになるのは別時間読み、すなわち複数個体が出現しない不特定事態についての文で、しかも未実現文である場合である。これは「や」や「たり」などが選択を表す条件と同じであり、「－網羅性」の形式において一般的に成立する現象である。

(10)　申し込み書類は郵便やFAXで送ってください。
(11)　申し込みは書類は郵便で送ったり事務所まで持参したりしてください。

まとめると、「それとも」は能動的な選択に特化した表現ではあるが、能動的な選択は「または」「あるいは」「もしくは」「ないし」でも表せる。そしてこの5形式に共通するのは排他的論理和を表すという意味での選択性であるということである。

もう1つの選択型の接続詞に共通する特徴が「**不確定性**」である。これは並列された要素のうちどれが真か発話時点ではわからない、あるいは問題にしないという意味である。

まず、(12)のような複数個体読みの場合、どの個体が英語が話せ、どの個体がフランス語が話せるかは不確定、あるいは問題にしないので不確定性があるといえる。

(12) この学科の学生は英語が話せる。{または／あるいは／もしくは／ないしは}フランス語が話せる。

同様に、(13)のような別時間読みの場合、いつ祖母が来て、いつ叔母が来るかは不明、あるいは問題にしないので不確定性があるといえる。

(13) 両親が家にいない時は祖母が料理を作ってくれた。{または／あるいは／もしくは／ないしは}叔母さんが来てくれることもあった。

一方、(14)のような事態が特定的・一回的の場合の「不確定読み」の場合、話し手がどちらが真であるか把握していないということが含意される。

(14) 良子は英語が話せる、{または／あるいは／もしくは／ないし}フランス語が話せるはずだ。
(15) ?良子は英語が話せる、{または／あるいは／もしくは／ないし}フランス語が話せる。

このため、(14)のように「はずだ」など話し手が推測していることを表すモダリティ形式が必須となる。

浜田麻里(2006)は「あるいは」は終止形、過去形で言い切りになる2つの文をつなぐことはできないとしているが、一方で言い切りの形をつなぐ実例も多くみられるとしている。

(16) ??来月物価が下がる、あるいは、給料が上がる。(浜田麻里 2006: 178)
(17) 　たとえばゲルの液体の濃さを変える。音頭を変える。電気刺激を与える。刺激によってゲルは突然、数百倍から 1000 倍に膨れる。あるいは縮まる。(『朝日新聞―天声人語・社説増補改訂版(英訳付)』1985～1991　1985 年 12 月 13 日)　　　　　　　　　　(沖裕子 1998: 61)

(16)の許容度がやや低いのは、これが特定事態で不確定読みの解釈しかできないのに、断定的に述べているからである。浜田麻里(2006)は(16)は占い師の発言ならば許容されるというが、これは推測しているということが文脈からわかるためであろう。おそらく、ワイドショーに出演した経済評論家の発言でも許容されると思われる。一方、(17)がそうした文脈なしに自然なのはこの文が別時間読みで、この文からはいつ膨れ、いつ縮まるのかが読み取れないというところに不確定性があるからである。

2. 「または」

2.1. コーパス調査の結果

「または」についても他の形式と同じようにコーパス調査を行った。その結果を表 27.1 に示す。

表 27.1　コーパスにおける「または」の出現頻度

CSJ における 10 万語あたりの出現頻度	**6.5**
CSJ における出現数／検索範囲	487 ／ 750 万語
講演／模擬講演の比率	56% ／ 44%
新聞における 1 日あたりの出現頻度	**1.6**
新聞における出現数／検索範囲	146 ／ 90 日

出現頻度は「＋網羅性」の形式と比較すると、CSJ、新聞ともに「しかも」と「それに」の中間に入る数値である。また、寺村秀夫(1970)は「または」などは名詞句の並列に圧倒的に多く用いられていると述べているが、今回の調査では全体の 74% が名詞句の並列に使われており、それを裏付ける結果となった。

残り 26% の節・文を並列する用法に意味タグを付与した結果が**表 27.2** である。

表 27.2 「または」の用例に付与されたタグ(%)

	同形式	同構造	同評価	理由	対比	例示	一般化	精緻化	付加	細分化	代替	無
または	38%	13%	24%	7%	10%	1%	0%	0%	0%	0%	0%	19%

2.2. 節・文レベルの並列に使われる「または」

ここでは**表 27.2** を元に節・文レベルの並列に使われる「または」についてみる。**表 27.2** からわかる特徴は、同形式の割合が非常に高いということである。これはこれまでにみた他のどの形式よりも高い。

(18) 海洋実習を日帰りで行くか、または、二泊三日の週末コースで行くか、はたまた海外旅行で行くかによって、更に掛かってくる費用は変えると思います　　　　　（『日本語話し言葉コーパス』S04F1106）

(19) 教師は正しいことを言わなくてはいけないまたは正しいことを言うことが期待されているという役割期待の問題。そういった問題がここに生じていると思います。　（『日本語話し言葉コーパス』A06F0073）

同形式が多いのは、「または」は選択肢を並列する形式であるが、選択関係にある事態の多くは、述語は共通で項が違うというものが多いからと考えられる。

また、「一方」ほどではないが「対比」も多い。ただし、「対比」の例は新聞にはみられなかった。

(20) どの部分が正しいまたは間違っているかっていうことが分かれば、この悪影響を除くことができるんではないかと考えまして

（『日本語話し言葉コーパス』A01M0300）

(21) 私達は何らかの刺激を受け、感動を覚えたりとかすることがあります。または不幸を覚えたりすることもあります。

（『日本語話し言葉コーパス』S10M1488）

　一方で、「無」の用例も一定数あった。

(22) 若い人にも積極的に参加してもらう、規約を作り変えるか、またはある程度責任感を持たせるような方向にするか検討中でございます。

（『日本語話し言葉コーパス』S04F1086）

(23) 一番私的に身近な DJ のことを考えると、で、好きっていうことを発表できて、共感したり、または、紹介したりする立場になったりするっていうことがやっぱり人との繋がりを生むし。

（『日本語話し言葉コーパス』S04M0662）

　これらは共通の構造・属性はないものの、話し手の中ではある話題に関連した事態として並列されている出来事である。よって、「または」はあるテーマについての異なる側面を述べる時に使われる、**出現可能性**を元にした並列と考えたい。これは、「または」の中に含まれる「また」も出現可能性を元にした並列であることと合致する。

　ただし、「また」との違いは「または」は異なる主題の文を並列することができないということである。

(24) ＊太郎は来るか、または、次郎は来るかだろう。
(25) 　太郎は来るし、また、次郎も来るだろう。

　つまり、「**または**」は１つの主題について、異なる側面・可能性を並列する形式であるということができる。この点で単なる出現可能性の並列である

「また」よりも並列される事態の結びつきはより緊密であるということができる。

また、これは先行研究でも指摘されているが「または」は様々なレベルの要素を並列することができる。コトレベルの並列で特筆すべきはサ変動詞やナ形容詞の語幹にも接続するという点である。この場合、後ろの動詞や形容詞は完全な形で出現する。

(26)　入試前に内申書を開示または自主的に通知している例では東京都教委や山梨県教委があるが、いずれも客観的な評価のみで、「総合所見欄」のような主観的な記述はない。　（『毎日新聞』2002年3月9日朝刊）
(27)　分割に利用が困難または不適切な引用としました。
（『日本語話し言葉コーパス』A03M0679）

これは「−網羅性」の形式によくみられる特徴である。これが「＋網羅性」の形式であれば「開示そして通知している」ではなく、「開示し、そして通知している」のように連用形を使うことが多い。あるいは「困難そして不適切な」ではなく「困難な、また不適切な」のようになることが多い。しかし、第2部で述べたように述語の連用形自体が「＋網羅性」の素性をもつ。そのため、「−網羅性」の「または」とは相性が悪くなる。それを避けるために「または」が語幹に直接接続する例が増えるのであろう。

2.3.　名詞句レベルの並列に使われる「または」

すでに述べたように、「または」は名詞句レベルの並列に使われるがことが多い。一見すると似たような意味の名詞句を並列することが多い。

(28)　ピッチは対数ピッチのゼロ次元、または、一次元を使用しております。　　　　　　　　　（『日本語話し言葉コーパス』A01M0267）
(29)　そして中華鍋またはフライパンに油を敷きよく温めてください。
（『日本語話し言葉コーパス』S08F0583）

しかし、反対の意味の名詞句を並列することもある。

(30) またそういった漢字形態素が一回結合したものにまた前または後ろから結合した漢字形態素はこれは接辞として処理したいという風に考えております。　　　　（『日本語話し言葉コーパス』A12M0986）
(31) 機械化がすべて悪いという訳ではなくて機械化によるメリットとかまたはデメリットというのも確かにあります。
　　　　　　　　　　　　（『日本語話し言葉コーパス』S11F1314）

さらに、(32)は同じカテゴリーに属しているとも考えられないものである。

(32) 戦後の時代ですから外で飲むようなお店、またはそういう習慣ていうのがまだ少なかったんだと思います。
　　　　　　　　　　　　（『日本語話し言葉コーパス』S11M1604）

「お店」と「習慣」とは大ざっぱにいえばモノ名詞とコト名詞であり、かなり違う。これは「か」「、」では並列しにくく、同じカテゴリーではない。

(33)?? 戦後の時代ですから外で飲むようなお店かそういう習慣ていうのがまだ少なかったんだと思います。
(34)?? 戦後の時代ですから外で飲むようなお店、そういう習慣ていうのがまだ少なかったんだと思います。

このことから、名詞句を並列する「または」も出現可能性、すなわち話し手があるテーマでまとめた名詞句を並列するといえる。

3. 「あるいは」

3.1. コーパス調査の結果

「あるいは」についても他の形式と同じようにコーパス調査を行った。その結果を「あるいは」と比較する形で**表 27.3**に示す。

表 27.3 コーパスにおける「あるいは」の出現頻度(%)

	あるいは	または
CSJ における 10 万語あたりの出現頻度	**38.6**	**6.5**
CSJ における出現数／検索範囲	193 ／ 50 万語	487 ／ 750 万語
講演／模擬講演の比率	79% ／ 21%	56% ／ 44%
新聞における 1 日あたりの出現頻度	**2.0**	**1.6**
新聞における出現数／検索範囲	120 ／ 60 日	146 ／ 90 日

「または」と比べると、「あるいは」の CSJ での出現頻度は圧倒的に高い。また、書き言葉である新聞でも「あるいは」の出現頻度が高く、これは寺村秀夫 (1970) の主張と一致する。また、寺村秀夫 (1970) は「あるいは」などは名詞句の並列に圧倒的に多く用いられていると述べているが、今回の調査では全体の 60% が名詞句の並列に使われていた。これは十分に高い割合ではあるが、「または」の 72% ほどではない。「または」と「あるいは」では「あるいは」の方が若干コトの並列に使われる傾向があるといえる。

残り 40% の節・文を並列する用法に意味タグを付与した結果が**表 27.4**である。これも「または」と比較する形で示す。

表 27.4 「あるいは」の用例に付与されたタグ

	同形式	同構造	同評価	理由	対比	例示	一般化	精緻化	付加	細分化	代替	無
あるいは	50%	17%	29%	0%	11%	0%	0%	0%	2%	0%	0%	9%
または	38%	13%	24%	7%	10%	1%	0%	0%	0%	0%	0%	19%

3.2. 節・文レベルの並列に使われる「あるいは」

ここでは**表 27.4** を元に節・文レベルの並列に使われる「あるいは」についてみる。

先行研究では「または」と「あるいは」の違いについてははっきりしない。**表 27.4** からも並列される要素の意味関係の上では「または」と「あるいは」は極めてよく似ているが、「あるいは」の方が同形式が多く、その分「無」の割合が減っているということがわかる。これは「それから」など出現頻度の高い形式は同形式の割合が高くなっているのと同じ現象であると考えられる。

(35) そのメジャーに合ったような一番いいものを取ってくる持ってくるという時にHMMを使うと。あるいはコンテキストクラスタリングを使うという。　　　　　　（『日本語話し言葉コーパス』A01M0007）

(36) それがトピックの終了という風に呼んでいます。あるいはインターラクションの終了という風に今呼んでいます。
（『日本語話し言葉コーパス』A06F0073）

同形式が多いのは、「あるいは」は選択肢を並列する形式であり、選択関係にある事態の多くは、述語は共通で項が違うというものが多いからと考えられる。しかし、同形式・同構造は多いものの「対比」の例も多い。よって、並列される条件として共通の構造・属性は考えられない。

(37) これに関してはケンブリッジ大学とか他の大学も協力、あるいは、競争して進めているという状況にあります。
（『日本語話し言葉コーパス』A11M0469）

(38) テレビとインターネットの出現と盛況にもかかわらず、あるいはそれゆえにこそ、あの、黙読も音読も可能な、携帯のきく、中断も再開も簡単にできる、ベッドでも机の上でも楽しめる、同じページあるいは別のページに注をつける便利のある、書き込みの自由な、白い紙と黒いインクの痕が主成分である不思議な装置を失いたくない、あの仕掛

けのすばらしさをたたえたいという欲求と願望が、いまかなり多くの人の心にみちているのである。（『毎日新聞』2002 年 2 月 24 日朝刊）

　(38)は「にもかかわらず」と「それゆえにこそ」という逆の関係をもつ接続表現を対比させている珍しい例である。
　また、「無」の用例も多いとはいえないが存在する。

(39)　会議などですね、そういった記録として文字起きを自動化する、あるいは、こうデーターベース化することによって情報検索の手掛かりを与えるということがアプリケーションとして考えられます。
　　　　　　　　　　　　　　（『日本語話し言葉コーパス』A11M0469）
(40)　皇帝が脚本を改編させ、楽器を指定し、あるいはみずから作詞することはけっして珍しいことではなかった。現代政治と京劇との腐れ縁は由来が古い。　　　　　　（『毎日新聞』2002 年 2 月 10 日朝刊）

　しかし、これらは共通の構造・属性はないものの、話し手の中ではある話題に関連した事態として並列されている出来事である。よって、「あるいは」も「または」と同様、あるテーマについての異なる側面を述べる時に使われる**出現可能性**を元にした並列と考えたい。また、「あるいは」も「または」と同様に異なる主題の文を並列することができない。

(41)　*太郎は来るか、あるいは、次郎は来るかだろう。

　つまり、**「あるいは」は 1 つの主題について異なる側面・可能性を並列する**形式であるということができる。
　「あるいは」には 1 つの指示対象に当てはまると思われる表現を列挙する用法が存在する。

(42)　ハイライジングターミナルズとか、あるいは、アップトークってアメリカなんかでは言われるものがあります。

(『日本語話し言葉コーパス』A07F0688)

(42)は指されている現象は同一で、その呼び方が異なるという関係である。

「あるいは」もサ変動詞やナ形容詞の語幹など様々なレベルの要素に後接できる。これは **2.2.** で述べたように、「−網羅性」の形式の特徴である。

(43) これに関してはケンブリッジ大学とか他の大学も協力、<u>あるいは</u>、競争して進めているという状況にあります。
(『日本語話し言葉コーパス』A11M0469)
(44) しかしそのような相づちは敢えて使わずに突然女性的<u>あるいは</u>丁寧な相づちというものに変えってしまったのです。
(『日本語話し言葉コーパス』A06F0049)

3.3. 名詞句レベルの並列に使われる「あるいは」

すでに述べたように、「あるいは」は名詞句レベルの並列に使われるがことが多い。一見すると似たような意味の名詞句を並列することが多い。

(45) 加えて四十八の無意味英単語無意味語無意味単語を用意いたしまして、これは<u>一音節</u>あるいは<u>二音節</u>
(『日本語話し言葉コーパス』A01M0048)

しかし、反対の意味の名詞句を並列することもある。ただし、(46)には「方向」という共通の形式がみられる。

(46) これは周波数が<u>上昇方向</u>あるいは<u>下降方向</u>に直線的に変化する音で
(『日本語話し言葉コーパス』A12M0986)

純粋に反対の名詞句を並列する例はみられなかったが、Web上には見られる。

(47) 論文やレポートなどで、図や表がページの上あるいは下に配置されていて、それらに解説(キャプション)がつけられているのを見かけるでしょう．(http://www.clas.kitasato-u.ac.jp/~fujiwara/infoScienceB/TeX/floating/floating.html　2008年9月5日)

　また、以下の例は同じカテゴリーに属しているとも考えられないものである。

(48) ユニークな造型をする建築家はいくらでもいる。丸、三角、四角、あるいはガラス、コンクリート打ちっ放し。
(『毎日新聞』2002年2月13日朝刊)

　ただし、(48)は前は形状、後ろは素材について述べているが、この両者はユニークな造型というテーマからはすぐに浮かぶ内容であり、「形状」と「素材」自体は等価で同一のカテゴリーに入っていると考えられる。
　そう考えると、「あるいは」は「または」よりは同一のカテゴリーに属する名詞を並列する傾向が高いと考えられる。ただし、これはあくまでも「傾向」であり、「または」でみられた明らかに異なるカテゴリーを並列する以下のような例が「あるいは」にはみられなかったということである。

(49) 戦後の時代ですから外で飲むようなお店またはそういう習慣ていうのがまだ少なかったんだと思います。
(『日本語話し言葉コーパス』S11M1604)

3.4.　「または」と「あるいは」の違い
　最後に、「または」と「あるいは」の意味の違いについて考えてみたい。ここまでのデータからわかる違いは以下の3点である。

「または」と「あるいは」
　a.　「あるいは」の方が(特に話し言葉での)出現頻度が高い。

b. 「あるいは」の方が「同形式」など何らかの類似性のある事態を並列することが多い。
c. 「あるいは」の方が同じカテゴリーに属する名詞句を並列することが多い。

これらはいずれも傾向レベルの違いである。そこで、「または」と「あるいは」の違いについて触れている寺村秀夫 (1970) の記述を参考に、さらに詳細にデータを観察したい。

> 選択的に対立させるべく取り出した二項 (またはそれ以上) について、話し手がなお確信を持てない場合は「あるいは」、その可能性について疑いがない場合は「または」でつなぐ、といえそうである。
> （寺村秀夫 1970: 357）

この記述がわかりやすくなる例は形容詞を並列するような場合である。

(50) a. しかしそのような相づちは敢えて使わずに突然女性的あるいは丁寧な相づちというものに変えってしまったのです。
（『日本語話し言葉コーパス』A06F0049）
b. しかしそのような相づちは敢えて使わずに突然女性的または丁寧な相づちというものに変えってしまったのです。

ここで、(50a) の「あるいは」を (50b) のように「または」に変えると、「女性的」と「丁寧な」がまるで別個の、対立した概念として捉えられているような印象を受ける。「あるいは」の時は「女性的とも丁寧ともいえるような相づち」と解釈され、両者は分断しているというよりも連続的な性質として捉えられる。以下に類例を挙げる。

(51) a. 一方の音声を人工的、あるいは、機械的な音声を用いて聞き分け易さに影響を及ぼすかどうかについて検討をしていきたいと考えてお

　　　　ります。　　　　　　　　（『日本語話し言葉コーパス』A01M0110）
　　b. 一方の音声を人工的、または、機械的な音声を用いて聞き分け易さに影響を及ぼすかどうかについて検討をしていきたいと考えております
(52) a. 楽しかったり嬉しかったりしたことはいつまでも覚えているけれども、悲しかったりあるいはつらかったりした記憶っつうのは比較的早く忘れ去ってしまうと。
　　　　　　　　　　　　　　　（『日本語話し言葉コーパス』S02M1698）
　　b. 楽しかったり嬉しかったりしたことはいつまでも覚えているけれども、悲しかったりまたはつらかったりした記憶っつうのは比較的早く忘れ去ってしまうと。

　いずれも「あるいは」を用いた a の方が連続的、「または」を用いた b の方が対立的であると考えられる。
　解釈の違いがあり得ないような場合には、「または」が好まれるようである。

(53)　問い合わせはメール xxxx またはファクスで

　新聞には(53)のような文がしばしば現れる。このような文で「あるいは」が使われたのは 2 ヶ月でわずか 1 例で、後はすべて「または」であった。これは解釈にずれがあっては困るような文だからである。

(54)　セットにはコーヒーまたはデザートがつきます。

　(54)は飲食店のメニューなどでよく見かける表現で、これを「あるいは」に変えることは可能であるが、実際には「または」が使われることが多いと思われる。これも解釈にずれがあっては困るからである。
　また、以下の例は「または」に置き換えにくいと考えられる。

(55) a. 女性は、同年 6 月ごろチリに帰国したが、被告は同年 7 月 31 日に
チリで女性と結婚し、その後も公社から横領した金を送金し、あるいは、女性やその親族が来日した際に、公社から横領した金を米ドルに両替して持たせるなどしていた。

(『毎日新聞』2002 年 3 月 1 日朝刊)
　　　b. ?女性はその後も公社から横領した金を送金し、または、女性やその親族が来日した際に、公社から横領した金を米ドルに両替して持たせるなどしていた。

　これは、実際には前後の文は「金を送る」という同じことを指しており、その方法の違いを述べているにすぎないからである。また、親族に金を持たせるということは広い意味では「送金」とも解釈される。このように、前件と後件が極めて連続的であるため、対立を強調する「または」は使いにくいのである。以下のような例も同様と考えられる。

(56) a. 太郎は職場のパソコンでインターネット掲示板をよく利用していた。あるいは携帯電話からも閲覧していた。
　　　b. ?太郎は職場のパソコンでインターネット掲示板をよく利用していた。または携帯電話からも閲覧していた。

　まとめると、「または」は対立を強調し、「あるいは」は連続性を認める。このことは「あるいは」の方が「どちらか 1 つ」という意味を表す「選択性」が弱いというようにいうことができる。

4. 「もしくは」

4.1. コーパス調査の結果

　「もしくは」についても他の形式と同じようにコーパス調査を行った。その結果を「または」「あるいは」と比較する形で**表 27.5** に示す。

表 27.5　コーパスにおける「もしくは」の出現頻度

	もしくは	あるいは	または
CSJ における 10 万語あたりの出現頻度	**4.9**	**38.6**	**6.5**
CSJ における出現数／検索範囲	367／750 万語	193／50 万語	487／750 万語
講演／模擬講演の比率	59%／41%	79%／21%	56%／44%
新聞における 1 日あたりの出現頻度	**0.3**	**2.0**	**1.6**
新聞における出現数／検索範囲	101／364 日	120／60 日	146／90 日

　「もしくは」の出現数は「または」「あるいは」と比べると少なく、特に新聞では少ない。このように出現数の低い形式は何らかの類似性を必要とすると予測される。また、寺村秀夫 (1970) は「もしくは」などは名詞句の並列に圧倒的に多く用いられていると述べているが、今回の調査では全体の 72% が名詞句の並列に使われていた。これは「あるいは」の 60% より高く、「または」と同じである。残り 29% の節・文を並列する用法に意味タグを付与した結果が**表 27.6** である。これも「または」「あるいは」と比較する形で示す。

表 27.6　「もしくは」の用例に付与されたタグ

	同形式	同構造	同評価	理由	対比	例示	一般化	精緻化	付加	細分化	代替	無
もしくは	48%	17%	36%	2%	11%	0%	0%	0%	4%	0%	0%	5%
あるいは	50%	17%	29%	0%	11%	0%	0%	0%	2%	0%	0%	9%
または	38%	13%	24%	7%	10%	1%	0%	0%	0%	0%	0%	19%

　先ほど予測したとおり、同評価の割合が比較的高く、無の割合がかなり低い。

4.2.　節・文レベルの並列に使われる「もしくは」

　ここでは**表 27.6** を元に節・文レベルの並列に使われる「もしくは」についてみる。
　まず、並列される要素の意味関係では「もしくは」と「あるいは」は極め

てよく似ている。違いは「もしくは」の方が若干同評価の割合が高い程度である。

　まず、最も多いのが同形式、次に、同評価の例である。

(57)　千二百円が二百円と千円に分かれたもしくは千二百円が千円と二百円に分かれたというような形で示されます。
　　　　　　　　　　　　　　　　　（『日本語話し言葉コーパス』A04M0254)
(58)　例えば仕事でもってよく徹夜をします。もしくは、原稿を抱えて前あったんですが一か月ぐらい部屋から出ないことがあるんです。
　　　　　　　　　　　　　　　　　（『日本語話し言葉コーパス』S07M0824)

　また、「対比」の例も多いが、特徴として必ず共通の部分が存在する。

(59)　これは要は、独り立ちしていない子供がいるかともしくはもう独り立ちした子供がいるかという段階ですね。
　　　　　　　　　　　　　　　　　（『日本語話し言葉コーパス』A07M0374)
(60)　また非常に極端に高いもしくは低い項目正答率の項目では推定精度が低くなります。　　　　（『日本語話し言葉コーパス』A07M0684)

　(60)は共通の形式は存在しないが、直前の「非常に極端に」は「高い」と「低い」の両方を修飾しており、これを共通部分と考えることができる。また、新聞では「対比」の例は1例しか存在しなかった。
　ただし、「無」の用例もごくわずかではあるが存在する。

(61)　日本人やスペイン人の多くは基本周波数が下降するかもしくは持続時間の長い音節にアクセントがあると感じているらしいということ
　　　　　　　　　　　　　　　　　（『日本語話し言葉コーパス』A05F0864)
(62)　対応する要素が動詞であったり、もしくは、複数の語で表現されている場合は、複数の語を対応するようにはアルゴリズム上してませんので、例えば、この胴体後部これ胴体と後部って2つの語からなるもん

なんですが、この尾翼の尾と胴体後部が照合するっていう風なことはできません。　（『日本語話し言葉コーパス』A03M0875）

　よって、「もしくは」も出現可能性を元にした並列とも考えられるが、「無」の用法は新聞にはみられないため、例外的とも考えられる。よって、基本的には**共通の構造・属性**が集合の形成動機になっていると考えられるのである。
　「もしくは」も異なる主題をもつ文を並列させることはできない。

(63) ＊太郎は来るか、もしくは、次郎は来るかだろう。

　「もしくは」にも１つの指示対象に当てはまると思われる表現を列挙する用法が存在する。

(64)　周波数領域には、起きましてはこのフレッチャーの提案しております臨界帯域、もしくは、臨界比という概念があります。
　　　　　　　　　　　　（『日本語話し言葉コーパス』A01M0620）

　また、「もしくは」もサ変動詞やナ形容詞の語幹など様々なレベルの要素を並列することができる。

(65)　アフガニスタン中部ウルズガン州で１日未明（日本時間同午前）に起きた米軍機による爆撃事件で、ロイター通信は住民の証言として、少なくとも30人以上が死亡、もしくは120人以上が死傷したと伝えた。米軍当局は、詳細不明としながらも作戦行動で民間人に死傷者が出たことを認め、現地に調査団を送ると発表した。
　　　　　　　　　　　　（『毎日新聞』2002年7月2日夕刊）

(66)　ここでは敢えて男性的もしくはぞんざい、ぞんざいな言い方である「ひでえ」を使っています。（『日本語話し言葉コーパス』A06F0049）

また、これらの例は「もしくは」と「または」の違いを説明する。(65)を「または」に変えると若干ニュアンスが異なり、ロイター通信が伝えた内容が2通り考えられる解釈されると考えられる。これは「または」が並列された要素を対立するものと認識させる力があるためである。一方、「もしくは」を用いた場合は実際に起こった爆撃事件の結果として30人以上の死亡と120以上の死傷が並列されている。「もしくは」は特定の事態を前提にし、その事態の実現・表現の仕方を並列するという機能をもつ。(66)も「または」には置き換えにくい。これも2つの属性が対立しているのではなく、ある属性を「男性的」もしくは「ぞんざい」であると表現できるという意味だからである。「もしくは」は並列される要素を対立的ではなくむしろ連続的に捉える機能をもつといえる。これは「あるいは」と共通し、(65)(66)は「あるいは」に置き換えられる。

「もしくは」と他の形式との違いについてまとめると、「または」とは「無」の割合が異なり、要素を対立的に捉えるか連続的に捉えるかという違いも存在する。また、「あるいは」との違いはあまりみられないが、1つは出現頻度が大幅に異なる。また、「もしくは」の方が若干、共通の構造・属性に注目する割合が大きいと考えられる。

4.3. 名詞句レベルの並列に使われる「もしくは」

すでに述べたように、「もしくは」は名詞句レベルの並列に使われるがことが多い。**4.2.** で「もしくは」が共通の構造・属性をもつ要素を並列すると考えられると述べたが、名詞句においても共通の構造・属性をもつ名詞句を並列することが多い。

(67) 東京方言にイントネーション<u>もしくは</u>アクセントが酷似したよく似ている発話だけで構成する予定でございます。

(『日本語話し言葉コーパス』A05M0495)

しかし、数は少ないが、反対の意味の名詞句を並列することもある。

(68) 四つのパラメーターを使いまして、反発もしくは友好のクラス別に平均と共分散を算出しまして。

(『日本語話し言葉コーパス』A01M0324)

(68)は共通の構造・属性によって集合を作り上げる「や」は使いにくい。

また、(69)の例も「や」には置き換えにくい。これは前件と後件が部分・全体関係になっているからである。

(69) 次に、状態系列が、もしくは、その一部が非可観測の場合のパラメーター生成について説明します。

(『日本語話し言葉コーパス』A01M0352)

しかし、これらの例は「もしくは」が「それに」と同様「コトレベルで共通の構造・属性」を必要とすると考えれば、問題なくなる。コトレベルでは述語が共通であるため、名詞句がどのような内容であっても並列が可能である(ただし、実際には、名詞句レベルで共通の構造・属性をもつと考えられる例が多かった)。

このことを支持する例として(70)の二文の比較を挙げる。

(70) a. ユニークな造型をする建築家はいくらでもいる。丸、三角、四角、あるいはガラス、コンクリート打ちっ放し。(＝(48))

(『毎日新聞』2002年2月13日朝刊)

　　b. ?ユニークな造型をする建築家はいくらでもいる。丸、三角、四角、もしくはガラス、コンクリート打ちっ放し。

(70b)で「もしくは」がやや不自然なのは述語が存在しないからである。

5.「ないし」

　ここでは「ないし」について述べる。なお、「ないし(は)」もここに含める。コーパス調査の結果、CSJ750万語中114例(**10万語あたり1.5**)、新聞364日中64例(**1日あたり0.2**)みられた。どちらかといえば話し言葉的な表現といえるかもしれない。

　また、全体の90%が(71)のように名詞句の並列に使われていた。ただし、ごく少数ながら(72)のようにコトレベルの内容を並列する例もある。

(71)　それで漢字ないしは仮名で書き取らせましたけれども。
　　　　　　　　　　　　　　(『日本語話し言葉コーパス』A01M0408)
(72)　また、ここで選択したクラスターに対して更に関連キーワードを導出する為に再びROCグラフに戻る、ないしは、文献情報が目的の文献情報であった場合は、検索は終了となります。
　　　　　　　　　　　　　　(『日本語話し言葉コーパス』A04M0900)

　ただし、新聞にはサ変動詞の語幹を並列する以外にコトレベルの並列は見当たらなかった。よって、基本的には名詞句を並列するのに使われる形式であるといえる。

　次に、集合の形成動機に注目すると、共通の構造・属性をもつ要素を並列している。

(73)　ここの低頻度語、ないしは、低親密語つまり活性化効率の悪い単語に関しては意味が関与する、何て言うか余裕があった、あるという結論だった訳ですけれども。　(『日本語話し言葉コーパス』A01M0408)
(74)　融資はすべて民間金融機関にまかせ、政府は必要に応じて保証ないし利子補給をすればよい。　　(『毎日新聞』2002年1月18日)

　(73)は低いという属性が共通している。また、(74)はどちらも受ける側からすれば「よい」という価値をもつ。

また、1つの指示対象・概念に対して表示方法が複数ある時に、その候補を並列するという用法も存在する。

(75)　非常にこうかっちりしたですね、体系<u>ないし</u>はストラクチャーと言われるものは確立しているか。

（『日本語話し言葉コーパス』A05M0890）

「ないし」が共通の構造・属性に注目させていると考えられる根拠の1つは数量表現の並列が目立つことである。

(76)　女王バチは卵を生むことが一生の仕事でして、大体寿命は三年、<u>ないし</u>、多い長生きの方で、五年ぐらいまで。

（『日本語話し言葉コーパス』S09M0468）

(76)は寿命は三年か五年のどちらかという意味ではなく、間の四年なども含んだ表現である。つまり、「三年」と「五年」から共通の属性を抽出させ、「それぐらい」ということを表すのである。(75)や(76)も具体例そのもの（＝外延）が問題になっているというよりは、そこから導き出される属性（＝内包）が問題になっているといえる。ただし、低評価に偏る「や」と異なり、属性といってもあくまでもその数値の付近の範囲を示す。

6.　「それとも」

ここでは「それとも」について述べる。「それとも」は基本的に疑問表現を並列するのに使われる。コーパス調査の結果、CSJ750万語中114例（**10万語あたり1.5**）、新聞180日中104例（**1日あたり0.6**）みられた。

そのほとんどは「か」を伴う疑問表現の並列である[1]。

(77)　このようにクーボビーの音刺激では両耳間の位相関係が手掛かりになってメロディーが聞こえるのか<u>それとも</u>周波数変化が倍になること

によってメロディーが聞こえるのかが明らかではありません。
(『日本語話し言葉コーパス』A01F0819)

　「それとも」によって並列される疑問表現とは真であると考えられる事態が存在することはわかっているが、それがどのような事態なのかは確信がもてないという選択疑問文である。つまり、真と考えられる事態の実際のあり方の候補を並列する表現である。「コーヒーにする？　それとも紅茶にする？」は何かを飲むという事態を前提としてもち、その前提となっている「飲む」という事態の具体的なあり方として、「コーヒーを飲む」という具体例ないし「紅茶を飲む」という具体例を候補として提示し、質問しているのである。その候補は疑問表現をもつという共通の構造によってグループ化されている。この点で特定の指示対象の実際のあり方の候補を並列する「だか」と似た機能をもつ。以下に「それとも」の機能をまとめる。

「それとも」の機能
　「それとも」はある事態を前提としてもち、その事態の具体的な実現の仕方を候補として並列し、質問する機能をもつ。この時、「疑問表現」という共通の構造をもつ。

　なお、新聞には文末に「それとも」を使い、その後を省略する(78)のような用法がみられた。

(78)　勝負の女神はクワンに、4年間という月日を与えた。次に、彼女が手にするメダルは何色に輝くのか。それとも——。
(『毎日新聞』2002年1月14日朝刊)

　これは「または」「あるいは」にみられなかった。「それとも」はその後も必ず疑問表現であるというように共通の構造をもつことが決まっており、また、前件と同じ前提をもつため、後件に来る内容が補完しやすいのであろう。

7. 「選択型の接続詞」のまとめ

第 27 章で述べたことをまとめると、以下の A から F のようになる。

A 「または」「あるいは」「もしくは」「ないし」「それとも」は統語的には「−網羅性」であり、さらにどちらか 1 つのみが真であるという「選択性」とどちらが真かわからないという「不確定性」をもつ。
B 「または」は 1 つの主題について異なる可能性を並列する形式である。要素は対立的に捉えられる。
C 「あるいは」は 1 つの主題について異なるの可能性を並列する形式である。要素は連続的に捉えられ、「または」よりも類似性がある事態を並列することが多い。
D 「もしくは」はコトレベルにおける共通の構造・属性をもつ選択性を並列する形式である。要素は連続的に捉えられ、「あるいは」よりも類似性がある事態を並列することが多い。
E 「ないし」はモノレベル・コトレベルにおける共通の構造・属性をも要素を並列する形式である。数量の範囲を示すのにも使われる。
F 「それとも」はある事態を前提としてもち、その事態の実現の仕方を候補として並列し、質問する機能をもつ。この時、「疑問表現」という共通の構造をもつ。

注

1 ただし、全部で 3 例だけ疑問表現ではないものの並列がみられた。

第 28 章
並列を表す接続詞の体系

　第28章では、**第18章**から**第27章**までで扱った「それから」「そして」「また」「さらに」「しかも」「それに」「そのうえ」「φ」「一方」「次に」「なお」「または」「あるいは」「もしくは」「ないし」「それとも」の特性をまとめる。まず、**1.** でこれまでにみてきた形式の特性を集約する。**2.** ではそこからいくつかの一般化された規則を導き出す。**3.** では各形式の「網羅性」「類似性」についての傾斜を考える。**4.** では「網羅性」「類似性」の傾斜を元に並列助詞を体系化する。**5.** ではまとめを行う。

1.　並列を表す接続助詞の特性の集約

　まず、**第18章**から**第27章**までで扱った「それから」「そして」「また」「さらに」「しかも」「それに」「そのうえ」「φ」「一方」「次に」「なお」「または」「あるいは」「もしくは」「ないし」「それとも」の統語的、意味的特性を**表28.1**にまとめる。なお、選択型の接続詞を論じた**第27章**においては事態の提示方法についての議論を行っていなかったが、どちらか1つしか成り立たないという「選択性」をもつため、2つの事態を1つの事態にまとめるという機能はないものと判断し、「分離提示」であるとした。

表 28.1 並列を表す接続助詞の特性のまとめ

形式	統語的特性		意味的特性	
	網羅性	事態の提示方法	類似性／隣接性	集合の形成動機
それから	＋網羅性	分離提示	隣接性	発話の契機性
そして	＋網羅性	結合提示	隣接性	発話の継起性
また	＋網羅性	分離提示	類似性	出現可能性
さらに	＋網羅性	結合提示	類似性	出現可能性
しかも	＋網羅性	結合提示	類似性	カテゴリーの掘り下げ
それに	＋網羅性	分離提示	類似性	共通の構造・属性
そのうえ	＋網羅性	結合提示	類似性	共通の属性
ϕ	＋網羅性	分離提示	隣接性	発話の契機性
一方	＋網羅性	分離提示	類似性	出現可能性
次に	＋網羅性	分離提示	隣接性	発話の契機性
なお	＋網羅性	分離提示	類似性	出現可能性
または	－網羅性	分離提示	類似性	出現可能性
あるいは	－網羅性	分離提示	類似性	出現可能性
もしくは	－網羅性	分離提示	類似性	共通の構造・属性
ないし	－網羅性	分離提示	類似性	共通の構造・属性
もしくは	－網羅性	分離提示	類似性	共通の前提

　表 28.1 では多くの形式が「＋網羅性」の素性をもつ。そのため、各形式の違いは集合の形成動機の違いと事態の提示方法の違いによって決まるといえる。これは第 3 部で「ば」「し」「て」「連用形」が集合の形成動機と事態の提示方法で体系化されたのと同じである。

　そこで、集合の形成動機と事態の提示方法によって体系化することを試みる。しかし、接続助詞の時と異なり、接続詞の集合の形成動機は「発話の隣接性」「出現可能性」「カテゴリーに関する知識」「共通の構造・属性」「共通の指示対象」と多岐にわたる。そこで、**第 8 章**での議論を借りて、この 5 つに類似性の強さの段階を認定したい。類似性の強さは以下のようになっていると考えられる。

　よって、長期記憶へのアクセスの量を類似性の強さと考えた場合、**図 28.1** の下のものほど類似性が強いといえる。

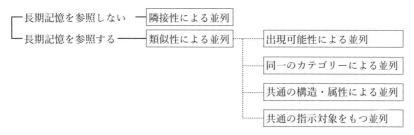

図 28.1　集合の形成動機の整理

図 28.1 の階層性と事態の提示方法を用いて「＋網羅性」である並列を表す接続詞について体系化を行うと表 28.2 が得られる。

表 28.2　「＋網羅性」である並列を表す接続詞の体系

	隣接性	出現可能性	カテゴリーに関する知識	共通の構造・属性
分離提示	φ(**951.7**) それから(**82.0**) 次に(**15.4**)	一方(**82.2**) また(**63.4**) なお(**2.6**)		それに(**2.5**)
結合提示	そして(**39.2**)	さらに(**18.2**)	しかも(**8.6**)	そのうえ(**0.3**)

接続詞において興味深いのはこの体系が CSJ における出現頻度を反映しているということである。つまり、表を左右で比べた場合、必ず右の方が数字が小さくなっている。また、表を上下で比べた場合、必ず下の方が数字が小さくなっている。これは右に行くほど長期記憶へのアクセス量が増えるため、それだけ使う機会が少なくなるということを示していると考えられる。また、2 つの事態を 1 つの事態として提示する「結合提示」は「分離提示」に比べると有標の提示方法であるといえよう。「分離提示・隣接性」には「φ」「それから」「次に」の 3 形式があるが、このうち「それから」は談話がまだ続くということを示す機能があり、「次に」は「次に～と発話する」という意味をもつため、意味機能において区別される。同様に、「分離提示・出現可能性」には「一方」「また」「なお」があるが、「一方」は対比の意味をもち、異なる主体にしか使えず、「また」は主体に関する制約はなく、並

列の意味を表す。また、「なお」は異なる主体にしか使えず、後件の重要度（談話の目的を達成するための貢献度）が低いことを表す。このように、意味機能において区別される。そのため、**表28.2**のように体系化することで、日本語の並列を表す接続詞の使い分けを説明できる。

なお、「－網羅性」の形式についても集合の形成動機とCSJでの出現頻度の関係を表にすると、**表28.3**のようになる。

表28.3 「－網羅性」である並列を表す接続詞

出現可能性	共通の構造・属性	共通の前提
または(6.5)	もしくは(4.9)	それとも(1.5)
あるいは(38.6)	ないし(1.5)	

表28.3も概ね右に行くほど、すなわち類似性が高くなるほど出現数が低くなるという関係になっている。また、これらの形式はすべて「分離提示」であるとしたが、だいたい「＋網羅性」で「分離提示」の形式と同等の出現数となっていることがわかる。

2. 傾斜

ここでは、並列形式の特性を決定する統語的な「集合内の要素と他の要素の関係」と意味的な「集合の形勢動機」をそれぞれ「類似性の傾斜」「網羅性の傾斜」という形で表す。

まず、類似性の傾斜については1.で示した図28.1に従う。これを形式に当てはまると以下のようになる。

（1）**類似性の強さの傾斜**
　　強「それとも」＞＞「そのうえ」＞「それに」「もしくは」＞＞「しかも」＞＞「一方」「また」「なお」「さらに」「または」「あるいは」＞＞「それから」「次に」「そして」＞「φ」**弱**

「そのうえ」はほとんどが「共通の評価的意味」か「理由」といった主観的な類似性によって結びついているため、「それに」よりも類似性が強いとした。また、「φ」は逆に類似性が強い時には同主体の事態には使えないという制約があることから必要とする類似性は弱いとした。

これはそれぞれの形式があらかじめ集合がどのような動機によって結びついていれば使用できるかという条件の強さを示したものである。

次に、「網羅性」については以下の強さの傾斜 (cline) が考えられる。これも第3部での議論と同じである。

（２）　**網羅性の強さの傾斜**
　　強　「＋網羅性」「結合提示」
　　↕　　「＋網羅性」「分離提示」
　　　　　「－網羅性」
　　弱　「－網羅性」「選択性」

次に、「結合提示」についてもう少し詳しくみていきたい。まず、「結合提示」の形式も、以下のようなテスト文で「または」の解釈が全くできないものとかろうじて可能なものに分けられる。

（３）a.　台風が来た時、そして、電車が止まった時は休講です。
　　　b.　台風が来た時、さらに、電車が止まった時休講です。
　　　c.　台風が来た時、しかも、電車が止まった時は休講です。
　　　d.　台風が来た時、そのうえ、電車が止まった時は休講です。

(3a) の「そして」と (3b) の「さらに」はその前に長くポーズをとることで、「または」の解釈も可能であると考えられる。一方、(3c) の「しかも」と (3d) の「そのうえ」は「かつ」の解釈しかあり得ない。そこで、2つの事態を結びつける力は「しかも」「そのうえ」の方が強いと認定する。

また、「分離提示」の形式についてもより詳しい観察が可能である。まず、同じ主体の事態を並列できないという特徴をもつ「一方」「次に」「なお」は

特に2つの事態を結びつける力が弱いといえるだろう。

（4）a. ＊この店は安い。<u>一方</u>、おいしい。
　　　b. ?この店は安い。<u>次に</u>、おいしい。
　　　c. ??この店は安い。<u>なお</u>、おいしい。

　また、残る形式も以下のようなテスト文で「かつ」の解釈が全くできないものとかろうじて可能なものに分けられる。

（5）a.　台風が来たら、<u>それから</u>、電車が止まったら休講です。
　　　b.　台風が来たら、<u>φ</u>電車が止まったら休講です。
　　　c.　台風が来たら、<u>また</u>、電車が止まったら休講です。
　　　d.　台風が来たら、<u>それに</u>、電車が止まったら休講です。

　この中で(5b)の「φ」と(5d)の「それに」は「かつ」の解釈もできるが、(5a)の「それから」と(5c)の「また」は「かつ」の解釈はできない。以上のことから「網羅性」の傾斜を(6)のように認定する。

（6）　**網羅性の強さの傾斜**
　　　強「そのうえ」「しかも」＞「そして」「さらに」＞＞「φ」「それに」＞「また」「それから」＞＞「次に」＞「なお」＞「一方」＞＞「または」「あるいは」「もしくは」「ないし」「それとも」**弱**

　(6)では左に行くほど事態を1つにまとめあげる力が強いといえる。

3. 並列を表す接続詞の体系のまとめ

　本章のまとめとして、**2.** で得た網羅性と類似性の傾斜を利用して、並列助詞の特性をマッピングする。
　横軸の網羅性は並列マーカー事態の統語的特性であり、並列マーカーが

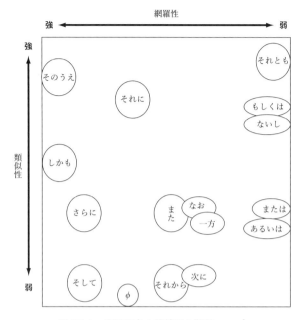

図 28.4　並列を表す接続詞の特性マップ

どれほど強力に要素を結びつけ、セットにするかということである。いわば「結びつける力」である。一方、縦軸の類似性は並列される要素自体がもともともっているものであり、どのような動機で結びつくかということである。いわば「結びつく力」である。

すると**図 28.4** は「結びつける力」と「結びつく力」の強弱によるマッピングと読み解くことができる。

そして、接続詞の特性のマップである**図 28.4** が第 2 部で扱った並列助詞や第 3 部で扱った接続助詞の特性のマップと決定的に違う点は並列助詞や接続助詞では「**類似性（結びつく力）が強く網羅性（結びつける力）が弱い**」形式か「**類似性（結びつく力）が弱く網羅性（結びつける力）が強い**」形式、すなわち図の右上と左下に形式が集中していたのに対して、接続詞では図の右下にあたる「**類似性（結びつく力）・網羅性（結びつける力）ともに弱い**」形式が多く、実際の出現頻度でもそのような形式がよく使われるということである。ただし、ここで網羅性が弱いといっても実際には「＋網羅性」である。「**隣**

接性」「−網羅性」の形式は並列助詞・接続助詞の時と同様に存在しない。

　これはある種の相補分布といえる。常識的には結びつく力も結びつける力も弱いのであれば、そのものを集合化する意義は薄い。しかし、それはモノを並列する時やコトを並列する時の話である。発話と発話は常に隣接しており、一貫性という力が働くことにより、聞き手は常に発話と発話がどう関連している計算する必要がある。つまり、文を組み立ている時には話し手の方で、要素と要素の関係を明示的に示さないといけないが、一度文として生み出された後は、聞き手が文と文の関係を考える、少なくとも聞き手の負担が増えるといえる。そのため、話し手は「それから」「また」といった二文の関係を緩やかに規定する形式を頻繁に使うのである。

　つまり、意味解釈を厳密に規定するのが並列助詞と接続助詞で、聞き手にある程度委ねるのが接続詞といえる。このことを示す文法現象はいくつかある。

　例えば、「共通の属性・構造」を元にした並列である「や」「し」「それに」のうち、「や」と「し」は聞き手が共通の構造・属性を発見できるような状態でないと使えないという制約があった。一方、「それに」はそのような制約はない。これはすなわち、「や」と「し」は聞き手の知識に配慮し、聞き手が少ない労力で共通点を発見できる時にのみ使えるのに対し、「それに」は聞き手の知識を無視して使用できるということであり、その分聞き手の負担は増える可能性がある。

　また、他に要素があるかないかという排他的推意の有無も、並列助詞、接続助詞では個々の形式に固有の特性として記述できたが、接続詞の場合、基本的に「他にある」「他にない」という情報は含んでいない。その分、聞き手が考えるべき内容は増える。

　まとめると、接続詞の情報量は並列助詞・接続助詞と比べると少なく、あいまいな意味を伝達するといえる[1]。

4. 結論

　数多い日本語の並列を表す接続詞も要素を結びつける力である「網羅性」

と要素自体の「類似性」という2つの基準で体系化することができることがわかった。結論を述べると、日本語の並列を表す接続詞は単に2つの要素の等位的関係を表しているのではなく、要素をどれだけ集合として結びつけるか、ということと要素にどれだけ類似性がみられるか、ということを表しており、そのために多様な表現が可能なのである。並列を表す接続詞詞は要素と要素の論理関係のマーカーであるとともに、「隣接性」あるいは「類似性」のマーカーでもあるのである。

ただし、並列を表す接続詞の場合、並列助詞や接続助詞と異なり、「類似性」も「網羅性」もそれほど強くない形式が種類も多く、また使用も多いという傾向がみられた。つまり、接続詞の情報量は並列助詞・接続助詞と比べると少なく、あいまいな意味を伝達するのである。このことが、従来の接続詞の研究が単なるラベル付けや個別的な形式の記述に留まり、統一的な視点からの体系的記述が欠けていた遠因ともいえる。

しかし、本研究ではコーパスの用例へのタグ付けを通して、個別の形式の傾向レベルでの特性や全体的な傾向を記述することに成功した。そして、集合化という（認知的）行為に必要な、「結びつく力」である類似性と「結びつける力」である網羅性（ないし事態の提示方法）という2つの特性に注目することによって、並列助詞・接続助詞と同様の枠組みで多様な形式を体系化することができた。

注
1 ここでの情報量は事態の生起確率の対数である情報理論上の情報量と同義である。

第5部
本研究の理論的総括

第 29 章
日本語並列表現の体系

　第 29 章では本研究のまとめを行う。まず、**1.** で並列助詞、接続助詞、接続詞のそれぞれのカテゴリーにおいて全体的な特徴と、各形式固有の特性を簡単にまとめる。続いて、**2.** で特性をもとに形式を分類し、その特性ついて重要な点を確認し、並列表現の体系化を行う。**3.** では今後の課題について述べる。

1. 品詞別にみる各形式の特性のまとめ

　ここでは並列助詞、接続助詞、接続詞のそれぞれのカテゴリーにおいて全体的な特徴と各形式固有の特性を簡単にまとめる。**1.1.** で並列助詞について、**1.2.** で接続助詞について、**1.3.** で接続詞についてまとめる。

1.1. 並列助詞のまとめ

　並列助詞は名詞句と名詞句の関係を表すと同時に、その名詞句と述語や他の文中の要素との関係も表す。並列された名詞句と名詞句の関係とはすなわち集合の形成動機であるが、並列助詞においては「と」を除くすべての形式が何らかの形で長期記憶を参照する。そのため、分類には文中の他の要素との関係である「網羅性」と「排他的推意」を使用するのが有効である。特に「と」「や類」「、」「も」が「網羅性」と「排他的推意」の 2 つの性質で**表 29.1** のように十字分類されることがわかった。これは従来の「一部列挙」「全部列挙」という区分だけでは多様な形式の性質の違いを十分に捉えきれないということである。

表 29.1　網羅性と排他的推意による並列助詞の分類

	排他的推意あり	排他的推意なし
＋網羅性 （すべての要素と結びつく）	「と」 （隣接性に基づく並列）	「も」 （出現可能性に基づく並列）
－網羅性 （すべての要素とは結びつかない）	「、」「か」 （同一カテゴリーに基づく並列）	「や」類 （共通の構造・属性に基づく並列）

　これは名詞句と述語の結びつきにおいて、他に要素はあるのかないのか（＝排他的推意）ということと常に並列されるすべての要素が他の要素と結びつくのか（＝網羅性）ということが大きな関心事であることを表しているといえる。

　隣接性に基づいた形式が「と」1つしかないのは、並列助詞に関してはすべて共通の述語という共通点が存在することが保証されているからであろう。そのため、他の形式を使う時はそれ以上の共通点が存在するというメッセージを伝える時に限られる。そのためには、単に話し手が「共通点がある」とか「出現可能性がある」と考えるだけではなく、聞き手の知識に配慮し、聞き手が「確かに共通性がある」「確かに出現してもおかしくない」と思える程度の類似性が必要なのであろう。単に話し手が共通点があるということを伝えるだけならば、「と」と共通の述語によってその目的は達成されるからである。

　これが並列助詞の形式の多くが類似性をもち、さらにその類似性を聞き手が発見できるような時にしか使えないということの理由であると考えられる。

　続いて、各形式の個別的な特徴についてまとめると、**表 29.2** のようになる。

表 29.2　並列助詞の特徴のまとめ

と	要素に類似性が全くない時にでも使用できる基本的な形式。類似性がない時に使用できるのはこの形式のみ。
や	要素が共通の構造・属性をもつ場合に使用できる。要素の属性に注目させる。他に要素がある、という含みをもたせる時に使用される。
、	同一のカテゴリーに含まれる要素を列挙する時に使用される。他にはない、という推意をうむ。
も	要素の出現が聞き手にも予測できるような時に使用できる。特に、話題に一度出た要素には優先的に使用される。
とか	要素が共通の構造・属性をもつ場合に使用できる。「や」よりも要素の具体例に注目させる機能があり、聞き手が認識していない例を挙げる。
やら	要素が不確定であることを示す。
だの	要素がいずれも望ましくない、または心理的に距離があることを示す。
なり	聞き手に選択肢を提示する。ただし、選択性はもたない。
に	要素が共通の構造・属性をもつ場合に使用できるが、他の形式と異なり、「＋網羅性」「排他的推意あり」である。使用頻度は少ない。
か	どちらか1つが述語と結びつくが、どちらか分からない時に使用される。
だか	特定の指示対象について話し手の記憶がはっきりしない時に、その候補を並列する。

1.2. 接続助詞のまとめ

　接続助詞の特徴はまず「＋網羅性」の形式は「〜Xする」という形式をとりえないが、「−網羅性」の形式は「〜Xする」という形式をとるというように、統語的特性の違いが形式に現れることである。これは「−網羅性」の形式が基本的に名詞句としての文法的特性をもつことに起因し、「−網羅性」という素性も名詞句にのみ許されるからであると考えられる。

　また、事態と事態の並列であるため、2つの事態を1つの事態としてまとめる「結合提示」か、2つの事態として提示する「分離提示」かといった事態の提示方法の区別が生まれてくるのも、接続助詞の特徴である。特に、「＋網羅性」の4形式は「集合の形成動機」と「事態の提示方法」によって**表29.3**のように十字分類できる。（　）内はCSJにおける10万語あたりの出現頻度である。

表 29.3　集合の形成動機と事態の提示方法による「＋網羅性」の接続助詞の分類

	隣接性による集合 （長期記憶を参照しない）	類似性による集合 （長期記憶を参照する）
分離提示 （モダリティレベル）	「連用形」(117.4)	「し」(45.8)
結合提示 （命題レベル）	「て」(515.7)	「ば」(1.7)

　隣接性による集合が類似性による集合よりも出現頻度が高くなっているが、事態の提示方法については一致していない。
　続いて、各形式の個別的な特性についてまとめると、**表 29.4** のようになる。

表 29.4　並列を表す接続助詞の特性のまとめ

連用形	要素に類似性が全くない時にでも使用できる、基本的な形式。 類似性がない異なる場面の事態を並列できるのはこの形式のみ。
て	類似性は必要としないが、2つの事態を結合する機能があるため、異なる場面の事態には使用しにくい。また、形式的な類似性が高いと使用しにくい。
し	共通の評価的意味をもつ事態の並列によく使用される。 類似性がない時には使用できない。
ば	共通の構造をもつ事態に多く使用される。また、存在表現に使われ、典型的には「PもあればQもある」の形で対比を表す。
たり	あるテーマについて異なる側面を並列する時に使用される。 「−網羅性」である。
とか	要素が共通の構造・属性をもつ場合に使用できる。「−網羅性」である。
やら	要素が不確定であることを示す。
だの	要素がいずれも望ましくない、または心理的に距離があることを示す。
なり	聞き手に選択肢を提示する。ただし、どれか1つだけを選ばないといけないということではない。
か	要素のどちらか1つは成り立つが、どちらかわからない時に使われる。
だか	特定の指示対象について話し手の記憶がはっきりしない時に、その候補を並列する。
わ	挿入句として用いられ、共通の構造・属性をもつ事態をまとめて、1つの評価を下す時によく使われる。

1.3. 接続詞のまとめ

接続詞の特徴としては多くの形式が「＋網羅性」であるということである。これは「－網羅性」が非現実的であり、完全な文を発話した後に、接続詞を後から付け加えることで「実はさっきの文は非現実の内容でした」ということはできないためであると考えられる。

「－網羅性」が非現実的であるというのは以下のようなことである。例えば「毎日ビールやワインを飲む」というのは非網羅的な解釈の文である。この時、ビールとワインを同時に飲むという行為を観察することはできない。ビールとワインは現実には同じ場にはないのであり、あくまでも話し手の頭の中でまとめ上げた事態の中でのみ共存する。この点で非現実的である。一方、「毎日ビールとワインを飲む」という網羅的な文においてはビールとワインを同じに場にあるものとして観察でき、現実的である。

多くの形式が「＋網羅性」であるため、接続詞の分類には接続助詞と同様に「集合の形成動機」と「事態の提示方法」による分類が有効で、**表 29.5** のようにまとめられる。（　）内は CSJ における 10 万語あたりの出現頻度である。

表 29.5　集合の形成動機と事態の提示方法による「＋網羅性」の接続詞の体系

	隣接性	出現可能性	カテゴリーに関する知識	共通の構造・属性
分離提示	φ (**951.7**) それから (**82.0**) 次に (**15.4**)	一方 (**82.2**) また (**63.4**) なお (**2.6**)		それに (**2.5**)
結合提示	そして (**39.2**)	さらに (**18.2**)	しかも (**8.6**)	そのうえ (**0.3**)

表の上下では上の方が使用頻度が高く、左右では左の方が使用頻度が高い。また、接続助詞が単にどのような動機によって事態が結びついているかだけを示していたのに対して、接続詞では「P だけでも X なのに Q があるのでなおさら X」というニュアンスをもつ「そのうえ」や「掘り下げ」のプロセスにより Q の情報量が多いことを示す「しかも」など、何らかの付加的な意味をもつものが多い。個別の特性をまとめると**表 29.6** のようになる。

表 29.6 並列を表す接続詞の特性のまとめ

それから	話の区切りの後に、「話す内容がまだある」ということを伝達する。内容に関する制限はなく、異なる文タイプを並列できる。
そして	Pの後にQを加えて言う。PとQは関連性をもつ1つの事態になる。
また	Pと同じ話題に属するQを言う。動的事態の場合継起性なし。
さらに	同じ話題の元で「Pだけでなく、Qもある」という意味を伝達する。動的事態の場合継起性あり。
しかも	Pに当てはまるものを、さらにQで限定するという「掘り下げ」のプロセスによる並列。結果的に情報量が増大するというニュアンスが生まれる。
それに	共通の構造・属性をもつ事態を並列する。
そのうえ	共通の評価的意味をもつ事態の並列に使われる。評価的意味をXとした時、「PだけでもXなのに、QがあるのでなおさらX」というニュアンスになる。
φ	幅広く使われるが、同主体で類似性が明らかな時には使われない。
一方	対比に使われる。同主体の並列には使われない。
次に	「Pと発話した後に、Qと発話する」という意味。結果的に発話内容が並列的に解釈されることがある。同主体の並列には使われない。
なお	ある話題について、重要度の低い情報を付け加える時に使われる。同主体の並列には使われない。
または	PとQのどちらかが成立するが、どちらかわからない時に使われる。ある話題に関する選択肢を並列し、両者は分断的に捉えられる。
あるいは	PとQのどちらかが成立するが、どちらかわからない時に使われる。ある話題に関する選択肢を並列し、両者は連続的に捉えられる。
もしくは	PとQのどちらかが成立するが、どちらかわからない時に使われる。共通の構造・属性をもつ選択肢であることが多い。
ないし	PとQのどちらかが成立するが、どちらかわからない時に使われる。共通の構造・属性をもつ選択肢であることが多い。数量の範囲を表す時にも使われる。
それとも	疑問文どうしを並列する。

　1. では、品詞ごとにいわばミクロ的な視点で特性をまとめた。次の **2.** では品詞のレベルを超えて、日本語の並列表現の全体像がどのようになっているのかをマクロ的な視点でまとめる。

2. 日本語並列節の体系

2.1. 集合の形成動機による分類

ここでは、品詞のカテゴリーのレベルを超えて形式を特性ごとに分類し、日本語並列表現の体系がどうなっているのかを考える。

本研究では並列表現を分析する上で「集合の形成動機」と「集合内の要素と他の要素の関係」を考えた。このうち、まずは集合の形成動機についてみる。集合の形成動機は長期記憶を参照するか否かによって大きく、隣接性と類似性に分けられる。これはつまり、並列される要素に「ただ、そこに 2 つがある」ということだけを認めるのか、それ以上の何かの意味を求めるかという違いである。日本語の並列表現においてはこの 2 つは**表 29.7** のように厳然と区別される。

表 29.7　隣接性に基づく形式と類似性に基づく形式

隣接性に基づく形式	類似性に基づく形式
と	や・も・、・とか・やら・だの・なり・か・だか・に
連用形・て	し・ば・たり・とか・やら・だの・なり・か・だか・わ
φ・それから・次に・そして	また・一方・なお・さらに・しかも・それに・そのうえ・または・あるいは・もしくは・ないし・それとも

隣接性に基づくものは長期記憶を参照しないものである。一方、長期記憶を参照するものはその方法に色々なやり方がある。それを細かく分類すると**表 29.8** のような対応関係が生まれる。

表 29.8 並列表現と集合の形成動機

隣接性	類似性			
	出現可能性	カテゴリーに関する知識	共通の構造・属性	共通の指示対象
と	も	、・なり・か	に・や とか・やら・だの	だか
連用形 て	たり	なり・か	ば・し とか・やら・だの	だか
φ それから 次に そして	また・一方 なお さらに または あるいは	しかも	それに そのうえ もしくは ないし	それとも

　この対応関係は厳密なものではない。例えば、「も」は聞き手が出現を予測できる必要があるが、「たり」などには聞き手に関する制約は存在しない。しかし、大ざっぱにいって、人間がものごとを「複数」として捉え、まとめあげる時に、**表 29.8** にあげた 4 種＋隣接性の 5 つのやり方があり、各形式が対応している。

　それぞれの列の対応関係は直感的には理解しにくいかもしれないが、**表 29.8** はそれぞれ各形式の使用条件を表していると考えることができる。つまり、一番右の「共通の指示対象」の列は「共通の指示対象がないと使いにくい形式」である。「共通の構造・属性」の列は「共通の構造・属性がないと使いにくい形式」である。「カテゴリーに関する知識」とは「並列される要素のカテゴリーに関して一定の制限がある形式」である。「出現可能性」とは、「あらかじめ出現可能性をもっていないと使用できない形式」である。これに対して一番左の隣接性の列にある形式は、使用制限をもたない。

　集合の形成動機によって並列表現を分類することの意味は、日本語の並列助詞には意味的な使用制限があるものとないものがあり、その使用制限についてもとても強いものから弱いものまで様々にあるということである。もちろん、その形式が使えるかどうかは論理的な網羅性や、他の要素の存在なども絡んでくるが、「私は研究とビールが大好きです」と「?? 私は研究とかビールが大好きです」における許容度の違いは、他の要素の有無などに関係な

く、純粋に「勉強」と「ビール」の意味論的関係であり、そもそもこの2つがどれだけ「類似性」を有しているという点にかかっている。

表 29.8 は使用数とも関係があり、実際には意味的な使用制限をもたない隣接性に基づく形式が圧倒的に使用頻度が多い。逆に、意味的に使用制限がある右側の形式は使用頻度は少なくなる。

2.2. 網羅性による分類

次に、「集合内の要素と他の要素の関係」について考える。まず、統語的特性である「網羅性」の有無によって各形式を整理する。本研究における網羅性とは以下のようなものであった。

網羅性の定義

a. どのような場合でも並列されたすべての要素がセットとして扱われ、述語ならびに他の要素すべてと結びつくという性質を「網羅性」と名付ける。

b. 網羅性がある場合には「＋網羅性」、網羅性がない場合には「－網羅性」と表示する。

これを元に形式を分類すると**表 29.9** のようになる。

表 29.9　並列表現と網羅性

＋網羅性	－網羅性
と・も・に	や・、・とか・やら・だの・なり・か・だか
ば・し・て・連用形・わ	たり・とか・やら・だの・なり・か・だか
φ・それから・次に・そして・また・一方・なお・さらに・しかも・それに・そのうえ	または・あるいは・もしくは・ないし・それとも

この対応関係は集合の形成動機によるものよりは直感的であるが、明らかに偏りがみられる。名詞句では、8形式が「－網羅性」であるのに対して、

接続詞で 11 形式が「＋網羅性」である。これは、「－網羅性」が非現実性と結びついているからである。

例えば、「毎日ビールやワインを飲む」というのは非網羅的な解釈の文である。この時、ビールとワインを同時に飲むという行為を観察することはできない。ビールとワインは現実には同じ場にはないのであり、あくまでも話し手の頭の中でまとめ上げた事態の中でのみ共存する。この点で非現実的である。一方、「毎日ビールとワインを飲む」という網羅的な文においてはビールとワインを同じに場にあるものとして観察でき、現実的である。

非現実的であるという点で「－網羅性」は特別な意味である。そしてこの意味は名詞句にのみ許されるといえる。本研究では以下の制約が発見された。

名詞句内非網羅性制約
同一名詞句内では網羅性はキャンセルされる。
主題部網羅性制約
並列された要素が主題化された時は、他の要素と網羅的に結びつく。
文の要素の位置と網羅性の関係

文よりも小さな単位	文内の単位	文よりも大きな単位
非網羅的 ←		→ 網羅的

網羅性とは文内の位置に依存する極めて統語的な性質であるといえる。

コトレベルで「－網羅性」を表す「〜たり」や「〜とか」は事態を名詞化する機能がある。一方、完全な文どうしを接続する接続詞では「－網羅性」の形式はすべて選択を表す形になっており、これ以外で「－網羅性」が現れることはない。まとめると、次のようになる。

網羅性に関する一般化
日本語の並列表現は、モノレベルでは「－網羅性」が基本である。コトレベルでは「＋網羅性」が基本である。

2.3. 事態の提示方法による分類

次に、コトレベルの並列のみであるが、本研究では2つの事態を1つの事態として結合するか否かという「事態の提示方法」による分類を試みた。定義は以下のようであった。

事態の提示方法の定義

a. 「結合提示」とは2つの事態を結合して、1つの事態として提示する方式である。この時、結合できるのは同一場面に存在する事態どうしだけである。
b. 「分離提示」とは2つの事態を結合せず、2つの事態としてそのまま提示する方式である。同一場面に存在しない事態であっても並列できる。

これに基づいて、形式を分類すると**表 29.10** のようになる。

表 29.10 並列表現と事態の提示方法

結合提示	分離提示
ば・て・わ たり・とか・やら・だの・なり	連用形・し
そして・さらに しかも・そのうえ	ϕ・それから・次に・ また・一方・なお・それに または・あるいは・もしくは ないし・それとも

接続助詞では「結合提示」が多く、接続詞では「分離提示」が多い。これは**第 28 章**でも述べたように、接続詞の方がより緩やかに2つの事態を接続する傾向があるためであろう。また、「て」と「そして」はともに結合提示であり、「連用形」と「ϕ」はともに分離提示である。

2.4. 排他的推意の有無による分類

最後に、語用的特性である「排他的推意」の有無によって区分を行いた

い。排他的推意とは文中に現れた要素以外に述語と結びつく要素は存在しないという推意のことであった。

これに基づいて分類すると**表 29.11** のようになる。ただし、接続詞については推意を発生させないため、分類の対象としない。

表 29.11　並列表現と排他的推意

排他的推意あり	排他的推意なし
と・、・に・か	や・も・とか・やら・だの・なり・だか
ば・て・連用形・か	し・たり・とか・やら・だの・なり・だか・わ

この分類は他に要素があるかないかという区別であり、従来の全部列挙・一部列挙という考え方を徹底して推し進めても、同様の結果が得られると予測される。しかし、これは語用的な推意であるため、区別には使えても、必ずしも「や」を使うと他に要素があるかというと、そうではないという難点がある。また、接続詞にはこの考えは応用できず、接続詞までを眼中に入れた体系化には不向きである。

2.5. 体系化

最後に、各部の最後で示してきた二次元の意味マップを合成する形で、並列表現の体系を示し、一瞥で把握できるようにしたい。この図では「類似性」と「網羅性」の２つが軸になっている。縦軸の「類似性」は集合の形成動機であり、長期記憶へのアクセス量によって強弱を決定している。横軸は「網羅性」であり、「＋網羅性」どうしの中では、「結合提示」「分離提示」で強弱を決定している。以下、**図 29.2** に日本語の並列表現の体系を示す。

図 29.2 をみるとどの形式とどの形式の特性が似ているかがわかる。例えば、「と」「て」「そして」は比較的近い位置にあるため、特性が似ているといえる。また、同じゼロ形式でも「連用形」と「φ」の特性は似ているが、「、」はかなり離れた位置にあり、特性が異なることがわかる。

ただし、**図 29.2** における軸、特に横軸は各階層において相対的なものである。一番下の並列助詞レベルの横軸は網羅性であり、統語的特性によって

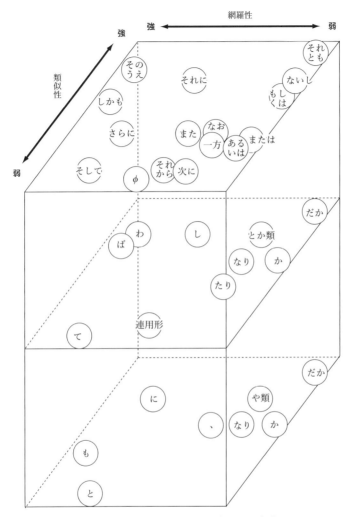

図 29.2　日本語並列表現の体系（相対モデル）

強さが決まるが、一番上の接続詞レベルの横軸では事態の提示方法も加味して強さが決まっている。これらを「結びつける力」と捉え、各階層において相対的に強弱に分布させたものを並べたものが**図 29.2**である。

　これに対して、同じ特性をもつものが縦横に対応するように絶対的な基準でモデル化すると**図 29.3**のようになる。

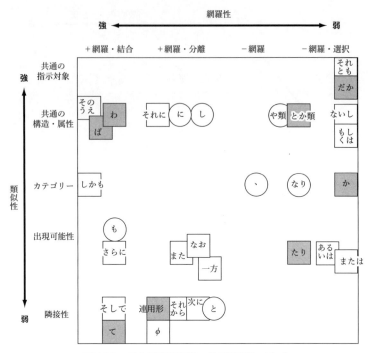

図 29.3　日本語並列表現の体系（絶対モデル）

図 29.3 では各形式の関係がよりわかりやすくなっている。このモデルではやはり、図の右下部分、「結びつける力」も「結びつく力」も弱いものが空白になっていることがわかる。

この事実は、**第 1 章**で立てた以下の作業仮説が妥当であったことを示していると考える。

グループ化に関する作業仮説
人間がものごとをグループ化する時の方法には隣接性によるものと類似性によるものの 2 種類しかない。類似性によるものとは長期記憶にアクセスするものである。隣接性によるものとは、要素が同じ「場」にあると観察できるものである。長期記憶にアクセスしない場合は、必ず隣接性によるグループ化となる。

類似性がなければ図 29.3 では下にプロットされる。また隣接性がなければ、要素は必ずしも同じ場でセットになるわけではないため、「−網羅性」となり、図 29.3 では右にプロットされる。そこが空白であるということは類似性でも隣接性でもない方法でグループ化する形式は日本語には存在しないということである。実際に、「**−網羅性**」「**隣接性（＝「−類似性」）**」**という素性をもつ形式は存在しなかった。**

また、「そして」と「て」、「それに」と「に」など、語根に同じ形式をもつものがほぼ同じ位置にプロットされる点も興味深い。「そして」と「て」については従来の研究にも指摘があったが、「それに」と「に」の共通性に注目した研究は皆無といってよいだろう。しかし、どちらも共通の構造・属性がある時によく使われ、網羅的な特性をもつという点では共通している。

a. この学科の学生達は英語にフランス語が話せる。
b. この学科の学生達は英語が話せる。それにフランス語も話せる。

3. 今後の課題

最後に、今後の課題について述べる。

まず、並列研究におけるより妥当性・実証性のある研究方法の追求である。本研究はモノレベルでは調査紙を用いた調査、コトレベルではコーパスの用例を検索し、意味タグを付与する方法を行った。しかし、調査法には改良の余地があり、またその必要がある。

質問紙調査では、今回は「や」「とか」の許容度や類似性の判断を調査するに留まったが、他の形式や他のパラメーターも含めて調査をすることが考えられる。また、本研究では「共通の構造・属性」は聞き手が長期記憶にアクセスすることによって発見されると主張し、「出現可能性」は長期記憶の一部の活性化された領域である「談話記憶」にアクセスすることによって発見されると主張したが、これも他の手法を使って詳しく検討する必要がある。

コーパスへのタグ付けも、今回は筆者一人の手で行ったが、より大規模で

より説得性のあるデータを提示する余地があるだろう。

そのような説得性のあるデータが提示されることで、本研究で述べた法則や体系はよりその妥当性を増すと考える。

もう1つの課題の方向性は、並列の周辺分野にも目を向けることである。

本研究では集合の形成動機として「隣接性」と「類似性」を考えたが、この2つはアリストテレスにまで遡り、現代においては換喩(メトニミー)と隠喩(メタファー)の説明として利用されている概念である。しかし、本研究においては並列表現においてもこの2つが重要な役割を果たしていることが示唆された。並列表現も比喩表現も、2つのものごとに関する内容であり、その根底に、よりプリミティブな認知システムとして「隣接性」「類似性」が存在するとしてもおかしくない。すなわち、並列研究と比喩研究は隣接分野といえ、今後相互に研究を進めていく必要がある。

また、本研究の成果として「隣接性」の背後には「観察」があり、また、「類似性」も聞き手による「比較・発見」というプロセスが存在することが示唆される。つまり、「隣接性」「類似性」についても受動的なものではなく、会話参与者による能動的なプロセスとして捉えることが必要であると考えられる(定延利之 2008)。

また、談話構造にも目を向ける必要がある。「て」「そして」「それから」は並列以外の意味にも使われる表現である。実際のデータを観察すると、「並列の「て」」「理由の「て」」といったものが個別的に存在するのではなく、むしろ連続的であり、あるものは明確に並列と判断できるが、あるものは判断がつきにくい。「並列」・「理由」などというのは研究者がわかりやすいようにつけたただのラベルであり、「て」の本質的な意味はあいまいなものも含めて多くのデータを丹念に観察することでしか発見・規定はできない。その意味では本研究の記述はあくまでも「並列」というフィルターを通した上での「て」の意味、「そして」の意味であり、各形式の意味を十全に把握・記述するためには、他の分野の研究成果にも目をむけていく必要がある。

さらに、本研究は多くの形式を扱ったが、それでもなお、特に接続詞に扱うことができなかった形式が存在する。「それと」「それも」や「後」「で」「それで」などである。特に「後」「で」は並列以外の場合にも使われ、その

意味の十全な把握・記述には先にも述べたように、すべての用法を観察する必要がある。特に、「で」は新聞には全く現れないのに対し、CSJ にはどの接続詞よりも頻繁に現れる。単に接続詞というよりも、フィラー的な役割も果たしていると考えられ、その分析には談話全体の構成や話者交代などにも目を向ける必要がある。

　これは、他の接続詞についてもいえ、今回は網羅性や集合の形成動機といった統語的・意味的な特性を中心に記述したため、談話全体の構造の中で、特に接続助詞や接続詞がどのような機能を有しているかについては考察できなかった。接続助詞、接続詞は本研究で規定したような節と節、文と文の関係を規定し、聞き手に伝える機能も確かにもつ一方、「話がまだ続く」「話が一端切れる」といった談話展開に関するメタメッセージも聞き手に伝える機能があると考えられる。これは石黒圭（2008）をはじめとする予測研究の領域とも重なる。本研究ではこれらの機能にはあまり目を向けることができなかった。これも今後の課題である。

参考文献

天野みどり(1994)「「また」の語彙的意味と言語理解に果たす機能―会話資料による考察―」森野宗明教授退官記念論集編集委員会(編)『森野宗明教授退官記念論集　言語・文学・国語教育』pp.299-312、三省堂.

新川忠(1990)「なかどめ―動詞の第一なかどめと第二なかどめの共存のばあい―」、言語学研究会(編)『ことばの科学』4、pp.159-171、むぎ書房.

有田節子(1999)「プロトタイプからみた日本語の条件文」『言語研究』115、pp.77-108、日本言語学会.

安藤淑子(1995)「日本語の名詞及び動詞における並立表現の構造―開いた系と閉じた系―」『広島大学日本語教育学科紀要』5、pp.11-13、広島大学教育学部日本語教育学科.

安藤淑子(2001)「中級レベルの作文に見られる並立助詞「や」の問題点―「と」の用法との比較を通して―」『日本語教育』108、pp.42-50、日本語教育学会.

石黒圭(2008)『日本語の文章理解過程における予測の型と機能』ひつじ書房.

伊豆原英子(2004)「添加の接続詞「それに、そのうえ、しかも」の意味分析」『愛知学院大学教養部紀要』52-1、pp.1-17、愛知学院大学教養部.

市川孝(1976)「副用語」『岩波講座日本語6　文法Ⅰ』pp.219-258、岩波書店.

市川保子(1991)「並立助詞「と」と「や」に関する一考察」『文芸言語研究　言語篇』20、pp.61-79、筑波大学文芸・言語学系.

伊藤俊一・阿部純一(1991)「接続詞の機能と必要性」『心理学研究』62-5、pp.316-323、日本心理学会.

岩田美穂(2006)「並列表現の史的展開」『日本語学会2006年度春季大会予稿集』pp.109-116、日本語学会.

沖裕子(1998)「接続詞「あるいは」と「または」の意味について」『人文科学論集〈文化コミュニケーション学科編〉』32、pp.57-70、信州大学人文学部.

生越直樹(1988)「連用形とテ形について」『横浜国大国語研究』6、pp.62-71、横浜国立大学国語国文学会.

加藤重広(2006)「線条性の再検討」、峰岸真琴(編)『言語基礎論の構築へむけて』pp.1-25、東京外国語大学アジア・アフリカ言語文化研究所.

金子知適(2006)「情報の通信と伝達」、川合慧(編)『情報』pp.37-70、東京大学出版会.

菊地康人(2006)「主題のハと、いわゆる主題性の無助詞」、益岡隆志・野田尚史・森山卓郎

(編)『日本語文法の新地平2　文論編』pp.1–26、くろしお出版.
グループ・ジャマシイ(編)(1998)『教師と学習者のための日本語文型辞典』くろしお出版.
言語学研究会・構文論グループ(1989a)「なかめ―動詞の第二なかめのばあい―」、言語学研究会(編)『ことばの科学2』pp.11–47、むぎ書房.
言語学研究会・構文論グループ(1989b)「なかめ―動詞の第一なかめのばあい―」、言語学研究会(編)『ことばの科学3』pp.163–179、むぎ書房.
定延利之(2008)『煩悩の文法―体験を語りたがる人々が日本語の文法システムを揺さぶる話―』ちくま書房.
謝福台(2004)「接続助詞「シ」の意味・機能―「並列」を中心に―」『琉球アジア社会文化研究』7、pp.137–181、琉球アジア社会文化研究会.
鈴木智美(2004)「「～だの～だの」の意味」『日本語教育』121、pp.66–75、日本語教育学会.
砂川千穂(1999)「日本語における「とか」の文法化について―並立助詞から引用マーカーへ―」『日本女子大学大学院文学研究科紀要』6、pp.61–73、日本女子大学.
沈茅一(1996)「「やら」についての一考察」、言語学研究会(編)『ことばの科学』7、pp.23–28、むぎ書房.
寺村秀夫(1970)「「あるいは」「または」「もしくは」「ないし(は)」」『講座正しい日本語』4、pp.247–260、明治書院. (寺村秀夫(1991)『寺村秀夫論文集Ⅰ』pp.349–359、くろしお出版に収録.)
寺村秀夫(1984)「並列的接続とその影の統括命題―モ、シ、シカモの場合―」『日本語学』3–8、pp.67–74、明治書院.
寺村秀夫(1991)『日本語のシンタクスと意味Ⅲ』くろしお出版.
中西久実子(編)(2007)『主題・とりたてに関する非母語話者と母語話者の運用能力の対照研究』平成15年度～平成18年度科学研究費補助金基盤研究(C)(1)研究成果報告書.
中俣尚己(2006a)「日本語並列節の体系的記述―「ば」・「し」・「て」・連用形―」大阪府立大学修士論文.
中俣尚己(2006b)「「善人もいれば悪人もいる」のような並列文について―「し」を用いた並列との比較―」『KLS』26、pp.187–207、関西言語学会.
中俣尚己(2007a)「日本語会話文における接続助詞のつけたし用法―並列節の場合―」『大阪府立大学人間社会学研究集録』2、pp.47–66、大阪府立大学人間社会学研究科.
中俣尚己(2007b)「日本語並列節の体系―「ば」・「し」・「て」・連用形の場合―」『日本語文法』7–1、pp.19–34、日本語文法学会.
中俣尚己(2008)「日本語のとりたて助詞と並列助詞の接点―「も」・「とか」を中心に―」

『言語文化学研究　言語情報編』3、pp.153–176、大阪府立大学人間社会学部言語文化学科.

中俣尚己(2010a)「現代日本語の「たり」の文型―コーパスからみるバリエーション―」『無差』17、pp.101–113、京都外国語大学日本語学科.

中俣尚己(2010b)「「そんな」や「なんか」はなぜ低評価に偏るか？―経験基盤的ヒエラルキー構造からの説明―」『JCLA』10、pp.427–437、日本認知言語学会.

鍋島弘治朗(2007)「領域をつなぐものとしての価値的類似性」、楠見孝（編）『メタファー研究の最前線』ひつじ書房.

沼田善子(1986)「とりたて詞」奥津敬一郎・沼田善子・杉本武『いわゆる日本語助詞の研究』第2章、pp.105–225、凡人社.

野田尚史(2006)「語の順序・成分の順序・文の順序―順序の自由度と順序の動機―」、益岡隆志・野田尚史・森山卓郎（編）『日本語文法の新地平1　形態・叙述内容編』pp.179–199、くろしお出版.

浜田麻里(1995)「いわゆる添加の接続語について」、仁田義雄（編）『複文の研究　（下）』pp.439–461、くろしお出版.

浜田麻里(2006)「並べたてる接続詞をめぐって」、益岡隆志・野田尚史・森山卓郎（編）『日本語文法の新地平3　複文・談話編』pp.169–185、くろしお出版.

林謙太郎(1986)「現代語における接続詞の用法(1)」『語学研究』45、pp.39–48、拓殖大学.

ひけひろし(1996a)「接続詞のはなし(1)―そして―」『教育国語　第2期』20、pp.13–19、教育科学研究会国語部会.

ひけひろし(1996b)「接続詞のはなし(2)―「それから」と「そして」―」『教育国語　第2期』22、pp.15–26、教育科学研究会国語部会.

藤田保幸(2000)『国語引用構文の研究』和泉書院.

本多啓(2007)「副助詞タリの用法」『駿河台大学論叢』33、pp.1–18、駿河台大学教養文化研究所.

前田直子(2005)「現代日本語における接続助詞「し」の意味・用法」『人文』4、pp.131–144、学習院大学.

益岡隆志(1997)『複文』くろしお出版.

南不二男(1974)『現代日本語の構造』大修館書店.

三原健一(2004)『アスペクト解釈と統語現象』松柏社.

森山卓郎(1995)「並列述語構文考―「たり」「とか」「か」「なり」の意味・用法をめぐって―」、仁田義雄（編）『複文の研究（上）』pp.127–149、くろしお出版.

森山卓郎(2005)「「や」と「と」のちがいをどう説明するか」『京都教育大学国文学会誌』32、pp.1-10、京都教育大学国文学会.

森山卓郎(2006)「「添加」「累加」の接続詞の機能―「そして」「それから」などをめぐって―」、益岡隆志・野田尚史・森山卓郎(編)『日本語文法の新地平3　複文・談話編』pp.187-207、くろしお出版.

渡邊ゆかり(2003)「並立助詞「と」と「や」の機能的相違」『広島女学院大学日本文学』13、pp.1-15、広島女学院大学日本語日本文学科.

Barsalou, Lawrence. (1983) Ad-hoc Categories. *Memory and Cognition* 11-3. pp.211-227. Austin.

Frazar, James. (1925) *The Golden Bough, A Study in Magic and Religion; Abrigaterd Edition*. Macmillan.(フレイザー、ジェームズ『金枝編』1、永橋卓介(訳)、岩波書店、1966)

Grice, Paul. (1989) *Studies in the Way of Words*. Harvard University Press. (グライス、ポール『論理と会話』清塚邦彦(訳)、勁草書房、1998)

Ishii, Yasuo. (1998) Floating Quantifiers in Japanese: NP Quantifiers, VP Quantifiers, or Both? In *Grant-in Aid for COE Research Report(2)*. PP.149-171, Kanda University of International Studies.

Kehler, Andrew. (2002) *Coherence, Reference, and the Theory of Grammar*. CSLI Publications.

Langacker, Ronald. (2008) *Cognitive Grammar; A Basic Introduction*. OxfordUniversity Press.

Sweetser, Eve. (2000) Blended spaces and performativity. *Cognitie Linguistics* 11-3/4. pp.305-333, Walter de Gruyter.

沈家煊(1999)《不对称和标记论》江西教育出版社.

あとがき

　本書は平成 21 年 1 月に大阪府立大学大学院人間社会学研究科に筆者が提出した博士論文『日本語並列表現の体系的記述』に修正を加えて出版したものである。出版にあたっては、平成 26 年度日本学術振興会科学研究費助成事業(研究成果公開促進費)の助成を受けた。

　修正を加えたと述べたが、実質は減量に費やした労力が大きい。枝葉に関する細かい議論はそぎ落とし、「日本語並列表現の体系」が浮かび上がるように再構成を行った。それと同時に、途中の 1 章だけを切り取っても、記述が参考になるような書き方を心がけた。

　しかし、元の博士論文から明確に加筆された箇所がある。この「あとがき」である。博士論文には指導教員の方針から、謝辞は付されていない。6 年越しにこの場をお借りして、学恩に対する感謝の言葉を述べたい。

　まずは、大阪府立大学大学院の指導教員であった野田尚史先生に心から感謝申し上げたい。野田先生には筆者の研究の方向性を尊重していただき、そのコメントは細かな内容に関することではなく、より大局的なものがほとんどであった。研究をする上で隅々まで神経を使うこと、殊に自身が考えたことを他者に伝える際には配慮が欠かせないという、コミュニケーションで最も重要なことを教わった。おそらく野田先生に出会わなくても、筆者は本書で示した体系に到達し、本書で行った調査を実施し、同じ結果を得ていただろうという感触がある。本書の内容は筆者にとっては必然であった。しかし、野田先生のご指導がなければ、それをわかりやすくまとめることはできず、ひいては本書は日の目を見ることはなかったのではないかと思われる。物事を伝える際の気配りは筆者が大学院時代に学んだ最も大きなことであり、教育者としてこれからの世代に伝えていかなければならないことでもある。

　そして、もう一人の指導教員と言っても過言ではない存在である張麟声先生にも感謝を申し上げる。野田先生とは対照的に、張先生は研究の論理性に

ついて、細かい質問を何度も投げかけ、議論をして下さった。大学院時代に交わした発話時間ないし発話語数は張先生の方が多かったかもしれない。筆者がペースを崩すことなく順調に研究を進めることができたのは、張先生が次に進むべき方向を示してくださったおかげである。また、張先生は新たな研究分野を積極的に開拓し国際的に活躍する姿を常に学生に見せており、大いに刺激を受けた。今もなお筆者にとって目標とすべき、理想の研究者である。

そしてもう一方、お名前を挙げて感謝を述べたいのが、京都教育大学の卒業論文の指導教員である森山卓郎先生である。そもそも筆者の並列表現の研究の出発点の1つが森山先生の御論文「並列述語構文考」である。そして、わずか1年の間ではあったが、森山先生が私を言語研究の道に誘って下さり、研究者としての基本的な心構えを教えて下さった。例えば、筆者が並列表現をテーマとする、と言った時に森山先生はまず数学の集合論を学ぶようにおっしゃった。それは単に集合論を使って記述しろということではなく、言語学にとどまらず関連するあらゆる領域から貪欲に吸収せよという教えであると理解している。筆者の能力ではそれをするには限界があったが、本書の中でも他の学域の成果を活用し、説明に使った個所がいくつかある。

筆者がなぜ並列表現をテーマに選んだのか。それはまだ文法研究のことをよくわかっていなかった筆者が大学院進学のために研究テーマを選ばなければならなかった時、森山先生の研究室を埋め尽くす本の背表紙を見渡して「アスペクト」や「条件」などの本はあるのに、「並列」と名前のついた本は一冊もなかったからというのが理由である。人のやらないことをやる、と言えば聞こえは良いが、先行研究が少なければ楽ができるだろうという気持ちがあったことも否めない。しかし、日本で初めて「並列」と名前のついた本を出したいという気持ちはその当時から密かに持ち続けていた。

それから10年余りが経過し、何の因果か、筆者は京都教育大学に着任することになった。今、筆者は10年前と同じ本たちに囲まれていることになる。その背表紙にはまだ「並列」の文字は見当たらない。本を出すのに10年以上の時がかかってしまったが、しかし、当初の目標は達成できたことは嬉しく、それを支えて下さった先生方に感謝したい。そして本書がきっかけ

で並列表現に関する研究がさらに広がれば望外の喜びである。
　最後に、本書の出版の話を快諾してくださった、ひつじ書房の松本功氏と、原稿に目を通し、細かいチェックしてくださった海老澤絵莉氏に感謝申し上げる。

2014 年 12 月 9 日
京都教育大学の G 棟にて
中俣尚己

索引

G
Grice　　49, 65

O
OR　　93

X
XNOR　　95
XOR　　93

あ
アド・ホック・カテゴリー　　135, 252
アド・ホックな集合　　55

い
一部列挙　　14
一般化　　149, 268
引用　　231, 235, 240

お
音声的な共通点　　60

か
外延　　87, 98, 110
カテゴリー構造　　320
可能性の並列　　218
感嘆文　　283, 293, 304, 312, 324, 340, 351

き
聞き手の知識　　398
疑問表現　　389
疑問文　　304, 312, 334, 339, 349
強調　　321
共通の構造　　164, 389
共通の構造・属性　　29, 55, 177, 329, 384, 387
共通の指示対象　　30, 119
共通の属性　　338
禁止　　95, 334

く
グループ化　　27, 31, 416

け
継起性　　276
形式主題　　164, 172
結合提示　　25, 160, 182, 211, 228, 290, 310, 339
結合的並列　　201

こ
合計読み　　43, 73
交差的並列　　201
コトの並列　　4, 10
コトレベルで共通の構造・属性　　386
コトレベルの類似性　　333

さ
細分化　　150, 269, 316

し
時間的前後関係　　10
事態の提示方法　　25, 160, 170, 182, 194, 211, 228
事態の捉え直し　　321
質の公理　　65
集合　　18
重要度　　361
呪術　　31
主題部網羅性制約　　53, 73, 104
出現可能性　　29, 75, 215, 300, 309, 357, 362, 371, 376
出現頻度　　146, 264, 272, 353
首尾一貫性　　147, 266
情報量　　322, 399
新情報　　59, 76, 109, 178, 303, 329

す
推意　　15
すべて列挙の「や」　　16

せ
精緻化　　149, 268
セット　　18
線条性　　7, 83

せ

選択疑問文　389
選択肢　123
選択性　93, 100, 124, 367, 381
全部列挙　14

そ

挿入句　242

た

代替　151, 270
タイトル　47, 63
対比　149, 182, 268, 357
対立　381, 385
タグ付与の結果　152, 270
「たりとか」　225
「たり」の読みの分類　209
単純並列読み　53, 204
段落レベルの並列　278, 359
談話記憶　78

ち

注釈的な用法　301
長期記憶　27, 135, 252

て

程度増大　308, 321
低評価　113, 115, 121
テーマ　215, 357, 371, 376
「て」と「し」　187
寺村秀夫　12, 18, 47, 75, 379

と

同一のカテゴリー　30, 85, 96, 120
同一場面性　25
同形式　147, 186, 266
同構造　147, 186, 266
統合的関係　5
倒置指定文　76, 303
同評価　148, 267
「〜とか〜とかする」　224

な

内包　62, 87, 388

に

日本語並列表現の体系　34, 415, 416

の

能動的な選択　367

は

排他的推意　17, 32, 165
排他的論理和　93, 367
排他的論理和の否定　95
発話の区切り　282
反復読み　206
範列的関係　5

ひ

ヒエラルキー　116
非「も-も」型の「ば」並列　155
比喩　31, 418
非類似型並列兼用形式　152

ふ

フィラー　281
付加　150, 269, 330
不確定性　94, 100, 112, 119, 368
不確定読み　93, 118, 366
複合動作　290
複数個体読み　52, 202, 366
文成分　63
分配読み　43, 73
分離提示　25, 170, 194, 278, 303, 330, 360

へ

並列　5, 7
別時間読み　52, 203, 366
別要素暗示　65

ほ

掘り下げ　317

み

未実現文　64, 367

む

無　152
結びつく力　30, 33, 136, 254, 397
結びつける力　30, 33,

索引　431

136, 254, 397

め

名詞句内非網羅性制約
　　42, 127, 210, 223
命令　　95, 334
命令文　　339, 349
メールの件名　　63
メタ機能　　285
メタメッセージ　　419

も

網羅性　　23, 158, 202,
　　412
網羅性と類似性に関する一
　　般化　　48
網羅性の強さの傾斜
　　134, 251, 395, 396
「－網羅性」を解釈する
　　様々な方法　　53,
　　205
「も」の重複構造　　71
モノの並列　　4, 9
「も－も」型の「ば」並列
　　155

よ

要素の位置と網羅性の関係
　　54, 73

り

理由　　148, 267
量の公理　　49, 65
隣接性　　27, 46, 185, 197,
　　277, 290, 360
隣接ペア　　350

る

類似型並列専用形式
　　152
類似性　　27, 59, 349
類似性の強さの傾斜
　　136, 253, 394

れ

例示　　109, 149, 268
連結数量詞　　43, 73
連続性　　381
連続的　　385
連体修飾節　　175, 323

ろ

論理和　　93

わ

話題　　300

ん

「んだか」　　239

［著者］ 中俣尚己（なかまた・なおき）

略歴
1981年大阪府生まれ。2009年大阪府立大学大学院人間社会学研究科博士後期課程修了。京都外国語大学嘱託研究員、実践女子大学助教を経て、現在、京都教育大学教育学部講師。博士（言語文化学）。

主要著作・論文
『日本語教育のための文法コロケーションハンドブック』（くろしお出版、2014年）、「伝聞の「そうだ」が伝えるもの─機能語と実質語のコロケーション研究─」（『京都教育大学国文学会誌』41、2014年）、「中国語話者による「も」構文の習得─AもBもPとAもP,BもP構文に注目して─」（『日本語教育』156、2013年）、「コーパス・ドライブン・アプローチによる日本語教育文法研究─「てある」と「ておく」を例として─」（森篤嗣・庵功雄（編）、『日本語教育文法のための多様なアプローチ』、ひつじ書房、2011年）など。

シリーズ言語学と言語教育
【第33巻】
日本語並列表現の体系
Linguistics and Language Education Series 33
System of Parallel Coordinations in Japanese Language
Naoki Nakamata

発行	2015年2月16日　初版1刷
定価	7200円＋税
著者	©中俣尚己
発行者	松本功
装丁者	吉岡透(ae)／明田結希(okaka design)
組版所	株式会社 ディ・トランスポート
印刷製本所	株式会社 シナノ
発行所	株式会社 ひつじ書房

〒112-0011　東京都文京区千石2-1-2 大和ビル2F
Tel 03-5319-4916　Fax 03-5319-4917
郵便振替　00120-8-142852
toiawase@hituzi.co.jp
http://www.hituzi.co.jp/

造本には充分注意しておりますが、落丁・乱丁などがございましたら、小社かお買上げ書店にておとりかえいたします。
ご意見、ご感想など、小社までお寄せ下されば幸いです。

ISBN978-4-89476-736-2　C3080
Printed in Japan